Chronique

de l'année 2006

«Chronique de l'année 2006»

Rédaction : Michel Marmin et Laurent Palet
avec la collaboration de Sandrine Bautista

Les flèches de renvoi (→) signifient que l'événement traité connaît un développement ultérieur (article ou brèves de fin de mois) à la date indiquée.

ISBN 10 : 2205-05936-X
ISBN 13 : 978-2205-05936-6

Dépôt légal : 4e trimestre 2006

Achevé d'imprimer en novembre 2006
sur les presses de Stige, San Mauro (Italie)

Éditions Chronique
Dargaud s.a.
BP 34
24752 Trélissac cedex

Tél.: 05 53 35 91 21
Fax: 05 53 35 14 06
e-mail : contact@editions-chronique.com
www.editions-chronique.com

Chronique
de l'année 2006

Editions Chronique

Janvier

Lu	Ma	Me	Je	Ve	Sa	Di
						1
2	3	4	5	6	7	8
9	10	11	12	13	14	15
16	17	18	19	20	21	22
23	24	25	26	27	28	29
30	31					

L'élection de la socialiste Michelle Bachelet à la présidence du Chili, le 15 janvier, illustre l'ancrage à gauche de l'Amérique du Sud, avec le Venezuela de Hugo Chávez, le Brésil de Lula, la Bolivie d'Evo Morales ou l'Argentine de Néstor Kirchner…

Mardi 3, à Genève, la Cites (Convention sur le commerce international des espèces de faune et de flore sauvage menacées d'extinction) décide de geler les exportations de caviar noir de la mer Caspienne pour sauver l'esturgeon, menacé de disparition. La mesure de cet organisme de l'ONU pourrait faire le bonheur des producteurs français de caviar de Gironde !

Train de la peur à Draguignan

Draguignan, dimanche 1er • Hier, la police avait interpellé en gare de Nice, pour vandalisme et menaces contre des voyageurs, 22 jeunes Marseillais parmi les quelques dizaines ayant profité des tarifs réduits proposés pour le Nouvel An. Si bien que ce matin, des agents de sécurité étaient à bord du train du retour vers Marseille. Le voyage a été calme jusqu'à Saint-Raphaël, où ils sont descendus. Ensuite, des centaines de vols subis par les passagers terrifiés et des agressions sexuelles ont conduit les gendarmes à intervenir dans le train en gare des Arcs-Draguignan. Enfin, avant l'arrivée à Marseille, de nombreux jeunes, le signal d'alarme ayant été tiré, se sont enfuis par les voies. Trois personnes seront néanmoins arrêtées. Les Français n'apprendront l'affaire que le 4 janvier, date à laquelle, dans un climat où tout le monde se renverra la responsabilité des événements, Nicolas Sarkozy annoncera la création d'une police ferroviaire nationale.

Création de la Banque postale

Paris, mercredi 4 • Le 20 mai dernier, la loi relative à la régulation des activités postales, qui ouvrait les services postaux à la concurrence, autorisait La Poste à créer une filiale bancaire. C'est aujourd'hui chose faite avec l'inauguration, par Jean-Paul Bailly, président de La Poste, et Thierry Breton, ministre de l'Économie, de la Banque postale. Un établissement dont la naissance a été jalonnée de nombreuses protestations émanant des banques françaises. C'est ainsi, notamment, que quatre d'entre elles avaient porté plainte pour « distorsions de concurrence » auprès de la Commission européenne. Néanmoins, ces banques doivent désormais se résigner à accepter l'arrivée prochaine de ce nouveau concurrent à leurs côtés au sein de la Fédération bancaire française (FBF), la Banque postale ayant obtenu l'agrément du Comité des établissements de crédit et entreprises d'investissement (CECEI). Cependant, le nouvel arrivant, qui doit encore, sur le plan de la procédure, demander officiellement son adhésion à la FBF, ne devrait pas siéger à son comité exécutif, qui est composé seulement des membres fondateurs de la Fédération.

LA BANQUE POSTALE

Ehoud Olmert

Né le 30 septembre 1945 à Binyamina, au sud de Haïfa, Ehoud Olmert est entré très tôt en politique après des études de droit et de philosophie. Élu député à l'âge de 28 ans, il accéda à ses premières fonctions ministérielles en 1988, dans le cabinet de Yitzhak Shamir. Maire de Jérusalem de 1993 à 2003, il fut longtemps considéré comme un « faucon » au sein du Likoud, et il s'opposa au plan de désengagement de Gaza conçu par Ariel Sharon avant de se rallier à ses vues et de se déclarer favorable à l'établissement de frontières sûres et définitives avec les Palestiniens. Ehoud Olmert a participé avec Ariel Sharon à la création de Kadima, dont il sera nommé président par intérim le 16 janvier 2006.

Ariel Sharon a été plongé dans un coma artificiel

Jérusalem, jeudi 5 • À moins de trois mois des élections législatives anticipées (28 mars) qui devaient selon tous les sondages assurer la victoire de son nouveau parti Kadima et renforcer sa position à la tête du gouvernement israélien, Ariel Sharon est depuis hier soir entre la vie et la mort. Alors qu'il devait subir aujourd'hui un cathétérisme cardiaque, une brutale hémorragie cérébrale a entraîné son hospitalisation immédiate à l'hôpital Hadassah Ein Kerem de Jérusalem. Plus de sept heures d'opération, suivies d'une nouvelle intervention, ont permis d'arrêter l'hémorragie, mais le Premier ministre a dû être plongé dans un coma artificiel. Les pronostics médicaux sont très réservés, et il paraît peu probable que le « lion » puisse jamais revenir sur la scène politique israélienne. Laquelle est très perturbée par cet accident qui pourrait fragiliser Kadima, rassemblement centriste dont l'assise est loin d'être assurée entre les travaillistes d'Amir Peretz et le Likoud de Benyamin Netanyahou. (→ 26)

C'est le vice-Premier ministre Ehoud Olmert qui assure désormais la charge de Premier ministre par intérim. Ci-dessous : Ehoud Olmert à côté du fauteuil vide de Sharon.

Quand il n'y aura plus de pétrole

Au XIXe siècle, la plupart des théoriciens du progrès pouvaient penser avec l'économiste français Jean-Baptiste Say (1767-1832) : « Les richesses naturelles sont inépuisables, car sans cela nous ne les obtiendrions pas gratuitement. » Plus personne ne peut évidemment soutenir cette thèse en 2006. Le pétrole, qui représente actuellement 40 % de la consommation mondiale d'énergie (et 95 % dans les transports) n'est pas inépuisable en effet. Au rythme de la consommation d'aujourd'hui, il ne reste pas plus d'une quarantaine d'années de réserves prouvées. Or, les besoins en pétrole devraient augmenter de 60 % d'ici 2020, doubler d'ici 2040 et quadrupler d'ici la fin du XXIe siècle ! Certes de nouveaux gisements pourraient être découverts, notamment au Canada et en Russie, mais il est loin d'être assuré que ces gisements hypothétiques suffisent à couvrir les besoins, et la question se pose en outre de savoir pour combien de temps… Se pose alors aussi un autre problème, celui du coût d'extraction et d'exploitation qui, selon les prévisions du géophysicien américain King Hubbert, ne devrait cesser d'augmenter. La demande continuant de croître et l'offre ne cessant de diminuer, l'économiste français Patrick Artus, professeur à l'École polytechnique, estime de son côté que le cours du brut pourrait atteindre 400 dollars le baril en 2015 (contre 62 dollars au 13 janvier 2006). Avec les conséquences économiques et sociales que l'on peut aisément imaginer. Or, les autres sources d'énergie ne sont pas, non plus, illimitées. Il ne reste que 70 années de réserves pour le gaz et 55 pour l'uranium. Aussi, beaucoup d'espoirs sont fondés sur la fusion nucléaire. Celle-ci consiste à obtenir de l'énergie par la fusion de deux isotopes de l'hydrogène, le deutérium et le tritium. L'un des avantages de ce procédé est que le deutérium peut être produit à partir d'eau de mer et que le tritium peut être obtenu à partir du lithium, dont les ressources sont importantes. Il reste que l'application industrielle de la fusion ne paraît pas techniquement envisageable avant le milieu du XXIe siècle.

La production d'énergie par la fusion nucléaire est-elle l'avenir de l'économie mondiale ?

La maquette du réacteur à fusion Tore-Supra, préfiguration du projet ITER qui sera mis en œuvre à Cadarache (Bouches-du-Rhône).

Michael Crichton

Né le 23 octobre 1942 à Chicago, l'écrivain américain de science-fiction Michael Crichton (Jurassic Park, La Proie) ne croit pas à un scénario catastrophe en matière de ressources énergétiques et de réchauffement de la planète. Dans son roman État d'urgence, *paru le 12 janvier en France, il développe cette hypothèse : si catastrophe il y a, elle sera provoquée par les écologistes eux-mêmes pour valider leurs prévisions !*

L'euthanasie en question

Périgueux, jeudi 5 • Mises en examen en novembre 2003 pour « empoisonnement » et « complicité d'empoisonnement », l'infirmière Chantal Chanel et le médecin Laurence Tramois ont été renvoyées devant les assises de Dordogne. Le 25 août 2003, à l'hôpital rural de Saint-Astier, l'infirmière avait, sur prescription orale du docteur, injecté une dose mortelle de chlorure de potassium à une patiente de 65 ans qui se trouvait alors en phase terminale. Une injection, expliquera l'avocat de Chantal Chanel, qui avait été administrée par « état de nécessité », aucun autre acte n'étant possible pour sauvegarder la malade dans sa dignité. Ce renvoi aux assises survient trois jours après que, dans une autre affaire d'euthanasie, celle de Vincent Humbert, un jeune homme tétraplégique que sa mère, Marie Humbert, et le docteur Chaussoy avaient à sa demande aidé à mourir au mois de septembre 2003, le parquet de Boulogne-sur-Mer a de son côté requis un non-lieu à leur endroit. Le débat sur l'euthanasie est donc bien loin d'être clos en France. (→ 27.2)

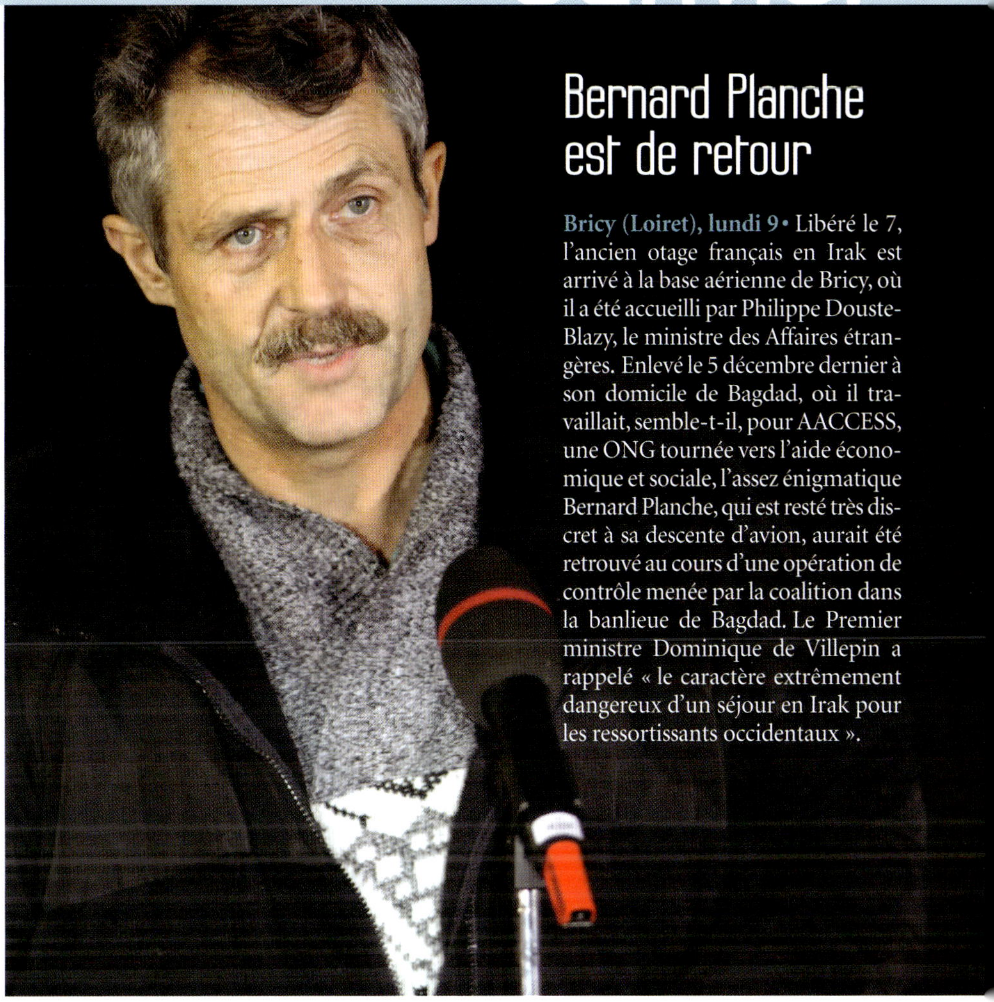

Bernard Planche est de retour

Bricy (Loiret), lundi 9 • Libéré le 7, l'ancien otage français en Irak est arrivé à la base aérienne de Bricy, où il a été accueilli par Philippe Douste-Blazy, le ministre des Affaires étrangères. Enlevé le 5 décembre dernier à son domicile de Bagdad, où il travaillait, semble-t-il, pour AACCESS, une ONG tournée vers l'aide économique et sociale, l'assez énigmatique Bernard Planche, qui est resté très discret à sa descente d'avion, aurait été retrouvé au cours d'une opération de contrôle menée par la coalition dans la banlieue de Bagdad. Le Premier ministre Dominique de Villepin a rappelé « le caractère extrêmement dangereux d'un séjour en Irak pour les ressortissants occidentaux ».

La Turquie doit affronter la grippe aviaire

Ankara, lundi 9 • En quelques jours seulement, quatorze personnes ont été testées positives au virus H5N1 en Turquie. La nouvelle a été confirmée aujourd'hui par l'Organisation mondiale de la santé (OMS), qui s'est néanmoins voulue rassurante en certifiant qu'aucune transmission d'homme à homme n'a pu être établie. Il y a un mois, les autorités turques avaient annoncé que le premier foyer de grippe aviaire, qui avait frappé l'ouest du pays en octobre 2005, était sous contrôle. Mais un nouveau foyer avait tué en décembre plus d'un millier d'oiseaux d'élevage dans la province d'Aralik. La première victime turque a été un adolescent de 14 ans. Hospitalisé à Van le 1er janvier avec ses trois frères et sœurs, Mehemet décédait le soir même. Trois jours plus tard, les analyses confirmaient qu'il avait bien succombé au H5N1. Le virus n'épargnera pas non plus ses deux sœurs. Depuis, les cas humains, suspects ou avérés, se sont multipliés dans le pays : quatre-vingt-dix personnes susceptibles d'avoir été contaminées par le même virus sont ainsi hospitalisées et, sur les quatre-vingt-une provinces turques, quinze sont désormais touchées par l'infection. En deux ans, le virus a tué soixante-dix personnes dans l'ensemble de l'Asie du Sud-Est. Sa très rapide propagation en Turquie et la mobilisation tardive des autorités sont donc pour le moins préoccupantes. (→ 25.2)

Des enfants non protégés assistent à une opération de confiscation de volaille menée dans le village turc de Uzunyazi.

Le numéro 2 d'Al-Qaida a échappé à un raid de la CIA

Pakistan, vendredi 13 • Les autorités pakistanaises sont extrêmement embarrassées par la « bavure » commise aujourd'hui par les Américains sur leur territoire. Deux ou trois drones (selon les sources) de type Predator, envoyés par la CIA dans une zone tribale à la frontière de l'Afghanistan, ont lancé des missiles Hellfire sur un hameau proche du village de Damadola, tuant dix-huit civils pakistanais. La CIA pensait abattre ainsi l'Égyptien Ayman Al-Zawahiri, numéro 2 d'Al-Qaida, qui était censé s'y trouver en compagnie du mollah Omar, le chef spirituel des talibans afghans, et de Mawlawi Faqir Mohammad, leader d'un mouvement islamiste pakistanais. L'échec de cette opération a deux explications possibles : soit les renseignements de la CIA étaient faux, soit, plus probablement, les trois « cibles » avaient pu s'enfuir à temps, peut-être alertées par le survol de la région par des drones d'observation depuis trois jours. Contrairement aux accords qui unissent Islamabad et Washington, le gouvernement pakistanais n'avait pas été informé du projet de la CIA. Il émettra samedi une protestation officielle écrite.

Ayman Al-Zawahiri (à gauche) et Oussama Ben Laden sur une vidéo enregistrée en mai 1998 en Afghanistan.

Jacques Faizant ne dessinera plus

Passionné de littérature, de spectacle et de vélo, Jacques Faizant, qui a publié une cinquantaine d'albums de dessins, est aussi l'auteur de plusieurs romans, réunis et réédités en deux volumes par Denoël en 1992 et 1997.

Suresnes (Hauts-de-Seine), samedi 14 • L'un des caricaturistes les plus populaires de France s'est éteint à l'hôpital Foch. Né le 30 octobre 1918 à Laroquebrou (Cantal), Jacques Faizant avait d'abord travaillé dans l'hôtellerie pendant six ans. Après avoir fait publier le 1er février 1942, à *Dimanche illustré*, son tout premier crayon, il était entré dans un atelier de dessin animé. C'est à partir de la fin de la Seconde Guerre mondiale que débute véritablement sa carrière de dessinateur humoristique. Courant d'abord le cachet d'une rédaction à l'autre (au total, il collaborera à quelque soixante-dix journaux différents), il accède à la célébrité quand, en 1960, à l'occasion des Jeux olympiques de Rome, très médiocres pour les Français, il dessine le général de Gaulle (dont il était un très grand admirateur) s'apprêtant à partir en survêtement pour l'Italie en déclarant : « Dans ce pays, si je ne fais pas tout par moi-même… » Dessinateur politique à partir de 1960 au *Figaro*, où il sera à la une de 1967 à 1999, celui dont la Marianne est aussi célèbre que celle des mairies avait quitté le quotidien à l'automne 2005. D'un commun accord selon la direction, mais « remercié » (car « démodé ») selon d'autres.

Riche moisson pour *Stardust*

Utah, dimanche 15 • Après sa descente dans l'atmosphère à la vitesse record de 47 000 km/h, la capsule lâchée par la sonde américaine *Stardust*, freinée par ses parachutes, a atterri à 11 h 12 dans le désert de l'Utah. Cette capsule d'un poids de 46 kg apporte la moisson que Stardust a engrangée au cours de son périple interstellaire depuis son lancement, le 7 février 1999 : des échantillons de poussière galactique et, surtout, des grains prélevés sur la comète Wild-2 en janvier 2004. Récoltés à la vitesse de 6 km/seconde, ces grains micrométriques ont été fixés dans un aérogel de silice. Il appartiendra maintenant aux techniciens de la Nasa de les dégager de l'aérogel et de les identifier. Leur analyse sera confiée à vingt laboratoires internationaux différents dont six du CNRS, en France. Les résultats sont d'autant plus attendus que les grains de Wild-2 pourraient fournir des renseignements sur la matière originelle à partir de laquelle les planètes du système solaire se sont formées. Ils pourraient aussi permettre de comprendre l'origine de l'eau des océans et du carbone moléculaire, nécessaires à l'apparition de la vie. La vaillante sonde de la Nasa, quant à elle, poursuit sa route, en orbite autour du soleil…

L'incinérateur de Fos rejeté par la population

Fos-sur-Mer, dimanche 15 • Les maires de Fos-sur-Mer, Istres et Port-Saint-Louis-du-Rhône (Bouches-du-Rhône) avaient organisé un référendum sur la question suivante : devaient-ils être dépossédés « de la maîtrise de l'évolution industrielle et environnementale de la zone de Fos ». En clair, il s'agissait de protester contre l'installation à Fos d'un incinérateur pour les déchets ménagers de la communauté urbaine Marseille Provence Métropole, que le préfet a autorisée malgré un risque de production de dioxine. Le non l'a emporté à 97,80 %, pour une participation de 52,45 %. (→ 2.8)

Le 14, au palais royal de la Zarzuela, à Madrid, Leonor, la fille du prince Felipe de Bourbon et de son épouse Letizia, a été baptisée. L'infante, née le 31 octobre dernier, ne pourra régner que si elle n'a pas de frère ou si, comme le souhaitent le gouvernement espagnol et une large majorité de la population, la Constitution, qui privilégie les héritiers mâles dans l'accession au trône, est modifiée.

Michelle Bachelet élue présidente du Chili

Santiago, dimanche 15 • Les instituts de sondage avaient annoncé un résultat très serré. Mais au soir du second tour de l'élection présidentielle, les chiffres sont sans appel : la candidate de la gauche, Michelle Bachelet, a été élue présidente du Chili avec 53,5 % des voix, contre 46,5 % pour son adversaire de droite, le richissime industriel Sebastián Piñera. Au premier tour, le 11 décembre 2005, elle était arrivée en tête avec 45,95 % des suffrages, suivie par Piñera (25,41 %) et un autre candidat de droite issu de l'ancienne dictature militaire, Joaquín Lavín (23,2 %). De sensibilité sociale-démocrate, Michelle Bachelet avait constitué une coalition de socialistes et de centristes, et bénéficié au second tour du soutien du Parti communiste. L'appui marqué du très populaire président socialiste sortant, Ricardo Lagos, a aussi beaucoup contribué à sa victoire. Enfin, Michelle Bachelet a sans doute récolté les fruits des erreurs tactiques de Sebastían Piñera, qui a mis en doute les capacités de la candidate de gauche à gouverner, agité le spectre d'une peu vraisemblable alliance idéologique du Chili avec le Venezuela de Hugo Chávez et la Bolivie d'Evo Morales, voire avec Cuba, et tenu des discours dont la tonalité « machiste » n'a pas été appréciée dans un corps électoral majoritairement féminin. Michelle Bachelet a annoncé qu'elle mettrait en œuvre son programme de réduction des inégalités sociales, encore très fortes dans un pays qui, grâce aux exportations de cuivre, jouit d'une conjoncture économique favorable. L'élection au sommet de l'État d'une femme divorcée et réputée agnostique illustre d'autre part une adéquation parfaite entre la classe politique et une société chilienne décomplexée.

Le « machisme » de son adversaire n'avait pas été apprécié...

Née le 29 septembre 1951 à Santiago, Verónica Michelle Bachelet Jeria est la fille d'un général chilien hostile à la dictature de Pinochet. Membre du Parti socialiste, elle fut elle-même emprisonnée et torturée. Pédiatre, elle fut nommée ministre de la Santé par Ricardo Lagos en 2000, puis ministre de la Défense en 2004. Comme le montre cette photographie, Michelle Bachelet (à droite) a reçu pendant la campagne de la présidentielle le soutien de la socialiste française Ségolène Royal, qui ambitionne un destin comparable au sien...

Poignardée par un de ses élèves

Paris, mardi 17 • La violence dans les écoles devient préoccupante. Le 16 décembre dernier, au lycée professionnel Louis-Blériot d'Étampes (Essonne), la jeune professeure d'arts plastiques Karen Montet-Toutain avait été poignardée en plein cours par un élève de 18 ans. Celui-ci a été arrêté et mis en examen pour tentative d'assassinat. Selon le témoignage de l'enseignante, elle avait signalé à ses supérieurs, depuis la rentrée, une demi-douzaine de menaces et violences verbales dont elle avait été victime. « Je n'en veux pas à mon agresseur, mais à l'institution », avait-elle aussi déclaré. Cette accusation est toutefois contestée. Aujourd'hui, l'enquête administrative ordonnée par le ministre de l'Éducation Gilles de Robien conclut que l'établissement « n'a commis aucune faute grave » et n'établit « aucun lien direct » entre cet acte de violence et le climat régnant dans le lycée. Mais la médiatisation de l'agression a délié les langues : d'autres voies de fait sur des professeurs ont été révélées ces jours-ci. (→ 24.4)

Environ 200 personnes participeront le 21 à une marche silencieuse de soutien à Karen Montet-Toutain (ci-contre avec son mari).

La guerre du CPE commence

Paris, lundi 16 • Selon le Premier ministre Dominique de Villepin, il ne s'agit pas d'une « extension du contrat nouvelles embauches » (CNE). Cependant, il faut reconnaître que le tout nouveau contrat première embauche (CPE) lui ressemble beaucoup. Avec quelques différences : le CNE s'adressait à tout salarié âgé de plus de 18 ans dans une entreprise de moins de vingt salariés, alors que le CPE s'adresse seulement à des salariés de 18 à 26 ans, mais dans une entreprise de plus de vingt salariés. Comme le CNE, il comporte une période d'essai (ou de « consolidation », selon le Premier ministre) de deux ans, une période durant laquelle l'employeur pourra licencier son salarié sans avancer de motif, le CPE ouvrant par ailleurs une série de garanties sociales en cas de rupture. Si les organisations patronales voient dans ce contrat un moyen de favoriser le recrutement des jeunes, la gauche, les syndicats et les organisations étudiantes dénoncent une institutionnalisation de la précarité. Le Premier ministre, quant à lui, insiste sur l'« urgence » de cette mesure s'inscrivant dans le projet de loi sur l'égalité des chances, qui sera examiné à l'Assemblée le mois prochain et dont l'objectif est de réduire le chômage, qui touche 23 % des jeunes. (→ 10.2)

Le réalisateur Ang Lee avait présenté son film, Le Secret de Brokeback Mountain, *qui sort le 18 dans les salles françaises, comme « un western qui n'a rien à voir avec les films classiques de western ». Pour certains critiques, c'est le premier « western gay » du cinéma. Mais la dernière œuvre du cinéaste taïwanais reste avant tout l'histoire d'un amour ardent et impossible entre deux cow-boys (Heath Ledger et Jake Gyllenhaal, ci-contre), qui se consume pendant vingt ans dans le secret des majestueuses montagnes du Wyoming. Plébiscité, le film a déjà remporté le Lion d'or lors de la dernière Mostra de Venise, en septembre dernier, et quatre Golden Globes, il y a deux jours. En mars, il sera récompensé par trois Oscars, dont celui du meilleur réalisateur.*

De gauche à droite : Alain Marécaux, Odile Marécaux, Karine Duchochois, Thierry Dausque et Jeanine Couvelard devant la commission d'enquête parlementaire sur l'affaire d'Outreau.

Les acquittés d'Outreau racontent

Paris, mercredi 18 • Le « procès » d'Outreau a commencé dans une salle de l'Assemblée nationale ce matin, à 9 h 30. Les trente membres de la commission d'enquête parlementaire présidée par le député socialiste André Vallini ont écouté les témoignages des victimes de l'un des plus grands fiascos de l'histoire judiciaire française : Jeanine Couvelard, Thierry Dausque, Karine Duchochois, Odile Marécaux, Alain Marécaux, Pierre Martel, Dominique Wiel, David Brunet, Lydia Cazin-Mourmand, Roselyne Godard, Christian Godard, Daniel Legrand (père) et Daniel Legrand (fils) ont raconté successivement leur calvaire. Sur la foi d'accusations mensongères, ils avaient été impliqués par le juge d'instruction Fabrice Burgaud dans l'affaire de pédophilie qui avait éclaté le 22 février 2001 à Outreau, dans le Pas-de-Calais. Après un premier procès en mai 2004, puis un second en novembre 2005, treize des dix-sept prévenus avaient été acquittés, certains ayant passé plusieurs années en prison. Ce sont ces treize acquittés qui ont été entendus aujourd'hui, mais ils auraient dû être quatorze : le 9 juin 2002, François Mourmand avait été retrouvé mort dans sa cellule de la maison d'arrêt de Douai. Comme les autres, il n'avait cessé de clamer son innocence. Devant le scandale causé par ce dossier, l'Assemblée nationale, sur proposition de Jean-Louis Debré et Philippe Houillon, avait adopté dès le 7 décembre 2005 une résolution « tendant à la création d'une commission d'enquête chargée de rechercher les causes des dysfonctionnements de la justice dans l'affaire dite d'Outreau et de formuler des propositions pour éviter leur renouvellement ». Les travaux de la commission doivent être achevés dans un délai de six mois. Parmi les auditions les plus attendues figure évidemment celle du juge Burgaud, qui a demandé à être entendu publiquement, bien que faisant figure de principal « accusé », sinon de bouc émissaire. En effet, les auditions peuvent avoir lieu à huis clos ou en public, le choix en étant laissé aux personnes entendues. Les auditions publiques sont retransmises en léger différé par les chaînes parlementaires Public Sénat et LCP-AN, ainsi que par les chaînes d'information LCI et i-Télé. (→ 8.2)

Les auditions publiques sont retransmises par des chaînes de télévision.

Les commissions d'enquête

Zoom

La constitution de commissions d'enquête parlementaires est prévue par l'article 6 de l'ordonnance n° 58-1100 du 17 novembre 1958. À la différence des commissions permanentes, elles n'interviennent pas directement dans le processus d'élaboration des lois. Elles ont en revanche un rôle d'information et de contrôle qui s'achève avec la remise d'un rapport au président de l'Assemblée nationale. Ce rapport peut être assorti de suggestions qui, dans certains cas, pourront inspirer des propositions de loi. La création d'une commission d'enquête est demandée par un ou plusieurs députés, et adoptée par l'Assemblée nationale. Elle sera alors composée de trente membres maximum, représentant les différents groupes politiques de l'Assemblée.

Ang Lee

Né à Taïwan en 1954, le réalisateur Ang Lee, qui touche à tous les genres, est l'auteur de films aussi différents que Raison et Sentiments *(1995),* Tigre et Dragon *(2000) ou encore* Hulk *(2003). Installé aux États-Unis depuis 1978, Ang Lee a réalisé en 1992 son premier long-métrage,* Pushing Hands. *Remarqué par la critique, ce film est le premier volet d'une trilogie intitulée* Father Knows Best. *Depuis le début de sa carrière, Ang Lee a reçu de nombreuses récompenses, telles que l'Ours d'or à Berlin pour* Raison et Sentiments *et l'Oscar du meilleur film étranger pour* Tigre et Dragon. *Ses films ont aussi souvent été de grands succès commerciaux, par exemple avec* The Ice Storm *(1997) et le « blockbuster »* Hulk.

Dimanche 22, à la chapelle Sixtine, le cardinal Angelo Sodano célèbre une messe pour le 500e anniversaire de la création des gardes suisses par le pape Jules II, le 22 janvier 1506. Chargés de la protection de l'État du Vatican, les 110 hommes qui composent cette petite force militaire ont aujourd'hui un rôle principalement cérémoniel. Tous sont de nationalité suisse, catholiques, âgés de 19 à 30 ans, et mesurent au moins 1,74 m. Ils doivent avoir accompli leur service militaire dans leur pays d'origine. Contrairement à une légende, l'uniforme qu'ils portent n'a pas été dessiné par Michel-Ange : il date en effet de 1915, mais il est directement inspiré des parures de l'époque de Jules II.

Pas de majorité absolue en Irak

Bagdad, vendredi 20 • Qui pourra gouverner en Irak, et surtout comment ? Lors des élections législatives du 15 décembre 2005, la plupart des observateurs s'attendaient à une très large victoire de l'Alliance irakienne, la liste chiite conservatrice. Or, les résultats publiés aujourd'hui par la Commission électorale démentent partiellement les pronostics. Si l'Alliance irakienne arrive en tête avec 128 sièges sur 275, elle n'obtient pas la majorité absolue. La coalition kurde obtient 53 sièges, ce qui n'est pas une surprise, mais la liste sunnite du Front irakien de la concorde en gagne 44, ce qui était moins attendu, tandis qu'une autre liste sunnite, celle de Salah al-Motlak, est créditée de 11 élus. Le grand perdant est évidemment l'ancien Premier ministre chiite laïque Iyad Alaoui, dont la formation ne recueille que 25 sièges. Toute la question est maintenant de savoir avec qui l'Alliance irakienne devra composer pour former un exécutif stable. (→ 22.4)

Le Kosovo

Zoom

Le « pays des merles » (c'est le sens du nom serbe de « Kosovo ») est une région de l'ancienne Serbie conquise au XVe siècle par les Turcs. Ceux-ci contraignirent une grande partie de la population à s'enfuir, laissant les Albanais islamisés s'y implanter et y devenir majoritaires. Mais la Serbie ne renonça pas à récupérer sa province, ce qu'elle fit en 1912. Toutefois, la population albanaise demeura rétive à la tutelle de Belgrade et, en 1974, le maréchal Tito lui donna un statut d'autonomie que révoqua Slobodan Milosevic en 1989. D'où un conflit larvé qui déboucha en 1997 sur une guérilla combattue par les Serbes avec une violence qui entraîna une intervention de l'Otan. Depuis, le Kosovo, bien que resté officiellement serbe, est placé sous administration de l'ONU avec des institutions autonomes.

Ibrahim Rugova était le père du Kosovo

Pristina, samedi 21 • Atteint d'un cancer du poumon, Ibrahim Rugova a succombé ce matin, à 11 h 38. Né le 2 décembre 1944, cet ancien professeur de lettres avait été élu président du Kosovo le 4 mars 2002, son avènement ayant été confirmé aux élections législatives du 23 octobre 2004, qui virent la victoire de son parti, la Ligue démocratique du Kosovo (LDK). Considéré par beaucoup de ses compatriotes comme le « père de la nation » et parfois qualifié de « Gandhi des Balkans », ce nationaliste refusait la violence comme moyen de couper le lien qui unit toujours, officiellement, le Kosovo à la Serbie, et de le faire accéder à une pleine indépendance. Une position qui ne faisait pas l'unanimité chez ceux qui combattirent les Serbes les armes à la main. Sa disparition a une conséquence immédiate : les négociations internationales sur le statut futur de la province sécessionniste, qui devaient s'ouvrir mercredi prochain à Vienne, en Autriche, sous l'égide de l'ONU, devront être repoussées. (→ 10.2)

La succession d'Ibrahim Rugova se présente sous un jour difficile, son parti, la LDK, étant en proie à de profondes dissensions.

La Chine et l'Arabie saoudite se trouvent des intérêts communs

Pékin, lundi 23 • Pour la Chine, le problème est simple. D'une part, sa croissance annuelle de 9 % génère des besoins en énergie qui la rendent dépendante des pays producteurs de pétrole. D'autant qu'elle ne pourra longtemps continuer à exploiter les mines de charbon que recèle son sous-sol. D'autre part, elle doit limiter cette dépendance énergétique en diversifiant ses sources d'approvisionnement. La Chine ne veut pas, notamment, être trop étroitement liée à l'Iran. C'est pourquoi le président Hu Jintao a accueilli en grande pompe à Pékin le roi Abdallah d'Arabie saoudite, dont c'était là le premier voyage en Chine. Deuxième consommateur mondial de pétrole, la Chine a déjà importé 400 000 tonnes de brut saoudien en 2005, soit 16,4 % de ses importations de brut, mais, cette même année 2005, l'Arabie saoudite livrait 1,43 million de barils aux États-Unis. Les Saoudiens cherchant de leur côté à desserrer leur alliance énergétique avec les Américains, la demande des Chinois converge avec leurs objectifs. Résultat : la rencontre entre Abdallah et Hu Jintao s'est traduite par un accord sur un partenariat stratégique, qui devrait amener l'Arabie saoudite à accroître considérablement sa présence sur le marché chinois en matière de pétrole, de gaz et d'investissements.

Le président chinois Hu Jintao fait au roi Abdallah d'Arabie saoudite les honneurs du Grand Palais du Peuple.

Ce vendredi 27, toute l'Autriche célèbre le 250e anniversaire de la naissance de Wolfgang Amadeus Mozart. Dans le Land de Salzbourg, quatre-vingts boules à son effigie, dues à différents artistes, ont été installées, comme ici à Lofer. Ce même vendredi, à Vienne, le lancement de l'Année Mozart mobilise quelque 170 salles de spectacle !

Coup de jeune pour Disney

Californie, mardi 24 • Depuis le siège de The Walt Disney Company, son président, Robert A. Iger, a annoncé que le légendaire studio d'animation avait racheté Pixar par échange d'actions pour une valeur de 7,4 milliards de dollars. Steve Jobs, qui possédait 56 % des actions de Pixar, entrera de ce fait au conseil d'administration de Disney. En acquérant Pixar, qui s'est rendu célèbre avec des films d'animation par ordinateur comme *Toy Story* ou *Le Monde de Nemo*, Disney veut de toute évidence redorer un blason qui s'était quelque peu terni depuis plusieurs années. C'est du reste ce qu'a implicitement admis Robert A. Iger : « Avec cette transaction, nous accueillons et intégrons l'incomparable culture de Pixar qui, en deux décennies, a développé les films d'animation les plus novateurs et les plus populaires de l'histoire. » Le groupe désormais formé par Disney et Pixar sera présidé par Ed Catmull, président actuel de Pixar. C'est en 1986 que Steve Jobs avait racheté à George Lucas la division informatique de sa société, la Lucasfilm, pour 10 millions de dollars, et l'avait rebaptisée Pixar.

Steve Jobs

Né le 24 février 1955, Steven Paul Jobs a fondé Apple Computer en 1976 avec Steve Wozniak. La même année, il lançait sur le marché son premier ordinateur, Apple I. Le succès fut tel que la société entra en Bourse dès 1980. En 1984, Apple lançait le Macintosh, conçu par l'ingénieur Jef Raskin. Écarté de la direction en 1985, Steve Jobs quittera Apple et créera ensuite NeXT Computer, que rachètera Apple en 1996. D'où son retour à la société qu'il avait portée sur les fonts baptismaux. La fusion d'Apple et de NeXT donnera naissance à Mac OS X.

Spielberg divise son public

France, mercredi 25 • La sortie du nouveau film de Steven Spielberg, *Munich*, divise critiques et spectateurs. Le 5 septembre 1972, des Israéliens participant aux J.O. de Munich étaient pris en otages par un commando palestinien et assassinés. Mais ce que le film raconte surtout, c'est la vengeance organisée par les services secrets israéliens. En posant la question du terrorisme et du contre-terrorisme, et en ouvrant le débat sur la loi du talion, Spielberg a-t-il renvoyé dos à dos le groupe palestinien Septembre noir et le Mossad ? Certains l'en accusent.

Le Hamas triomphe

Palestine, jeudi 26 • Déjà vainqueur de nombreuses élections municipales ces deux dernières années, le Hamas reçoit la récompense de son travail opiniâtre sur le terrain et de son intransigeance face à Israël, tout en bénéficiant du discrédit qui pèse sur le Fatah, au pouvoir depuis la création de l'Autorité palestinienne. Les législatives qui ont eu lieu hier se soldent en effet par une victoire écrasante pour le parti islamiste : sur 132 sièges à pourvoir au Conseil législatif, il en recueille 76, soit la majorité absolue. Dès la proclamation des résultats, Ahmed Qoreï, le Premier ministre palestinien, a présenté sa démission et invité le Hamas à former un nouveau gouvernement. Cette victoire, obtenue dans les règles démocratiques, crée un malaise en Europe et aux USA, où le Hamas est classé comme organisation terroriste. Israël a annoncé ce soir qu'il ne négocierait pas avec un parti qui ne reconnaît pas son existence. (→ 19.2)

Les partisans du Hamas fêtent leur victoire dans la bande de Gaza.

Le samedi 28, à Melbourne, Amélie Mauresmo, la n° 1 française qui se hissera lundi au deuxième rang mondial, remporte l'Open d'Australie de tennis, sept ans après sa première finale perdue. C'est le premier titre du Grand Chelem pour la joueuse française, qui a battu en finale la Belge Justine Henin-Hardenne, contrainte à abandonner en début de deuxième set en raison de maux d'estomac.

OPA hostile sur Arcelor

Amsterdam, vendredi 27 • Né en 2002 de la fusion d'Usinor (France), Arecelia (Espagne) et Arbed (Belgique-Luxembourg), le géant européen de l'acier Arcelor, numéro 2 mondial du secteur, fait l'objet d'une offre publique d'achat surprise de la part du numéro 1, Mittal Steel, dirigé par l'Indien Lakshmi Mittal. Cette OPA hostile, qui survient alors qu'Arcelor est en train d'acquérir le canadien Dofasco, relance le débat sur le « patriotisme économique » et suscite des interrogations au regard des lois antitrust, tant le groupe formé en cas de réussite serait puissant. Une réussite pour l'heure hypothétique car, le 29, le conseil d'administration d'Arcelor rejettera l'OPA. (→ 26.5)

Le juge à poigne de Saddam Hussein

Bagdad, dimanche 29 • La huitième audience du procès de Saddam Hussein a repris dans un climat de tension extrême au Haut Tribunal pénal irakien. Accusé, avec sept autres inculpés, du massacre de 142 chiites en 1982, l'ancien président de la République s'est violemment opposé au juge kurde Raouf Rachid Abdel Rahmane, le successeur du juge Rizkar Amine qui avait démissionné le 15 janvier dernier. Le juge Abdel Rahmane est manifestement un homme à poigne, et ses méthodes musclées ont entraîné le départ de la salle du collectif des avocats de la défense. Saddam Hussein, qui conteste toujours la légitimité du tribunal, a alors récusé les avocats commis d'office et menacé de quitter à son tour la salle. Mais le juge l'a pris au mot : « Vas-y »… Les avocats de la défense ont réclamé la délocalisation de ce procès qui, selon eux, ne peut se tenir équitablement en Irak. (→ 19.6)

L'impartialité du juge Raouf Rachid Abdel Rahmane est contestée par les défenseurs de Saddam Hussein.

En bref Janvier

France

Toulon, lundi 2
Le remorqueur hollandais *Sumatras* prend en charge l'ancien porte-avions *Clemenceau* pour le conduire jusqu'au chantier indien d'Alang où il doit être désamianté. (→ 15.2)

Paris, mardi 3
La France passe sous la barre symbolique des 5 000 morts sur les routes en 2005 (4 990), le meilleur résultat depuis 50 ans.

France, mercredi 4
Levée de l'état d'urgence, instauré le 8 novembre 2005 à la suite des émeutes dans les banlieues.

Paris, vendredi 6
L'ex-fugitive Hélène Castel est condamnée à deux ans de prison avec sursis pour avoir participé au braquage d'une succursale de la BNP en 1980.

Charleville-Mézières, lundi 9
Extradition du tueur en série présumé Michel Fourniret, détenu en Belgique depuis juin 2003. Il doit être jugé pour six meurtres en France et un en Belgique.

Cherbourg, lundi 9
Des analyses de peinture confirment la responsabilité du cargo maltais *Sichem Pandora* dans le naufrage du bateau de pêche français *Klein Familie*, jeudi 5 au large du cap de La Hague (cinq disparus).

Paris, mardi 10
Nicolas Sarkozy apparaît en public avec son épouse Cécilia, confirmant ainsi leur réconciliation après plusieurs mois de séparation.

Paris, vendredi 13
Selon un rapport des Renseignements généraux, 68 prisons sur 188 en France sont touchées par le prosélytisme islamiste. (→ 27.4)

Union européenne

Vienne, dimanche 1er
Succédant à la Grande-Bretagne, l'Autriche prend la présidence semestrielle de l'UE.

Bruxelles, dimanche 1er
Entrée en vigueur de la réforme de la politique agricole commune (PAC) qui institue un système de découplage entre production et aides : le « paiement unique par exploitation » est subordonné au respect de normes relatives à l'environnement, à la sécurité alimentaire et au bien-être des animaux.

Paris, mardi 17
Avec un taux de fécondité de 1,94 enfant par femme, la France se situe au 2e rang en Europe, derrière l'Irlande (1,99).

Londres, samedi 21
Une baleine, égarée dans la Tamise, meurt de convulsions avant d'avoir pu être ramenée vers la mer.

Vicence (Italie), lundi 23
Inauguration du QG de la Force de gendarmerie européenne, qui regroupe la France, l'Italie, les Pays-Bas, le Portugal et l'Espagne. La FGE est destinée à intervenir à l'extérieur de l'UE, dans des pays touchés par la guerre ou une grave crise intérieure.

International

Damas, dimanche 1er
Le parti Baas, au pouvoir, exclut le vice-président syrien Abdel Halim Khaddam pour haute trahison : il a affirmé que le président Bachar Al-Assad ne pouvait ignorer le projet d'assassinat de l'ancien Premier ministre libanais Rafic Hariri. (→ 11)

Irak, lundi 2
7 415 Irakiens sont morts dans des actes de violence en 2005 : 4 020 civils, 1 693 membres des forces de sécurité et 1 702 insurgés.

Washington, mardi 3
L'ancien lobbyiste Jack Abramoff plaide coupable d'escroquerie, de fraude fiscale et de corruption active de responsables publics. Depuis 1999, 296 parlementaires ont ainsi touché des pots-de-vin pour influencer les votes de propositions de loi.

Téhéran, mardi 10
L'Iran lève les scellés de l'AIEA dans son usine d'enrichissement de l'uranium de Natanz. Washington dénonce le risque d'une « grave escalade ». (→ 4.2)

New York, mercredi 11
Le procureur belge Serge Brammertz succède à l'Allemand Detlev Mehlis à la tête de la commission d'enquête sur l'assassinat de Rafic Hariri.

Mina (Arabie saoudite), jeudi 12
362 pèlerins musulmans meurent dans une bousculade au dernier jour du Hadj, le pèlerinage de La Mecque.

Monrovia, lundi 16
Investiture de la présidente du Liberia, Ellen Johnson-Sirleaf, première femme élue à la tête d'un pays africain.

Moscou, mardi 17
Loi plaçant les ONG sous contrôle. Le texte stipule que les activités des associations étrangères travaillant en Russie pourront être suspendues si elles menacent « la souveraineté de la Russie, l'indépendance, l'intégrité territoriale, l'unité et l'originalité nationales, l'héritage culturel ou les intérêts nationaux ».

Washington, jeudi 19
Dans un enregistrement audio, Oussama Ben Laden propose aux Américains une « trêve durable, sous des conditions équitables ». La Maison-Blanche rejette toute idée de négocier avec des terroristes.

Kartal (Turquie), vendredi 20
Réincarcération de Mehmet Ali Agca, l'homme qui tira sur le pape Jean-Paul II en mai 1981, en vertu d'un arrêt de la Cour suprême de Turquie ayant invalidé sa remise en liberté.

Lisbonne, dimanche 22
Anibal Cavaco Silva (centre droit) gagne la présidentielle portugaise dès le premier tour, avec 50,59 % des votes. Il succédera le 9 mars à Jorge Sampaio.

La Paz, dimanche 22
Investiture d'Evo Morales, premier président amérindien de la Bolivie.

Ottawa, lundi 23
Le conservateur Stephen Harper gagne les législatives canadiennes, mettant fin à treize ans de pouvoir libéral.

Vatican, mercredi 25
Le pape Benoît XVI publie sa première encyclique, *Deus Caritas est*, consacrée à l'amour de Dieu et à la charité.

Koweït City, mercredi 25
Le gouvernement nomme le Premier ministre Cheikh Sabah nouvel émir du Koweït au lendemain de l'abdication, pour raisons de santé, de Cheikh Saad.

Chorzow, samedi 28
66 morts et 141 blessés dans l'effondrement d'un hall d'exposition dans le sud de la Pologne.

Helsinki, dimanche 29
La présidente sortante Tarja Halonen est réélue pour un deuxième mandat de 6 ans à la tête de la Finlande.

Économie

France, dimanche 1er
À partir d'aujourd'hui, la Banque CIC, filiale du Crédit mutuel, facture 50 centimes d'euro chaque chèque émis au-delà d'un quota de 15 par trimestre.

Saint-Nazaire, mercredi 4
Le groupe français Alstom vend 75 % des Chantiers de l'Atlantique au norvégien Aker Yards pour 50 millions d'euros. (→ 7.9)

Moscou, mercredi 4
Fin de la crise gazière entre la Russie et l'Ukraine. Selon un accord quinquennal, Kiev paiera désormais 95 dollars pour 1 000 m^3 de gaz, contre 50 dollars actuellement. Le prix du transport du gaz russe traversant l'Ukraine passe de 1,09 $ à 1,6 $ pour 1 000 m^3 par 100 km. (→ 26.3)

Detroit, dimanche 8
Le japonais Honda remporte les prix 2006 de voiture nord-américaine de l'année (la Civic) et de camion nord-américain de l'année (le Ridgeline) lors de l'ouverture du Salon international de l'automobile de Detroit.

Abuja, lundi 9
La Chine prend une participation de 45 % dans un gisement pétrolier au large du Nigeria, confortant sa place de deuxième partenaire commercial de l'Afrique, juste derrière la France.

Paris, mercredi 11
Editis, filiale à 100 % de Wendel Investissement, rachète les Éditions XO, créées en 1999 par Bernard Fixot.

Paris, lundi 16
Selon un classement du *Figaro Économie*, Johnny Hallyday arrive en tête des chanteurs francophones les mieux payés en 2005 (6,6 millions d'euros), devant Michel Sardou (3,6) et Mylène Farmer (3,5).

Paris, mardi 17
L'avionneur européen Airbus a livré 378 appareils commerciaux en 2005 et engrangé 1 055 commandes, conservant son titre de n° 1 mondial devant l'américain Boeing (290 livraisons et 1 002 commandes).

Tokyo, jeudi 19
Le groupe japonais Konika Minolta abandonne la photo argentique et le numérique, et supprime 3 700 emplois.

Paris, vendredi 20
BCC (Boizel, Chanoine, Champagne) rachète la maison de champagne Lanson pour 122,7 millions d'euros.

Detroit, lundi 23
Ford, ébranlé par la concurrence asiatique, annonce la suppression de 25 000 emplois sur six ans en Amérique du Nord et la fermeture de 14 sites de production.

Écully, mardi 24
SEB, numéro 1 européen du petit électroménager, supprime 890 emplois en France et va fermer trois usines sur seize d'ici à 2008. (→ 16.8)

Paris, mardi 31
Le chômage a reculé de 5,2 % en France en 2005, terminant l'année à 9,5 % de la population active, contre 10 % en décembre 2004. (→ 31.8)

Washington, mardi 31
L'économiste Ben Bernanke succède à Alan Greenspan à la tête de la Réserve fédérale américaine.

Sciences

Séoul, mercredi 11
Le gouvernement sud-coréen déchoit le docteur Hwang Woo-suk du statut de scientifique suprême qui lui accordait un financement public. Le « pionnier du clonage » n'a en fait réalisé aucune percée dans ce domaine, excepté la production d'un clone de chien.

Paris, mercredi 11
La physicienne Catherine Bréchignac remplace Bernard Meunier, démissionnaire, à la tête du CNRS.

Cap Canaveral (Floride), jeudi 19
La Nasa lance la sonde *New Horizons* vers Pluton.

Sports

Bischofshofen (Autriche), vendredi 6
Le Finlandais Janne Ahonen et le Tchèque Jakub Janda remportent conjointement la 54e édition de la Tournée des Quatre Tremplins de saut à skis.

New York, samedi 7
Le boxeur américain O'Neil Bell bat le Français Jean-Marc Mormeck par KO et devient le deuxième boxeur de l'histoire – après Evander Holyfield en 1988 – à unifier les titres mondiaux des lourds-légers WBA, WBC et IBF.

Dakar, dimanche 15
L'ancien skieur français Luc Alphand (Mitsubishi) remporte le Dakar 2006 auto. L'Espagnol Marc Coma (KTM) s'impose dans la catégorie moto.

Melbourne, dimanche 29
Le Suisse Roger Federer bat le Chypriote Marcos Baghdatis en finale de l'Open d'Australie de tennis.

Décès

La Fontaine-Saint-Martin (Sarthe), lundi 2
Arlette Gruss (*17.11.1930), directrice de cirque.

Menton, samedi 14
Henri Colpi (*15.7.1921), cinéaste suisse. Palme d'or à Cannes en 1961 pour *Une aussi longue absence*.

Los Angeles, samedi 14
Shelley Winters (*18.8.1920), actrice américaine.

Koweït City, dimanche 15
Cheikh Jaber al-Ahmad al-Sabah (*29.6.1926), émir du Koweït. (→ 25)

Rosarito (Mexique), mardi 31
Coretta Scott King (*27.4.1927), veuve de Martin Luther King.

*Chamonix, mardi 31 • Plus aucun espoir de retrouver vivant l'alpiniste français Jean-Christophe Lafaille (*31.3.1965), parti le 26 à l'assaut du Makalu au Népal.*

Février

Lu	Ma	Me	Je	Ve	Sa	Di
		1	2	3	4	5
6	7	8	9	10	11	12
13	14	15	16	17	18	19
20	21	22	23	24	25	26
27	28					

La publication, par des journaux danois, norvégiens et français, de caricatures du prophète Mahomet nourrit la colère des musulmans. Cette jeune femme, membre du Jihad islamique, manifeste à Gaza avec plusieurs milliers d'autres militants de ce mouvement.

L'offense faite à Mahomet

Copenhague, vendredi 3 • « Nous ne présenterons pas nos excuses. Mais il est important pour nous de souligner que nous sommes une société qui soutient la tolérance et le respect mutuel. » Cette déclaration du ministre des Affaires étrangères danois, Per Stig Moeller, intervient alors que la vague de protestations s'amplifie dans le monde musulman, et particulièrement en Palestine où le Centre culturel français de Gaza a essuyé hier deux tirs de grenades. Tout a commencé le 30 septembre 2005 avec la publication, par le grand quotidien danois *Jyllands-Posten*, de douze caricatures du prophète Mahomet. Curieusement, les réactions furent alors limitées. C'est lorsque ces mêmes caricatures furent reprises par le journal norvégien *Magazinet*, le 10 janvier dernier, que l'affaire a pris cette ampleur, les groupes armés palestiniens allant jusqu'à exiger la rupture des relations avec l'Union européenne. Rappelons que la représentation de Mahomet est interdite par l'islam et que toute caricature constitue un blasphème puni de mort par la loi coranique. En France, c'est *France-Soir* qui a violé ce « tabou » en publiant à son tour les caricatures, mercredi, au nom de la liberté de la presse. Conséquence : le directeur de la publication, Jacques Lefranc, a été évincé par le propriétaire du quotidien. (→ 14.9)

Des Palestiniens brûlent des drapeaux norvégiens et danois à Gaza, le 31 janvier.

Les Français grandissent

Paris, jeudi 2 • En 2003, l'Union française des industries de l'habillement (UFIH) avait lancé une grande « campagne nationale de mensuration », ceci dans le cadre d'un programme européen, E-Taylor, visant à harmoniser les tailles des vêtements entre les pays de l'Europe. Cette campagne a été menée en coopération avec des partenaires institutionnels tels que le laboratoire d'anthropologie appliquée de l'Université de Paris-V ou l'Institut national du sport et de l'éducation physique. Les résultats de cette enquête scientifique ont été divulgués aujourd'hui au Salon du prêt-à-porter. Par rapport à 1970, les femmes mesurent 2 cm de plus en moyenne, leur poids ayant augmenté de 1,8 kg. La taille des hommes, qui est aujourd'hui de 175,6 cm, affiche quant à elle 11 cm de plus qu'il y a une centaine d'années ! L'enquête montre aussi qu'un homme sur trois est en surpoids, contre une sur quatre pour les femmes. Pour obtenir ces résultats, ce sont 11 562 hommes et femmes qui ont été scannés en 3D.

Mercredi 1er, sortie en France des **Bronzés 3. Amis pour la vie,** *vingt-sept ans après* **Les Bronzés,** *vingt-six après* **Les bronzés font du ski,** *et toujours sous la direction de Patrice Leconte. De gauche à droite, on reconnaît Marie-Anne Chazel, Ornella Muti (la nouvelle de la petite bande), Thierry Lhermitte, Gérard Jugnot, Josiane Balasko et Christian Clavier.*

Le nucléaire iranien inquiète

Vienne, samedi 4 • Rappel des faits. En novembre 2004, l'Iran avait accepté de suspendre l'enrichissement d'uranium, susceptible, selon l'Agence internationale de l'énergie atomique (AIEA), de fournir à Téhéran les moyens de se doter de l'arme nucléaire, alors que l'Iran est signataire du Traité de non-prolifération (TNP). En août 2005, le nouveau président de la République islamique, le conservateur Mahmoud Ahmadinejad, annonçait son intention de reprendre la conversion d'uranium dans son usine d'Ispahan. Et le 10 janvier dernier, l'Iran levait les scellés que l'AIEA avait placés sur certains sites. Les inquiétudes que suscite le programme iranien a conduit aujourd'hui l'AIEA à demander à son directeur, Mohamed El-Baradei, de transmettre le dossier au Conseil de sécurité de l'ONU. (→ 29.3)

Gagner sa vie sur eBay

France, lundi 6 • À l'occasion de la visite que Meg Whitman, présidente d'eBay, effectue en Europe, le site de ventes aux enchères électroniques publie une étude de la société de marketing ACNielsen International Research. Il en ressort que plus de 170 000 Européens (sur 50 millions d'utilisateurs) tirent de leurs transactions sur eBay une source de revenus unique ou complémentaire. 70 % de ces vendeurs professionnels estiment que leur présence sur le site leur a permis d'augmenter leurs ventes. Cette étude, qui a porté sur onze pays, montre que 15 240 vendeurs professionnels utilisent eBay en France.

Blasphème, hérésie, impiété, apostasie

En 399 avant Jésus-Christ, Socrate fut condamné à la peine capitale pour « impiété » : le philosophe mourut en absorbant de la ciguë, comme le rappelle cette peinture de Jacques Louis David (1787). Ci-dessous : le chevalier de La Barre fut supplicié en 1766 pour « blasphème ». Condamné à être brûlé vif après avoir eu la langue arrachée et un poing tranché, il obtint du parlement de Paris de n'être « que » décapité. Il n'avait pas 20 ans.

Libéré le lundi 27 mars, Abdul Rahman sera accueilli en Italie le 29.

Les protestations qu'ont suscitées dans le monde islamique les caricatures de Mahomet ont souvent surpris en France, où le délit de blasphème a été aboli sous la Révolution. Mais ce délit avait été longtemps poursuivi avec rigueur dans tout l'Occident chrétien. Punissable de mort dès l'époque carolingienne, le blasphème fit l'objet de la part de Saint Louis (Louis IX), au XIIIe siècle, de lois si cruelles que le pape Innocent IV lui-même dut intervenir pour les adoucir… La peine de mort, assortie de mutilations, était en effet appliquée, et elle le resta donc en France jusqu'à la Révolution : en 1766, le chevalier de La Barre fut supplicié à Abbeville pour ne s'être pas découvert au passage d'une procession et pour avoir profané un crucifix. Bien que ne constituant plus un délit, le blasphème peut toutefois être poursuivi encore aujourd'hui s'il risque de provoquer un trouble à l'ordre public. Le 12 mars 1987, le tribunal de grande instance de Tarbes a ainsi ordonné la saisie d'un roman de Christian Laborde, *L'Os de Dionysos*, au motif qu'il représentait un « danger pour la jeunesse », pour cause de « blasphème ». Cependant, le blasphème doit être distingué de l'impiété, de l'hérésie et de l'apostasie, même si les peines encourues sont généralement les mêmes, tant en Occident jadis que, de nos jours, dans certains pays islamiques. L'impiété (qui se confond souvent avec l'athéisme) était punissable de mort à Athènes (comme l'était d'ailleurs le blasphème) : la mort de Socrate en est l'exemple le plus célèbre. Les hérésies, quant à elles, ont été combattues avec détermination par l'Église, de la sanglante croisade contre les albigeois, au XIIIe siècle, jusqu'à la mort du philosophe Giordano Bruno, brûlé vif en 1600, à Rome. Enfin l'apostasie, qui consiste à abandonner une religion en faveur ou non d'une autre, est toujours un crime selon la charia et punissable de mort. L'Afghan Abdul Rahman, converti au christianisme, ne devra qu'à l'intervention de l'Occident d'échapper à la peine capitale et de pouvoir se réfugier en Italie, en mars 2006.

Converti au christianisme, l'Afghan Abdul Rahman risquait la peine de mort.

Mardi 7, l'annonce publique de la grossesse de la princesse Kiko (debout, à droite), épouse du fils cadet de l'empereur, donne à la famille impériale japonaise l'espoir d'avoir un héritier mâle, alors que le Premier ministre, Junichiro Koizumi, s'apprêtait à proposer une réforme autorisant l'intronisation des femmes. (→ 6.9)

Le procès du 11-Septembre

Alexandria (Virginie), lundi 6 • Accusé de n'avoir pas dénoncé le projet des attentats du 11 septembre 2001, dont il aurait dû être selon l'accusation l'un des acteurs, le Français Zacarias Moussaoui a revendiqué avec arrogance son appartenance à Al-Qaida et traité le tribunal fédéral américain de « cirque », ce qui lui a valu d'être expulsé à quatre reprises par la juge Leonie Brinkema. C'était la première audience de ce procès hors norme, avec le début de la sélection du jury, qui aura à prononcer la peine de mort, comme l'a souhaité publiquement le ministre de la Justice Alberto Gonzales, ou la prison à vie. Zacarias Moussaoui, qui plaide coupable, a refusé l'assistance d'avocats. (→ 3.5)

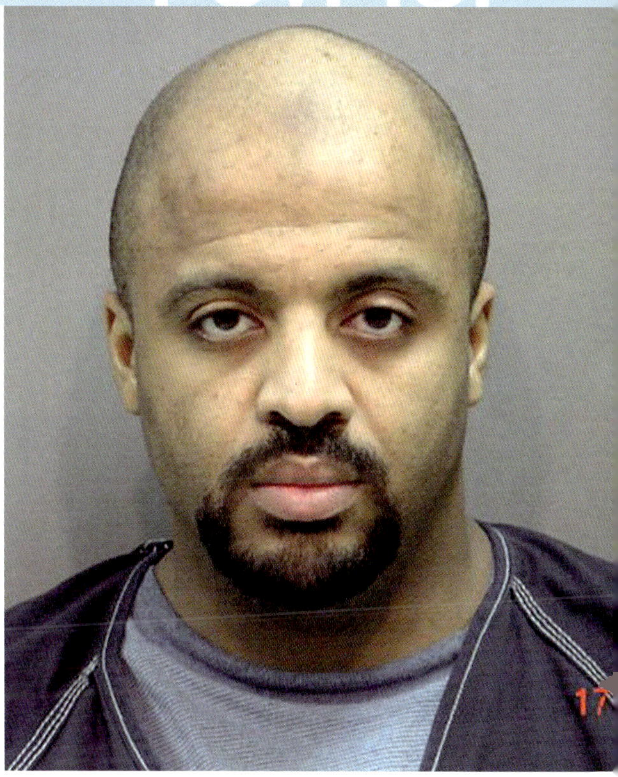

Le Français Zacarias Moussaoui, 37 ans, avait été arrêté le 16 août 2001 aux États-Unis.

Le juge Burgaud estime n'avoir fait que son travail

Paris, mercredi 8 • C'était l'audition la plus attendue. Le juge Fabrice Burgaud, aujourd'hui âgé de 34 ans, s'est expliqué en présence des acquittés d'Outreau devant la commission d'enquête parlementaire. Accusé d'avoir mené une instruction uniquement à charge et de s'être enfermé dans un système qui a brisé la vie de treize personnes et abrégé celle d'une quatorzième, Fabrice Burgaud n'a pratiquement rien concédé : « J'estime avoir fait honnêtement mon travail. » Visiblement très tendu, il s'est justifié par l'horreur que lui avaient inspirée les « sévices abominables » infligés à des enfants, tout en faisant observer que personne ne lui avait dit qu'il « faisait fausse route ». En fait, le juge a ainsi mis en cause la hiérarchie judiciaire, qui l'a laissé seul dans un dossier qui, vu son jeune âge, n'aurait jamais dû lui être confié. (→ 10.6)

Fabrice Burgaud jure de dire toute la vérité, rien que la vérité. Il dira la sienne.

Zoom

La longue dynastie impériale du Japon

Selon la légende, l'Empire du Japon aurait été fondé en 660 avant notre ère par Jimmu Tennô, un descendant de la déesse du soleil Amaterasu. La destinée du pays ayant longtemps été dans les mains des *shôgun*, l'empereur n'a exercé un réel pouvoir qu'à partir de 1863. Un pouvoir qu'il a en grande partie perdu après la défaite nippone en 1945, Hirohito ayant alors, en outre, renoncé à son caractère de droit divin. Symbole de l'unité et de la continuité du pays, l'empereur n'en continue pas moins d'exercer une grande influence au Japon.

Le CPE passe en force

Paris, vendredi 10 • Dominique de Villepin voulait en finir avec un débat parlementaire qui risquait de s'enliser. Fort de l'adoption, dans la nuit du mercredi 8 au jeudi 9, de l'amendement du gouvernement créant le contrat première embauche (CPE) et du relatif échec des manifestations anti-CPE de mardi, le Premier ministre a décidé de faire passer en force son projet de loi sur l'égalité des chances, dont le CPE devient donc l'un des éléments clés. Sous les huées de l'opposition de gauche et sous les critiques de l'UDF, Dominique de Villepin a en effet appliqué l'article 49-3 de la Constitution, qui permet de faire voter un texte de loi sans débat en engageant la responsabilité du gouvernement. Le PS déposera une motion de censure. (→ 7.3)

Ilan tué par les " barbares "

Sainte-Geneviève-des-Bois (Essonne), lundi 13 • Un jeune homme de 23 ans a été retrouvé agonisant le long d'une voie de chemin de fer. Il est mort peu après pendant son transfert à l'hôpital. Son corps nu, menotté et bâillonné, était couvert de brûlures et de marques de lacération. Il s'appelait Ilan Halimi, il était juif et il avait disparu le 20 janvier. Vendeur dans un magasin de téléphonie mobile à Paris, il était tombé dans le piège ourdi par une bande organisée de kidnappeurs, connue sous le nom de « gang des barbares », qui attire ses victimes en se servant de jolies femmes comme appât. Ilan avait, en effet, rencontré une jeune femme le 17 janvier à son magasin. Ils s'étaient donné rendez-vous pour la soirée du 20, du côté de Sceaux (Hauts-de-Seine). Depuis, les parents et amis d'Ilan avaient été plusieurs fois contactés par les ravisseurs, qui avaient exigé, en vain, le paiement d'une rançon. Cette terrible affaire va susciter d'autant plus d'émotion et de réactions dans tout le pays que l'hypothèse d'un crime à caractère antisémite est loin d'être écartée. (→ 27)

Cette photographie du jeune Ilan Halimi avait été prise pendant des vacances en Sicile, en 2005.

Coup d'envoi du plan Borloo

Paris, mardi 14 • Jean-Louis Borloo, le ministre de l'Emploi, lance officiellement aujourd'hui son plan de développement des services à la personne, un secteur qui emploie actuellement plus de 1 300 000 personnes en France. Ce plan est annoncé comme une « révolution » par le ministre, qui espère permettre ainsi la création sur trois ans de 500 000 nouveaux postes, porter à 70 % le taux d'emploi et décourager le travail au noir. Tous les métiers de l'aide et des services à domicile sont concernés (soutien scolaire, ménage, garde, etc.). La grande nouveauté de ce plan est la création d'un chèque emploi service universel (CESU), que les particuliers pourront utiliser pour s'offrir ces services et qui remplace à la fois le chèque emploi service et le titre emploi service. Selon le ministre, les familles pourront grâce au CESU, qui donne droit à des avantages fiscaux, accéder à ces services « de façon plus rapide et moins chère ».

Le demi-tour du *Clemenceau*

Paris, mercredi 15 • À quatre jours de son voyage officiel en Inde, le président de la République a tranché dans un dossier qui risquait d'envenimer les relations entre Paris et New Delhi : le désamiantage de l'ancien porte-avions *Clemenceau* dans les chantiers indiens d'Alang. Alors que le bâtiment faisait route vers sa destination, Jacques Chirac a ordonné son retour à Brest. Il n'avait guère le choix. Lundi, la Cour suprême indienne, qui avait déjà manifesté son hostilité au désamiantage pour des raisons sanitaires, avait demandé de nouvelles analyses. Mais c'est à Paris que le coup de grâce a été porté hier : le Conseil d'État a estimé que, conformément à la loi européenne, le *Clemenceau* devait être considéré comme un « déchet » et que, en tant que tel, il ne pouvait être exporté vers un pays non membre de l'OCDE. Lancé en 1957 et désarmé en 1997, le porte-avions avait fait l'objet d'une première opération de désamiantage en 2004, dans les chantiers navals de Toulon. (→ 17.5)

Haïti retrouve René Préval

Port-au-Prince, jeudi 16 • Après des années de troubles, la république d'Haïti va-t-elle enfin connaître la paix et, avec elle, le retour à une certaine stabilité économique et sociale ? Respecté pour son intégrité et pour son expérience (il fut déjà président de 1996 à 2001), René Préval paraissait le seul homme capable de les lui apporter et de solder les comptes de l'ère chaotique de son ancien ami Jean-Bertrand Aristide (chassé du pouvoir en 2004). Lors du scrutin présidentiel du 7 février, sa victoire ne faisait d'ailleurs aucun doute. Mais René Préval voulait être légitimé par une élection dès ce premier tour. Or, le Conseil électoral provisoire (CEP) ne l'a alors crédité « que » de 48,76 % des voix. S'estimant volé, des bulletins de vote ayant été trouvés dans une décharge, Préval avait fait monter la pression. Finalement, suite à un accord entre le CEP et l'ONU, les bulletins blancs ont été répartis entre les différents candidats au prorata de leurs résultats. Conclusion : Préval est élu avec 51,15 % des suffrages.

Né le 17 janvier 1943, René Préval a axé son programme sur l'agriculture et l'éducation.

Le 14, à Bruxelles, le célèbre Atomium est inauguré à l'issue d'une rénovation qui aura duré plus d'un an. Conçue par le jeune ingénieur belge André Waterkeyn pour l'Exposition universelle de 1958, cette étrange construction en acier et en aluminium de 102 mètres de haut est la reproduction d'une molécule de cristal de fer agrandie pas moins de 165 milliards de fois. Comme la tour Eiffel en son temps, l'Atomium devait à l'origine être démonté une fois l'Exposition finie…

Les prisons condamnées

Bruxelles, jeudi 16 • « Le rapport ne donne pas de leçon. Il montre les faits tels qu'ils sont », a déclaré au *Parisien* le commissaire européen aux droits de l'homme, l'Espagnol Alvaro Gil-Robles. Hier, le ministre français de la Justice, Pascal Clément, avait vivement réagi à ce rapport qui, après enquête, dressait un tableau accablant de l'état des prisons françaises : surpopulation, taux de suicide élevé, droits élémentaires bafoués, absence de protection réelle des détenus mineurs, etc. En revanche, la députée UMP Christine Boutin a constaté que le rapport pointait « ce que je dénonce depuis des années » et, dans *France-Soir*, elle a déploré que la justice française « ne raisonne qu'en termes d'enfermement ».

La Palestine menacée d'asphyxie financière

Palestine, jeudi 16 • Le Hamas a logiquement désigné l'homme qui l'a conduit à la victoire pour devenir le Premier ministre palestinien. Âgé de 43 ans, Ismaïl Haniyeh doit son ascension à sa fidélité au chef spirituel du Hamas, le cheikh Ahmed Yassine assassiné par les Israéliens en 2004, mais aussi à son pragmatisme. C'est lui qui poussa son parti à suspendre son action armée et à engager le processus électoral. Pour autant, Ismaïl Haniyeh n'a pas prononcé un mot quant à une éventuelle reconnaissance d'Israël, ni renoncé à une éventuelle reprise des armes, ce qui met le président élu de l'Autorité palestinienne, Mahmoud Abbas, dans une position difficile. Bien qu'Ismaïl Haniyeh n'ait pas encore été officiellement nommé, le gouvernement israélien a pris aujourd'hui des mesures de rétorsion à l'encontre de l'« Autorité terroriste », comme il l'a appelée. Il a gelé les fonds provenant des taxes des produits importés par les Palestiniens et que les Israéliens leur transfèrent habituellement après les avoir perçus, en vertu des accords de Paris de 1994. Or, ces fonds représentent plus d'un tiers des revenus dont dispose l'Autorité palestinienne. L'Union européenne menace de son côté de couper son aide financière, vitale pour les Palestiniens. (→ 29.3)

Derrière Ismaïl Haniyeh, le portrait du cheikh Ahmed Yassine.

Darry Cowl

De son vrai nom André Darricau, Darry Cowl s'est éteint le 14 à Neuilly-sur-Seine. Né en 1925 à Vittel, dans les Vosges, il s'était consacré au cinéma après de brillantes études musicales et des débuts au cabaret. Rendu célèbre par Le Triporteur *(1957), il avait joué dans plus de 150 films, souvent des comédies légères. S'étant ensuite tourné vers des œuvres plus ambitieuses, il avait reçu en 2004 le César du meilleur acteur dans un second rôle pour* Pas sur la bouche, *d'Alain Resnais.*

De battre mon cœur s'est arrêté *est le grand vainqueur de la 31e Nuit des Césars, qui s'est déroulée le 25, au théâtre du Châtelet, à Paris. Le film de Jacques Audiard, avec Romain Duris dans le rôle principal (ci-dessus), a en effet obtenu huit récompenses, dont celles du meilleur film français et du meilleur réalisateur. Le César du meilleur acteur a été attribué à Michel Bouquet pour son interprétation de François Mitterrand dans* **Le Promeneur du Champs-de-Mars** *de Robert Guédiguian, Nathalie Baye recevant celui de la meilleure actrice pour sa prestation dans* **Le Petit Lieutenant** *de Xavier Beauvois.*

Du nucléaire pour l'Inde

New Delhi, lundi 20 • Au terme d'une visite officielle de deux jours en Inde, Jacques Chirac, qui était accompagné de 32 chefs d'entreprise, n'est pas reparti les mains vides : 43 Airbus ont été achetés par Indian Airlines, tandis que la compagnie Kingfisher acquérait 15 appareils de transport régional ATR 72-500. C'est cependant dans le domaine du nucléaire civil que le président de la République a obtenu le plus de succès. Selon la déclaration signée par les deux parties, la France et l'Inde engageront une coopération qui pourrait se traduire dans les faits par la vente à l'Inde d'un réacteur EPR et par le transfert de technologies. New Delhi n'étant pas signataire du traité de non-prolifération (TNP), ces transactions seraient réalisées sous le contrôle de l'AIEA. Toutefois, cette ouverture du marché indien, rendue nécessaire par l'accroissement des besoins énergétiques du sous-continent, devrait entraîner une vive concurrence avec les États-Unis. (→ 2.3)

Leur papa est une maman

Paris, vendredi 24 • L'homoparentalité, légalisée aux Pays-Bas, en Suède et en Espagne, fait toujours débat en France. Pourtant, la Cour de cassation a ouvert une brèche avec un arrêt qui autorise une mère titulaire de l'autorité parentale à la déléguer « à la femme avec laquelle elle vit en union stable et continue ». Cet arrêt fait suite à une affaire concernant Christine Boudet, la mère de deux petites filles, et Sophie Martin, sa compagne. Le 11 juin 2004, la cour d'appel d'Angers avait déjà fait droit à la demande de délégation formulée par Christine Boudet, en vertu de la loi du 4 mars 2002 qui permet de déléguer l'autorité parentale « à un tiers, membre de la famille ou proche digne de confiance ». Mais le procureur général d'Angers avait formé un pourvoi en cassation. L'arrêt prononcé par la haute juridiction est sans doute appelé à faire jurisprudence.

Un sanctuaire chiite détruit

Samarra, mercredi 22 • Les tensions entre chiites et sunnites irakiens ont atteint un degré extrêmement dangereux avec l'explosion qui a ravagé ce matin, à 7 heures, la mosquée chiite Al-Askarya de Samarra, au nord-ouest de Bagdad. Le choix de ce monument n'était pas anodin : outre le fait que cette mosquée, vieille de 1 200 ans, est un joyau de l'architecture islamique, elle a une très grande valeur symbolique pour les chiites, car elle contient les tombes de deux imams particulièrement vénérés, Ali Al-Hadi (827-868) et Hassan Al-Askari (845-872). Selon les forces spéciales irakiennes, cinq hommes en treillis et trois autres en noir s'étaient introduits dans la nuit pour commettre l'attentat. Dès que la nouvelle s'est répandue dans le pays, des représailles ont frappé les communautés sunnites, notamment à Samarra même et à Bassora. Et cela malgré les appels à la raison des deux principaux chefs spirituels chiites, le grand ayatollah Ali Al-Sistani et le jeune imam Moqtada Al-Sadr. (→ 22.4)

Le décor de mosaïque de la mosquée et le revêtement d'or de la coupole ont été détruits.

Le bilan des Français aux J.O. d'hiver

1

2

3

4

5

6

7

8

9

C'est avec neuf médailles que les Français rentrent des Jeux olympiques d'hiver qui se sont déroulés à Turin, en Italie, du 10 au 26 février. Un score inférieur au record (11 médailles) de Salt Lake City, en 2002, et qui classe la France à la dixième place, très loin derrière l'Allemagne, première avec vingt-six médailles. 1 Antoine Dénériaz a réussi, le 12, l'exploit de remporter l'épreuve reine de la descente. 2 La championne olympique de 2002, Carole Montillet, s'était sévèrement blessée à l'entraînement, le 14, aux côtes et au visage ; elle a fait preuve d'un grand courage en prenant part, le lendemain, à l'épreuve de descente, où elle s'est classée 28e. Le 20, elle finira 5e du super-G. 3 Florence Baverel-Robert a créé la surprise, le 16, en s'adjugeant le 7,5 km sprint en biathlon. 4 Paul-Henri De Le Rue, le 17, a remporté la médaille de bronze de snowboard. 5 Le 18, Vincent Defrasne s'est adjugé la poursuite du biathlon à l'issue d'un final époustouflant. 6 Joël Chenal a pris, le 22, une très belle deuxième place au super-G. 7 Le 21, Julien Robert, Vincent Defrasne, Ferréol Cannard et Raphaël Poirée ont remporté en biathlon la médaille de bronze du relais 4 x 7,5 km. 8 Le ski de fond a aussi été à l'honneur avec, le 22, la belle médaille d'argent au sprint de Roddy Darragon (n° 10), juste derrière le favori, le Suédois Björn Lind. 9 Le 23, la médaille de bronze du 4 x 6 km du biathlon est revenue au relais français composé, de gauche à droite, de Florence Baverel-Robert, Delphine Peretto, Sandrine Bailly et Sylvie Becaert.

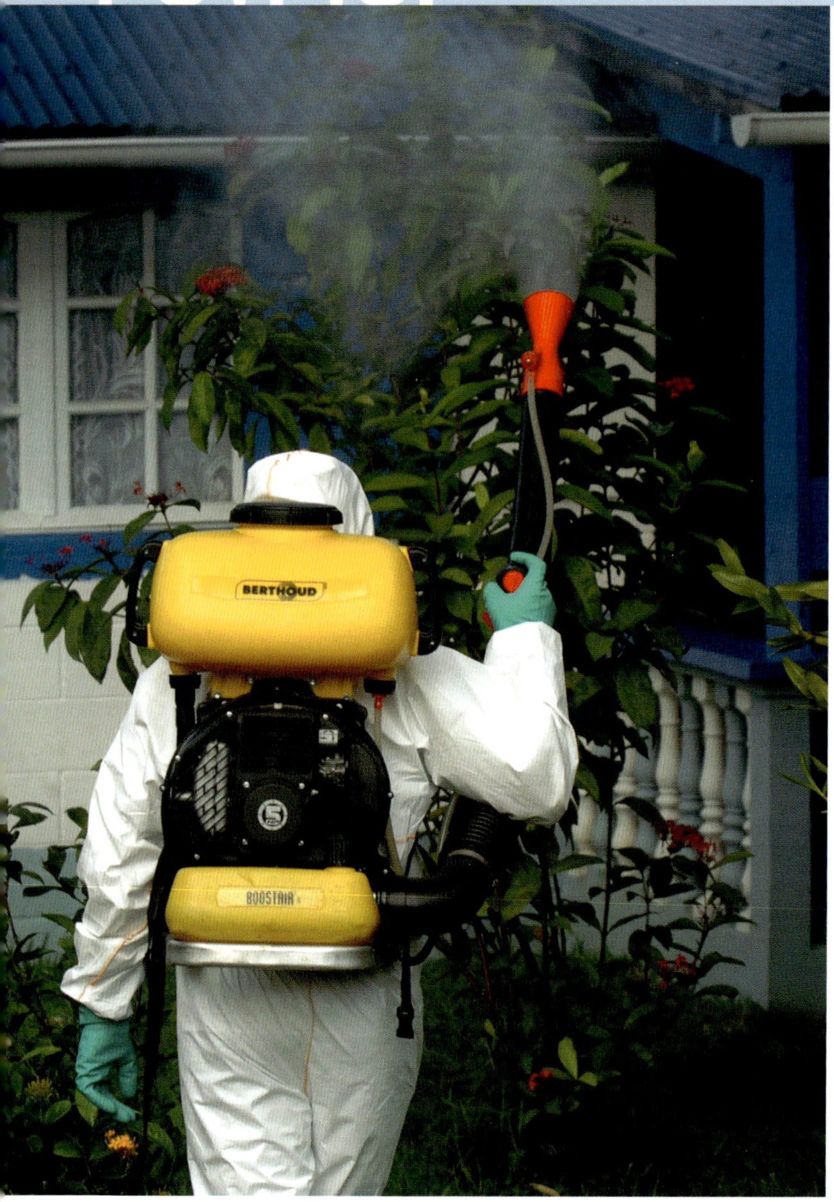

La Réunion endeuillée par le chikungunya

Saint-Denis de La Réunion, lundi 27 • Arrivé hier sur l'île avec le ministre de la Santé Xavier Bertrand, Dominique de Villepin a pris la mesure du drame sanitaire qui endeuille La Réunion : le virus chikungunya a déjà causé la mort de 77 personnes, directement ou non, près de 170 000 autres étant touchées par l'épidémie. Transmis par le moustique *Aedes albopictus*, ce virus était considéré comme résiduel depuis son identification en Tanzanie, en 1952, et il était inconnu à La Réunion jusqu'à son apparition l'année dernière. Provoquant des troubles allant de simples fièvres à des encéphalites, il fragilise les personnes contaminées et les rend vulnérables à d'autres affections, d'où le taux élevé de mortalité. L'inquiétude de la population est d'autant plus grande qu'il n'existe pas aujourd'hui de vaccin contre le chikungunya : des recherches en ce sens, menées aux États-Unis, ont été abandonnées en 2003. Le Premier ministre, dont la venue a été saluée tant par les élus UMP que par Paul Vergès, président communiste du conseil régional, a promis une aide de 76 millions d'euros pour lutter contre l'épidémie et pour faire face à la dépression économique qu'elle a entraînée.

À droite : la petite Tricia Nalem, 10 ans, décédée le lundi 20 février. À gauche : pulvérisation de répulsifs contre les moustiques à La Réunion.

Le virus H5N1 est en France

France, samedi 25 • La présence du virus H5N1 dans un élevage de volailles de Versailleux (Ain) a été confirmée. C'est une première dans l'UE. Le 13, un canard sauvage porteur du virus avait été trouvé mort près de là, suivi de cinq cas suspects sur des cygnes. Un tiers du département a été mis en zone de surveillance. Au lendemain de la première simulation de pandémie, à Lyon, c'est donc dans un climat d'inquiétude que le Salon de l'agriculture ouvre ses portes à Paris, le premier où les volatiles vivants sont interdits. (→ 28)

Youssouf Fofana nie toute motivation antisémite

Abidjan (Côte d'Ivoire), lundi 27 • « Cerveau » du gang qui a séquestré à Bagneux, dans la banlieue sud de Paris, et torturé à mort Ilan Halimi, Youssouf Fofana (26 ans) avait été arrêté le 23 à Abidjan. Aujourd'hui, alors qu'ont déjà été interpellés une vingtaine de membres présumés du gang, dont la femme qui a attiré Ilan dans le piège, une interview-choc de Fofana, enregistrée le 24, est diffusée sur i-Télé. Le meurtrier présumé y affirme n'avoir pas tué Ilan et nie tout mobile antisémite. Les raisons de l'enlèvement ? « Il a été fait à des fins financières » déclare Fofana. Des affirmations qui, loin de lever tous les doutes, arrivent au lendemain de la manifestation contre l'antisémitisme qui a réuni 80 000 personnes à Paris. (→ 4.3)

La France a demandé l'extradition de Fofana, photographié ici avec son amie dans la prison d'Abidjan.

À quoi jouaient les Allemands ?

Berlin, lundi 27 • Le Service fédéral de renseignements allemand, le Bundes Nachrichten Dienst (BND), s'était déjà défendu d'avoir fourni aux Américains des informations susceptibles de les aider dans leur attaque contre l'Irak en mars 2003. Mais dans son édition d'hier, le *New York Times* a apporté des révélations supplémentaires particulièrement gênantes pour Berlin. Alors que l'Allemagne constituait avec la France le front du refus à la guerre, des agents du BND en poste en Irak auraient communiqué à leurs homologues américains basés au Qatar le plan de défense de Bagdad. Le porte-parole du gouvernement allemand, Ulrich Wilhelm, s'est borné ce soir à déclarer que l'information du *New York Times* était fausse.

France

Paris, jeudi 2
Le musée d'Art moderne de la Ville de Paris rouvre ses portes après deux ans de travaux de mise aux normes de sécurité : une première mondiale a été ainsi réalisée avec le désamiantage des 250 panneaux de *La Fée électricité*, peint par Raoul Dufy en 1937.

Paris, vendredi 3
Renvoi en correctionnelle du groupe pétrolier Total pour pollution et complicité de mise en danger de la vie d'autrui dans l'affaire du naufrage de l'*Erika*.

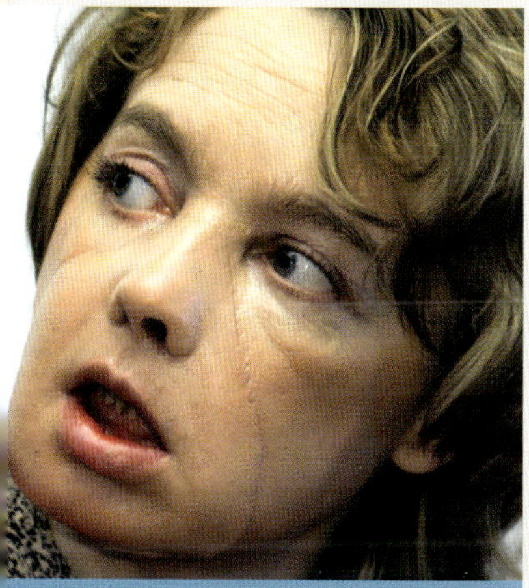

Amiens, lundi 6 • Apparition publique d'Isabelle Dinoire, première personne au monde à avoir bénéficié, fin novembre, d'une greffe partielle du visage.

Paris, mercredi 22
Acquittement en appel des nationalistes corses Jean Castela et Vincent Andriuzzi, accusés d'être les commanditaires de l'assassinat du préfet de Corse Claude Érignac le 6 février 1998 à Ajaccio.

Paris, mercredi 22
La Tour d'Argent, restaurant parisien mythique, réputé pour son canard au sang, perd sa deuxième étoile au Guide Michelin.

Paris, jeudi 23
Le Parlement adopte définitivement le projet de loi sur l'égalité salariale qui vise à supprimer en cinq ans les écarts de salaires entre hommes et femmes.

Rouen, jeudi 23
Le chanteur Renaud ouvre le concert de soutien à la Franco-Colombienne Ingrid Betancourt, otage de la guérilla des Farc depuis quatre ans.

Paris, samedi 25
La Direction générale de la concurrence et de la répression des fraudes suspend pour un an la commercialisation d'une boisson « anti-gueule de bois », la Security Feel Better, présentée comme étant capable de faire baisser plus rapidement le taux d'alcool dans le sang.

Paris, dimanche 26
TF1 arrête son jeu de télé-réalité médiévale *Le Royaume* dès la deuxième semaine, faute d'audience.

Boulogne-sur-Mer, lundi 27
Non-lieu pour le docteur Frédéric Chaussoy et Marie Humbert, la mère de Vincent, qui avaient aidé le jeune homme, tétraplégique, à mourir, conformément à sa volonté.

Saint-Maur (Indre), lundi 27
Libération conditionnelle de François Besse, ex-lieutenant de Jacques Mesrine, condamné à un total de 28 ans de prison pour des braquages et des évasions, lors de cinq procès qui se sont tenus entre 1974 et 2002.

Paris, mardi 28
Georges Frêche, président de la Région Languedoc-Roussillon, est suspendu du bureau national du PS pour avoir traité, le 11 février à Montpellier, un groupe de harkis de « sous-hommes ».

France, mardi 28
Le gouvernement met en place le dispositif « alerte enlèvement » qui permet de mobiliser la population en cas de rapt d'enfant : messages à la télé et à la radio, sur les panneaux de gares ou d'autoroutes.

Union européenne

Vienne, mercredi 1er
L'UE et la Pologne parviennent à un accord sur la prolongation, jusqu'en 2010, de la TVA à taux réduit sur des secteurs à forte intensité de main-d'œuvre (bâtiment, services à la personne, etc.).

Strasbourg, jeudi 16
Le Parlement européen adopte une version révisée de la directive Bolkestein sur la libéralisation des services, laquelle ne fait désormais plus mention du « principe du pays d'origine ».

Allemagne, mardi 28
Découverte d'un chat mort porteur de la grippe aviaire sur l'île allemande de Rügen. Premier mammifère contaminé en Europe par le virus H5N1. (→ 14.3)

International

Le Caire, vendredi 3
Naufrage du ferry *Al-Salam* en mer Rouge après qu'un incendie a éclaté à bord. Mille disparus sur les 1 400 passagers.

Beyrouth, lundi 6
Le général Michel Aoun, figure de l'opposition libanaise anti-syrienne, conclut une alliance politique avec le Hezbollah, mouvement chiite soutenu par l'Iran et la Syrie.

Londres, mardi 7
Abou Hamza, l'imam islamiste radical de la mosquée de Finsbury Park, est condamné à sept ans de prison pour incitation au meurtre et à la haine raciale.

New York, mardi 7
Le Conseil de sécurité de l'ONU gèle les avoirs financiers de Charles Blé Goudé et Eugène Djué, deux dirigeants des « Jeunes Patriotes » ivoiriens pro-Gbagbo, et de Fofié Kouakou, chef militaire des rebelles nordistes, accusés de faire obstacle au processus de paix en Côte d'Ivoire.

Katmandou, mercredi 8
Désaveu électoral du roi Gyanendra du Népal, un an après sa prise de pouvoir absolu : la participation aux municipales atteint moins de 10 %, un succès pour les rebelles maoïstes qui avaient appelé à boycotter les urnes. (→ 24.4)

Pristina, vendredi 10
Le Parlement du Kosovo élit Fatmir Sejdiu à la présidence kosovare, où il succède à Ibrahim Rugova, décédé fin janvier. (→ 1.3)

Londres, dimanche 12
La Grande-Bretagne ouvre une « enquête urgente » à propos de sévices présumés – révélés par la presse – commis par des soldats contre des civils en Irak.

New York, dimanche 12
Hauteur record de neige sur Central Park : 68,3 cm en 24 heures. Le précédent record datait de 1947, avec 67 cm.

Athènes, mardi 14
La maire d'Athènes, Dora Bakoyannis, devient la première Grecque ministre des Affaires étrangères.

New York, mardi 14
Une photographie d'Edward Steichen, *The Pond-Moonlight* (1904), devient la plus chère au monde après avoir été adjugée 2 928 000 $ chez Sotheby's.

Allemagne, mercredi 15
La Cour constitutionnelle de Karlsruhe rejette les dispositions d'une loi sur la sécurité aérienne autorisant l'armée à abattre un avion détourné, dans le but d'épargner des vies à terre. (→ 26)

Bruxelles, jeudi 16
La Belgique devient le premier pays au monde à interdire la fabrication, le stockage, l'utilisation et le commerce de bombes à fragmentation, réputées plus dangereuses que les mines.

New York, jeudi 16
L'ONU dénonce, dans un rapport, des actes de torture et des traitements inhumains infligés aux détenus de Guantanamo et appelle à fermer « sans délai » la prison américaine. (→ 10.6)

Kampala, jeudi 23
Réélection du président ougandais sortant Yoweri Museveni, lors du premier scrutin multipartite organisé dans le pays depuis 20 ans.

Moscou, dimanche 26
La Douma adopte définitivement une loi antiterroriste controversée, qui autorise notamment l'armée à abattre un avion de ligne détourné ou à frapper des cibles terroristes à l'étranger.

Économie

France, mercredi 1er
Relèvement du taux de rémunération du Livret A, qui passe de 2 % à 2,25 %.

New York, mercredi 1er
Sortie de faillite pour United Airlines, deuxième compagnie aérienne américaine, après trois ans passés sous la protection du chapitre 11 suite à la crise mondiale du secteur née des attentats du 11 septembre 2001.

Paris, lundi 6
Hachette Livre, propriété du groupe Lagardère, rachète l'américain Time Warner Book pour 449 millions d'euros et devient le troisième éditeur mondial, derrière le britannique Pearson et l'allemand Bertelsmann.

Paris, vendredi 17
Le CAC 40 clôture à 5 000 points, son plus haut niveau depuis l'été 2001. (→ 16.3)

Paris, lundi 20
Selon un classement établi par *Le Figaro*, Gérard Depardieu a été l'acteur français le mieux payé en 2005, avec 3,2 millions d'euros, devant Jean Reno (2,3) et Christian Clavier (1,87).

Mauritanie, vendredi 24
Début de la production de pétrole mauritanien sur le champ offshore de Chinguetti, ce qui fait de la République islamique un nouveau membre du club des pays producteurs de pétrole.

Paris, samedi 25
Dominique de Villepin annonce la fusion du groupe d'énergie franco-belge Suez avec Gaz de France pour créer un des plus importants groupes gaziers au monde et contrer une éventuelle OPA hostile du groupe italien Enel sur Suez. Une opération qui implique la privatisation de GDF, l'État devant rester le premier actionnaire du nouveau groupe. (→ 14.6)

Sports

Austin (Texas), vendredi 3
Le champion cycliste américain Lance Armstrong et la chanteuse de country Sheryl Crow se séparent, après deux ans de liaison et cinq mois de fiançailles.

Zurich, dimanche 5
L'équipe de France masculine de handball devient pour la première fois de son histoire championne d'Europe en battant en finale l'Espagne, championne du monde en titre, 31 à 23.

Detroit, dimanche 5
L'équipe de Pittsburgh gagne le Superbowl, le championnat de football américain, en battant Seattle 21 à 10.

Le Caire, vendredi 10
L'Égypte gagne la Coupe d'Afrique des Nations de football en battant en finale la Côte d'Ivoire (0-0, 4 tirs au but à 2).

Turin, vendredi 10
Le prince Albert II de Monaco s'affiche avec une nouvelle compagne, la nageuse sud-africaine Charlene Wittstock, lors de la cérémonie d'ouverture des JO d'hiver. (→ 1.6)

Bournemouth, samedi 11
Le milliardaire américain Steve Fossett bat le record de distance aérienne en parcourant, en solitaire et sans escale, 42 469 km en 76 h et 45 min à bord de son avion ultraléger *Virgin Atlantic/Global Flyer*.

Anvers, dimanche 19
Amélie Mauresmo gagne le tournoi de tennis d'Anvers face à la n° 1 mondiale, la Belge Kim Clijsters.

Décès

Agen, mercredi 1er
Guy Basquet (*13.7.1921), ancien capitaine de l'équipe de France et ancien vice-président de la Fédération française de rugby.

Genève, lundi 6
Denis Defforey (*7.7.1925), cofondateur de l'enseigne de magasins Carrefour.

Alaska, mercredi 15
Anna Marly (*30.10.1917), compositrice de la musique du *Chant des partisans*, hymne de la Résistance.

Phoenix (Arizona), lundi 20
Paul Marcinkus (*15.1.1922), archevêque américain à l'origine du scandale de la « banque du Vatican ».

Gien (Loiret), dimanche 26
Ferdinand Gilson (*20.10.1898), un des six derniers poilus de la Première Guerre mondiale. (→ 6.6)

Mars

Lu	Ma	Me	Je	Ve	Sa	Di
		1	2	3	4	5
6	7	8	9	10	11	12
13	14	15	16	17	18	19
20	21	22	23	24	25	26
27	28	29	30	31		

La loi instituant le contrat première embauche (CPE) mobilise contre elle les organisations étudiantes et syndicales. L'opposition parlementaire est dopée, la majorité ébranlée, Dominique de Villepin fragilisé…

Bush parie sur l'Inde

New Delhi, jeudi 2 • Les promesses de coopération nucléaire que Jacques Chirac a obtenues en Inde, le mois dernier, semblent aujourd'hui bien limitées en regard de l'accord conclu entre New Delhi et Washington. Au terme de sa visite en Inde, George W. Bush a créé la surprise en acceptant de fournir à l'Inde la technologie et le combustible nécessaires au développement du nucléaire civil. En contrepartie, le Premier ministre indien, Manmohan Singh, accepterait de placer les réacteurs civils dont dispose déjà son pays sous le contrôle de l'AIEA. Ne sont pas concernés, en revanche, les huit réacteurs militaires qui, à l'heure actuelle, permettraient à l'Inde de produire 75 à 100 bombes atomiques. En fermant les yeux sur le nucléaire militaire indien, le président américain s'est déjà attiré les inquiétudes de la Chine, qui voit dans ce partenariat une alliance stratégique.

George W. Bush à New Delhi avec le président indien Abdul Kalam (à sa droite) et le Premier ministre Manmohan Singh.

Les G.I. ont le mal du pays

États-Unis, mercredi 1er • La majorité des soldats américains en poste en Irak (72 %) aspire à un retrait dans l'année qui vient. C'est ce qui ressort d'un sondage effectué auprès d'un échantillon représentatif de 944 G.I. par l'institut Zogby International et le Center for Peace and Global Studies du Le Moyne College de Syracuse (État de New York). 29 % des militaires interrogés se sont déclarés favorables à un retrait immédiat, 22 % dans les six mois et 21 % d'ici un an. Seuls 23 % des soldats ont estimé que l'armée américaine devait rester en Irak « aussi longtemps qu'il le faudra ». Ce sondage fait toutefois apparaître des différences selon l'arme d'origine des personnels : ceux venant de la réserve (89 %) et de la garde nationale (82 %) sont très majoritairement favorables à un retrait d'ici un an, alors qu'ils ne sont que 58 % chez les marines. L'enquête a été conduite du 18 janvier au 14 février.

Youssouf Fofana sous les verrous français

Paris, samedi 4 • Youssouf Fofana est de retour en France. Une autorisation d'extradition ayant été signée par les autorités ivoiriennes, le chef présumé du gang des barbares de Bagneux est arrivé à l'aéroport de Roissy en fin d'après-midi, à bord d'un avion de l'armée de l'air française. Conduit au palais de justice de Paris, il a été mis en examen et écroué pour l'assassinat d'Ilan Halimi (au moins un membre du gang arrêté lui attribuant le coup de couteau mortel) avec les circonstances aggravantes d'association de malfaiteurs, d'actes de barbarie et d'antisémitisme. Fofana, qui a déjà fait vingt-cinq mois de prison pour une affaire de braquage d'un supermarché en 1999, doit également répondre de six tentatives d'enlèvement.

Samedi, Pape Diouf, le président de l'OM (ici avec Fabien Barthez), expliquait pourquoi il enverrait une équipe de réserve à Paris.

Des équipes de football indignes de leur rang

Paris, dimanche 5 • Lamentable. Le mot, plus quelques autres moins académiques, était sur les lèvres des 43 906 spectateurs venus au Parc des Princes assister à la rencontre de Ligue 1 qui opposait le Paris Saint-Germain à l'Olympique de Marseille. Lamentable, d'abord, parce que l'OM, estimant que la sécurité de ses supporteurs n'était pas assurée et reprochant au PSG de ne pas lui avoir proposé un nombre suffisant de places, avait envoyé à Paris une équipe de deuxième rang, constituée de remplaçants, de joueurs évoluant en CFA 2 ou de jeunes issus de son centre de formation, ce que le public a modérément apprécié. Lamentable, ensuite et peut-être surtout, parce que le PSG, loin de ne faire qu'une bouchée de cette équipe inexpérimentée, a été tenu en échec par les Marseillais (0-0). Les joueurs de Guy Lacombe ont donné du football une image que l'on ne peut qualifier que de... lamentable. (→ 11.4)

Les manifestations anti-CPE du 18 mars (ici à Bordeaux) rassemblent entre 500 000 et un million et demi de personnes de toutes les générations. Ce qui ne fait pas fléchir, pour le moment du moins, Dominique de Villepin.

Les anti-CPE dans la rue

France, mardi 7 • Ils étaient un million selon les syndicats, à peine 400 000 selon la police, quoi qu'il en soit beaucoup plus nombreux que le 7 février dernier à manifester partout dans le pays pour exiger du Premier ministre le retrait du contrat nouvel embauche. Un CPE qui, au gré des slogans et des banderoles, signifiait tour à tour « contrat précarité éternelle », « contrat première embûche », « contrat pour esclave »... À Paris, le cortège, parti de la place de la République à 14 heures, avait à sa tête les principaux responsables syndicaux, bientôt rejoints par les leaders socialistes qui venaient, à l'Assemblée nationale, de demander au Premier ministre, en chute libre dans les sondages, d'entendre les manifestants et de renoncer au CPE. Dominique de Villepin, lui, a cherché à remobiliser son camp, au sein duquel son intransigeance n'est pas sans créer quelques remous. Demain, les assemblées générales se multiplieront dans les universités, trente-huit d'entre elles étant en grève générale. C'est donc dans un climat très tendu que le Parlement adoptera jeudi le projet de loi sur l'égalité des chances, comprenant le CPE. Et une nouvelle manifestation sera programmée pour le 18 mars. (→ 23)

Bill Gates

Né le 28 octobre 1955 à Seattle, William Henry Gates III est devenu milliardaire en 1986 et l'homme le plus riche du monde en 1996. Il l'est resté depuis... Fondateur de Microsoft en 1975, il doit son succès à l'association de son système d'exploitation MS-DOS (1981), puis Windows (1985), aux ordinateurs IBM PC. Sa fortune, évaluée à plus de 50 milliards de dollars, est en partie vouée au financement d'une organisation caritative, la Fondation Bill & Melinda Gates, créée en 2000.

Les 21e Victoires de la musique, le 4, ont consacré Raphaël (ci-contre). Comptant parmi les rares chanteurs français ayant vendu plus d'un million d'albums en 2005, il a remporté trois Victoires (meilleur interprète masculin, meilleur album de chansons variétés et meilleure chanson originale pour **Caravane*****). Autre grande gagnante, Camille s'est vu remettre la Victoire de l'artiste révélation sur scène et celle de l'album révélation. La meilleure interprète féminine est Juliette, la Victoire de la meilleure musique de film étant revenue à Émilie Simon pour le célèbre documentaire de Luc Jacquet*** **La Marche de l'empereur*****.***

Crise portuaire aux États-Unis

Washington, jeudi 9 • Le sénateur républicain John Warner a annoncé à ses pairs que l'opérateur portuaire émirati Dubai Ports World (DP World) renonçait à gérer directement les six ports américains (New York, Newark, Philadelphie, La Nouvelle Orléans, Baltimore, Miami) dont elle avait hérité en achetant le groupe britannique P & O. La gestion sera confiée par DP World à une « entité américaine » dont la nature n'est pas précisée. Cette annonce met fin à la levée de boucliers qu'avait suscitée, aux États-Unis, la perspective de voir ces six grands ports contrôlés par un État, Dubai, considéré comme peu sûr. La majorité républicaine s'était alliée aux démocrates pour faire échec à ce projet auquel le président Bush avait pourtant donné son feu vert.

Milliardaires par centaines

New York, vendredi 10 • Le magazine économique américain *Forbes* publie son classement annuel des plus grosses fortunes du monde. En tête du palmarès des 793 milliardaires, on retrouve sans surprise l'Américain Bill Gates, suivi de son compatriote Warren Buffet, patron du fonds d'investissement Berkshire Hathaway, du Mexicain Carlos Slim, du Suédois Ingvar Kamprad (Ikea) et de l'Indien Lakshmi Mittal (qui rétrograde de la troisième à la cinquième place). Le premier Français, Bernard Arnault (LVMH), arrive au septième rang grâce à une fortune de 21,5 milliards de dollars. La Française Liliane Bettencourt (L'Oréal), quinzième, reste quant à elle la femme la plus riche du monde. Au total, *Forbes* compte 102 milliardaires de plus qu'en 2005 !

C'est une économiste tchèque âgée de 31 ans, Jana Tylova, qui a remporté le 11, à Lucques, en Italie, le tout premier championnat du monde de sudoku, un jeu de réflexion devenu depuis quelques mois un véritable phénomène de société. Les médailles d'argent et de bronze ont été attribuées à deux Américains, le premier Français s'étant classé à la 12e place. 85 joueurs venant de 22 pays avaient pris part à la première compétition à échelle internationale organisée pour ce jeu dont le succès doit beaucoup au Néo-Zélandais Wayne Gould, qui était présent à Lucques.

La mort de Slobodan Milosevic

Scheveningen (Pays-Bas), samedi 11 • Il était 9 heures passées, ce matin, lorsque les gardiens de la prison de l'ONU ont découvert le corps sans vie de Slobodan Milosevic. L'ex-président de la Yougoslavie avait 64 ans (*20.8.1941). Si sa mort éteint l'action engagée contre lui par le TPIY (Tribunal pénal international pour l'ex-Yougoslavie), qui le jugeait depuis le 12 février 2002 pour crimes contre l'humanité au Kosovo, en Bosnie et en Croatie, elle soulève beaucoup de questions quant aux circonstances mêmes de cette disparition. Après autopsie, les médecins légistes du TPIY concluront à un arrêt cardiaque ; ils évoqueront la responsabilité de médicaments que Milosevic se serait lui-même administrés, médicaments contre-indiqués pour un sujet souffrant, comme lui, de graves troubles cardio-vasculaires. Se serait-il volontairement empoisonné, auquel cas sa mort pourrait être assimilée à un suicide ? Ou, comme le croit l'un de ses conseils, Zdenko Tomanovic, a-t-il été « assassiné » par voie médicamenteuse ? Le prisonnier qui, au cours du procès, avait mis en difficulté à plusieurs reprises la procureure du TPIY, Carla Del Ponte, avait demandé à être soigné par des spécialistes russes, à Moscou. Cela lui avait été refusé.(→ 5.4)

Le 18, les partisans de Milosevic assistent à ses funérailles à Pozarevac, une ville de 60 000 habitants au nord-est de Belgrade.

La folie sudoku

Zoom

Il puise ses origines dans les « carrés magiques » de la Chine antique et dans les « carrés latins » inventés par le Suisse Leonhard Euler au XVIIIe siècle. Mais le sudoku (qui signifie « chiffre unique » en japonais) n'apparaît dans sa version moderne qu'en 1979, dans une revue américaine. Dans un premier temps, seuls les Japonais se passionnent pour ce jeu. Puis, en 2003, un juge néo-zélandais, Wayne Gould, met au point un programme informatique permettant de produire de nouvelles grilles. À partir du 12 novembre 2004, le journal *Times* publie le jeu : le succès est foudroyant. Depuis, des millions de personnes se passionnent pour ce véritable casse-tête aux règles très simples : sur une grille carrée composée de neuf « régions » de neuf cases chacune, il suffit de placer dans chacune des régions les chiffres 1 à 9, chacun d'eux ne devant figurer qu'une fois par colonne et par rang !

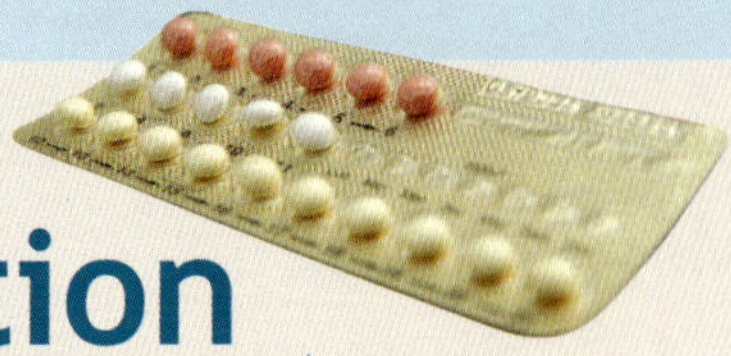

Flash-back sur la contraception

Le 18 mars, le ministre de la Santé et des Solidarités, Xavier Bertrand, a déclaré : « Participer au cinquantième anniversaire du Mouvement français pour le planning familial, c'est rendre hommage à ces cinquante années de conquête des droits de la femme, ces cinquante années de libération progressive du carcan institutionnel et social dans lequel elle vivait. » Le ministre faisait allusion à une loi de 1920 qui, assimilant la contraception à l'avortement, rendait celle-ci passible de la cour d'assises. Ce n'est que le 28 décembre 1967, en effet, que l'Assemblée nationale, à l'initiative du député gaulliste Lucien Neuwirth, vota une loi abrogeant celle de 1920 et autorisant la contraception. Ce vote, obtenu après le rejet de onze propositions, était le fruit du combat mené depuis plus de dix ans par le Mouvement français pour le planning familial (MFPF). En 1955, le docteur Marie-Andrée Lagroua Weill-Hallé avait fait à l'Académie des sciences morales et politiques une communication retentissante sur la détresse des femmes confrontées à des maternités non désirées. Forte du soutien moral du pasteur Boegner, du philosophe catholique Gabriel Marcel et de l'écrivain Georges Duhamel, elle fonda dès l'année suivante, avec Évelyne Sullerot et le docteur Pierre Simon, la Maternité heureuse, une association qui prit bientôt l'appellation de Mouvement français pour le planning familial. Dans une semi-clandestinité, le MFPF proposait aux femmes qui le consultaient les moyens contraceptifs alors licites dans les pays anglo-saxons, tel le diaphragme. Mais c'est sans conteste avec l'invention de la « pilule » par le médecin et biologiste américain Gregory Pincus (1903-1967) que la contraception devint véritablement une « libération » pour les femmes. Commercialisée dès 1960 aux États-Unis, elle se répandit rapidement dans le monde entier. En 1966, dans ses *Élucubrations*, le chanteur Antoine répondait à la question de savoir « comment enrichir le pays » par ces paroles devenues historiques : « Mettre la pilule en vente dans tous les Monoprix ! »

Le cinquantième anniversaire du Mouvement français pour le planning familial

La gynécologue Marie-Andrée Lagroua Weill-Hallé, fondatrice en 1956 du MFPF. À gauche : Gregory Pincus, l'inventeur de la pilule contraceptive.

Test médical catastrophique

Londres, lundi 13 • Ils étaient volontaires, moyennant une rémunération de 2 300 livres (3 300 euros), pour tester à l'hôpital Northwick Park, dans la banlieue de Londres, le TGN 1412, un anticorps monoclonal susceptible de combattre une forme rare de leucémie. Mais le médicament, mis au point par le laboratoire allemand TeGenero et développé par une firme américaine, Parexel International, aura des effets catastrophiques sur six des « cobayes », des hommes âgés de 18 à 30 ans. Dès son administration aujourd'hui, ceux-ci ont été victimes de troubles graves, allant jusqu'à la perte de connaissance et justifiant leur admission dans une unité de soins intensifs.

Samedi 18, au Millennium Stadium de Cardiff, le XV de France bat le pays de Galles (21-16) et remporte le Tournoi des Six Nations avec quatre victoires sur cinq. L'Irlande, vainqueur de l'Angleterre ce même jour (28-24), enregistre un nombre égal de victoires, la France l'emportant par une meilleure différence entre les points marqués et les points encaissés. Ci-contre : au Millennium Stadium, Christophe Dominici tente d'échapper au plaquage du Gallois Matthew Watkins.

Coup de force à Jéricho

Jéricho, mardi 14 • La prison palestinienne de Jéricho était placée sous le contrôle d'observateurs américains et britanniques, en vertu d'un accord de 2002 avec l'Autorité palestinienne. La prison avait notamment pour « pensionnaires » quatre militants du Front populaire de libération de la Palestine (FPLP), meurtriers en 2001 du ministre d'extrême droite israélien Rehavam Zeevi, le député palestinien et chef actuel du FPLP Ahmad Saadat, et un ancien proche de Yasser Arafat soupçonné de trafic d'armes, Fouad Choubaki. Or, ce matin, les observateurs se sont éclipsés, laissant à l'armée israélienne le champ libre pour faire le siège de la prison dans le but de s'emparer des six hommes, ce qu'elle a d'ailleurs fait après plusieurs heures de pilonnage d'artillerie. Ce coup de force, justifié par Israël par la crainte de voir le Hamas libérer les six prisonniers, a soulevé l'indignation des Palestiniens et le silence de l'Union européenne, ainsi que des représailles : une journaliste française de *Elle*, Caroline Laurent, un photographe de l'agence Sipa, Alfred Yaghobzadeh, et un journaliste de la chaîne sud-coréenne KBS, Yong Tae-young, ont été brièvement enlevés par des groupes armés dans la bande de Gaza.

Les soldats israéliens ont contraint les prisonniers de Jéricho à se déshabiller.

Le CAC 40

Zoom

Le CAC 40 a été officiellement créé le 15 juin 1988, sur une base de 1 000 points établie au 31 décembre 1987, par la Compagnie des agents de change, à laquelle il devait son nom avant que « CAC» ne signifie « cotation assistée en continu ». Indice boursier de référence de la place parisienne (ainsi que peuvent l'être, par exemple, le Nikkei 225 à Tokyo ou encore le Dow Jones à New York), le CAC rassemble quarante valeurs prises parmi les plus grosses capitalisations du marché français, dont la liste peut changer et qui ont été choisies dans les différents secteurs d'activité économique. Actualisé toutes les 30 secondes les jours d'ouverture de la Bourse de Paris, le CAC 40 constitue un précieux indicateur de l'évolution du marché français.

Excellente année 2005 pour le CAC 40

France, jeudi 16 • La présentation, aujourd'hui, des résultats de Gaz de France, qui dégage un bénéfice record de 1,74 milliard d'euros, vient confirmer, si besoin était, que l'année 2005 a été exceptionnelle pour les entreprises du CAC 40. En effet, les bénéfices nets globaux dépassent au total 84 milliards d'euros contre 66,2 milliards en 2004, qui était une année déjà considérée comme très bonne. Une augmentation de 27 % qui dépasse toutes les prévisions (les marchés financiers ne tablaient en début d'année que sur une hausse de 10 %) et qui concerne des secteurs aussi différents que l'énergie, la finance ou les télécommunications.

L'Espagne coupe la route des Canaries

Nouakchott, vendredi 17 • Face à l'afflux catastrophique, aux Canaries, de candidats africains à l'immigration, l'Espagne et la Mauritanie ont réactivé un accord de 2003 sur le rapatriement des clandestins et conclu un plan de coopération pour la surveillance des côtes. C'est en effet en Mauritanie que les migrants, délaissant la « filière » marocaine devenue peu praticable, s'entassent sur des petits bateaux de pêche pour rejoindre les Canaries, dans l'espoir de pouvoir gagner l'Espagne. Une traversée extrêmement périlleuse : 1 200 personnes auraient trouvé la mort de novembre 2005 à aujourd'hui, tandis que, depuis janvier, plus de 3 000 ont été interceptées par la marine espagnole. Et il y aurait actuellement 10 000 migrants massés au port mauritanien de Nouâdhibou. (→ 29.5)

Au large des Canaries, une vedette de la marine espagnole arraisonne un « cayuco » (bateau de pêche) et recueille ses passagers.

La main de fer d'Alexandre Loukachenko sur la Biélorussie

Minsk, dimanche 19 • Personne ne doutait véritablement de la réélection d'Alexandre Loukachenko à la présidence de la Biélorussie : maître quasi absolu du pays depuis 1994 et fort du soutien économique de la Russie, avec laquelle une étroite union politique est envisagée, il bénéficiait aussi de l'appui de larges couches de la population. Mais, de là à être plébiscité avec un score de 82,6 % des suffrages, il y avait de quoi faire descendre sur le pavé de la capitale une dizaine de milliers d'opposants ! Le chiffre paraît faible en regard des gigantesques manifestations qu'a connues l'Ukraine lors de la révolution orange de 2004, mais il est considérable pour un pays soumis à une impitoyable surveillance policière. Alexandre Milinkevitch, le candidat de l'opposition crédité de 6 % des suffrages, dénonce l'opacité du dépouillement et réclame, pour la forme, l'organisation d'un nouveau scrutin. Lundi, Washington refusera les résultats d'une élection tenue dans un « climat de peur ». (→ 24)

Ci-contre : Alexandre Loukachenko récusera lundi les accusations de son rival. À gauche : l'opposition campait toujours dans le centre de Minsk, mardi.

Les DADVSI controversés

Paris, mardi 21 • Les députés adoptent le projet de loi sur les droits d'auteurs et droits voisins de la société de l'information (DADVSI), conçu pour lutter contre le « piratage » de musiques sur l'Internet. Ce projet, plus répressif que les dispositions générales de la loi européenne, va jusqu'à criminaliser la copie privée, en assimilant celle-ci à la contrefaçon. Les peines encourues par les internautes vont d'une amende de 38 à 300 000 euros et trois ans de prison (en cas de commercialisation d'un logiciel de piratage). Les associations de consommateurs et les députés hostiles au projet DADVSI font observer que les auteurs bénéficient déjà de la loi Lang de 1985 (revue en 2001), soit de la taxe sur les supports numériques vierges. Le projet de loi sera adopté à main levée par le parlement le 30 juin.

L'ETA annonce la fin de la violence armée

Espagne, mercredi 22 • Dans un communiqué lu par une femme encadrée de deux militants, tous trois encagoulés, et diffusé par les médias basques, l'organisation séparatiste basque ETA a décrété un « cessez-le-feu permanent » qui entrera en vigueur le 24. « L'objectif de cette décision est de lancer un processus démocratique au Pays basque », indiquait notamment la déclaration. Une très bonne nouvelle, selon une grande partie de la classe politique espagnole, même si certains responsables, prudents, ont rappelé que l'ETA avait déjà par le passé décrété des trêves qu'elle avait ensuite rompues. L'espoir de trouver une vraie solution est cette fois néanmoins permis car, l'année dernière, une résolution avait été votée, autorisant le gouvernement à mener des discussions avec l'ETA si celle-ci renonçait à la violence. (→ 29.6)

Parti le 2 décembre dernier de Kultuk, au bord du lac Baïkal, Nicolas Vanier est arrivé le 19 sur la place Rouge, à Moscou, bouclant ainsi son « odyssée sibérienne ». Long de 8 000 km parcourus dans un traîneau tiré par dix chiens, ce périple, le tout dernier qu'accomplira l'aventurier, écrivain et réalisateur, avait pour but de sensibiliser l'opinion publique sur les dégradations causées par l'homme moderne à la nature et sur l'urgence d'agir pour préserver la planète.

L'ETA

Zoom

Fondée en juillet 1959 avec pour objectif l'indépendance du Pays basque espagnol et français et de la Navarre espagnole, l'ETA (pour « Euskadi Ta Askatasuna », soit « Patrie basque et liberté ») a, en presque un demi-siècle, causé par des attentats la mort de plus de 800 personnes, dont celle, en 1973, du président du gouvernement, l'amiral Carrero Blanco, et celles de 21 clients d'un supermarché barcelonais en 1987. Les trêves illimitées que cette organisation avait décrétées en 1989 et 1998 n'avaient en fait duré que quelques mois.

Des casseurs à la manif

Paris, jeudi 23 • Les étudiants réitèrent leur « non » au CPE : venus de toute la France, ils ont de nouveau défilé dans les rues de Paris. Mais, cette fois, la manifestation a pris une autre tournure. Plusieurs centaines de casseurs, provenant surtout des cités de banlieue, se sont mêlés aux étudiants, semant le trouble. Et tandis que la foule chantait « Villepin, Sarko, votre période d'essai est terminée », des jeunes encagoulés agressaient ou volaient les manifestants, brûlaient des voitures ou pillaient les magasins. Un scénario qui s'est répété dans plusieurs villes de province, obligeant les forces de police à charger contre les casseurs, parfois trop tardivement au gré des manifestants, des commerçants et des passants. Des facultés et des lycées ont été saccagés. Demain, alors que le désarroi devant de tels faits sera à la mesure des dommages, les syndicats, qui se rendront à Matignon à l'invitation du Premier ministre, exigeront de nouveau le retrait du CPE comme préalable à toute négociation sur l'emploi des jeunes. (→ 31)

Le 28, une nouvelle manifestation, qui a réuni de 1 à 3 millions de personnes, s'est encore accompagnée de violences.

Hypothéquer pour consommer

Paris, mercredi 22 • Pour favoriser la consommation, le Conseil des ministres a entériné une ordonnance prévoyant notamment deux innovations en matière de crédit. L'article 34 crée ainsi l'hypothèque rechargeable : le prêt hypothécaire consenti sur la valeur d'un bien immobilier peut être désormais reconduit (« rechargé ») au fur et à mesure de son remboursement, à l'instar d'un crédit « revolving ». Quant à l'article 41, il instaure le prêt viager hypothécaire : garanti par un bien immobilier à usage exclusif d'habitation, c'est le prêt que l'établissement de crédit ou financier consent sous la forme d'un capital ou de versements périodiques, et dont le remboursement ne peut être exigé qu'au décès de l'emprunteur ou lors du démembrement du bien hypothéqué.

Le vendredi 24, place Saint-Pierre, à Rome, le pape Benoît XVI a présidé, en présence de délégations de plusieurs gouvernements et de 35 000 personnes environ, le premier consistoire public de son pontificat, convoqué pour la création de quinze nouveaux cardinaux. Deux d'entre eux sont français : le père jésuite Albert Vanhoye, distingué pour ses travaux d'exégète (à gauche), et Mgr Jean-Pierre Ricard (ci-contre avec le pape), archevêque de Bordeaux et président de la Conférence des évêques de France.

L'énergie au menu des 25

Bruxelles, vendredi 24 • Alors que le gouvernement français est très critique du fait de son intervention pour contrer une OPA du groupe italien Enel sur Suez, le Conseil européen qui s'est tenu hier et aujourd'hui et qui était consacré à l'énergie promettait d'être tendu. Mais les 25, optant pour le consensus, ont réussi à trouver un accord sur « une politique énergétique pour l'Europe ». Il y eut pourtant un incident, mais il fut franco-français : hier, Jacques Chirac, flanqué des ministres Thierry Breton et Philippe Douste-Blazy, a momentanément quitté la salle, « profondément choqué » d'entendre Ernest-Antoine Seillière, le « patron des patrons » européen, prononcer son discours dans la langue de George W. Bush. (→ 4.8)

Mobilisation des sans-papiers américains

Los Angeles, samedi 25 • Même à l'époque des grands rassemblements contre la guerre du Vietnam, jamais Los Angeles n'avait été le théâtre d'une marche de protestation de cette ampleur : plus de 500 000 personnes ont en effet manifesté pour marquer leur opposition au projet de loi House Resolution 4437, voté le 16 décembre 2005 par la Chambre des représentants et mis en discussion lundi prochain au Sénat. Deux dispositions sont particulièrement contestées : celle qui criminalise les immigrés clandestins et ceux qui les accueillent (ou même leur apportent une simple aide médicale), et celle qui prévoit l'édification d'une barrière infranchissable le long de la frontière mexicaine. Les manifestants étaient pour la plupart des « Latinos », c'est-à-dire, selon la terminologie utilisée aux États-Unis, des immigrés originaires d'Amérique latine. Mais ils n'étaient pas seuls. En effet, bon nombre de leurs employeurs étaient avec eux dans les rues de Los Angeles. (→ 1.5)

Lundi 27, les Latinos, pavillon mexicain en tête, manifestaient toujours devant l'hôtel de ville de Los Angeles.

L'Ukraine a désavoué Viktor Iouchtchenko

Kiev, dimanche 26 • Le héros de la révolution orange de 2004, le président ukrainien Viktor Iouchtchenko, essuie une cuisante défaite aux élections législatives. Son parti, Notre Ukraine, ne recueille que 13,94 % des suffrages, comme le confirmeront les résultats définitifs, ce qui le met en troisième position, très loin derrière le Parti des régions prorusse de Viktor Ianoukovitch (32,12 %) et le Bloc Timochenko conduit par son ancienne alliée de la révolution orange, la charismatique Ioulia Timochenko (22,27 %). Alors que seuls des sondages effectués à la sortie des urnes le donnaient battu, Iouchtchenko a admis sa défaite, son entourage appelant à une alliance avec le Bloc Timochenko. Mais le Parti des régions n'exclut pas de pouvoir former une majorité avec le Parti socialiste (5,67 %) et le Parti communiste (3,66 %). (→ 2.8)

Viktor Iouchtchenko est devancé par Ioulia Timochenko, qui lui reproche d'avoir « capitulé » devant les Russes sur la question de la fourniture du gaz.

Pierre Clostermann

*Décédé le mercredi 22 à Montesquieu-des-Albères (66) à 85 ans, l'aviateur Pierre Clostermann (*28.2.1921) était un héros de la Seconde Guerre mondiale. Engagé en 1942 dans la chasse des Forces aériennes françaises libres, il remporta 33 victoires homologuées et 5 probables. Distingué par les plus hautes décorations françaises et britanniques, il connut un grand succès populaire avec la parution en 1948 de ses souvenirs,* Le Grand Cirque. *Il fut député gaulliste (UNR) de 1962 à 1969.*

Ehoud Olmert successeur d'Ariel Sharon

Jérusalem, mardi 28 • Le Premier ministre par intérim sera le Premier ministre tout court et succédera à Ariel Sharon, toujours dans le coma. Mais si Kadima, le parti centriste qu'il a fondé l'année dernière avec Sharon, arrive ce soir en tête aux élections législatives israéliennes, il ne recueille que 29 sièges sur les 120 que comprend la Knesset, ce qui devrait le conduire à former une coalition avec les travaillistes (19 sièges) et le parti orthodoxe sépharade Shass (12 sièges). Une courte victoire, donc, mais suffisante, et ceci d'autant plus que le principal adversaire de Kadima, le Likoud de Benyamin Netanyahou, connaît une défaite historique, avec 12 sièges contre 38 en 2003. Ehoud Olmert s'est adressé ce soir au président de l'Autorité palestinienne, Mahmoud Abbas, en se déclarant prêt à négocier l'abandon de certaines colonies, qualifiées de « terre bien-aimée d'Israël », mais en laissant entendre que, faute d'accord, il pourrait retracer unilatéralement les frontières. (→ 11.4)

Au soir des législatives, Ehoud Olmert (à gauche) fête la victoire avec Shimon Peres, ancien leader travailliste rallié à Kadima.

Elvis Presley avait acheté Graceland, à Memphis (Tennessee), après la sortie de son premier gros succès, Heartbreak Hotel, *en 1957. Il y vécut pendant vingt ans et y mourut le 16 août 1977, à l'âge de 42 ans. Il repose aujourd'hui auprès de ses parents et de sa grand-mère dans les jardins de la villa. Propriété de sa fille Lisa Marie et véritable lieu de pèlerinage accueillant plus de 600 000 visiteurs par an, Graceland a été classée, le 27, monument historique, privilège qui la place sur le même pied que les demeures des présidents américains.*

Ultimatum de l'ONU à l'Iran

New York, mercredi 29 • Le Conseil de sécurité de l'ONU a lancé à l'Iran un ultimatum insistant sur « l'importance particulière et durable de la suspension de toute activité liée à l'enrichissement d'uranium, y compris dans un cadre de recherche et de développement ». Ce texte, qui donne un mois à Téhéran pour obtempérer, est le fruit de longues tractations entre les membres permanents du Conseil de sécurité. La Russie et la Chine ont notamment insisté pour qu'en soit exclu un paragraphe portant sur de possibles sanctions en cas de refus de l'Iran. Lequel refus, d'ailleurs, ne tardera pas à arriver : dès demain, l'ambassadeur iranien à Vienne auprès de l'AIEA fera savoir que « la décision de l'Iran sur l'enrichissement [...] est irréversible ». (→ 13.4)

Aider la Palestine sans financer le Hamas...

Ottawa, mercredi 29 • Après Israël, qui confisque depuis le mois dernier les taxes à l'importation dues à l'Autorité palestinienne, le Canada a suspendu son aide financière, devançant les États-Unis et l'Union européenne, qui envisagent de prendre la même mesure de rétorsion à l'égard des Palestiniens, coupables d'avoir porté démocratiquement le Hamas au pouvoir. Or, l'aide internationale, dont le montant annuel s'élève à 1,3 milliard de dollars, est vitale pour ce peuple sans État et sans moyens d'assurer sa survie économique et sécuritaire. La question qui se pose aux pays donateurs est en fait celle-ci : comment continuer à aider les Palestiniens sans « subventionner » un gouvernement dominé par un parti, le Hamas, considéré comme terroriste, et qui, malgré quelques pas effectués dans cette direction, n'a toujours pas reconnu l'existence de l'État d'Israël ? (→ 10.4)

Jacques Chirac édulcore le CPE tout en le promulguant

Paris, vendredi 31 • Déjà validée hier par le Conseil constitutionnel, la loi sur l'égalité des chances a été promulguée ce soir par le président de la République dans une solennelle allocution radiotélévisée. Le très controversé CPE a donc été finalement institué par Jacques Chirac lequel, déclarant toutefois avoir « entendu aussi les inquiétudes qui s'expriment chez de nombreux jeunes et chez leurs parents », a demandé au gouvernement d'y apporter deux modifications « sur les points qui ont fait débat » : il s'agira ainsi de réduire de deux à un an la période d'essai et, dans le cas d'une rupture du contrat, de donner au jeune salarié le droit d'en connaître les motivations. (→ 10.4)

Si elle remet en chantier le projet du Premier ministre, la déclaration de Jacques Chirac ne satisfait pas pour autant les anti-CPE.

En bref Mars

France

Paris, mercredi 1er
Fin du remboursement par l'assurance-maladie de 152 médicaments classés à service médical rendu insuffisant, une mesure qui doit permettre d'économiser 305 millions d'euros par an. (→ 25.10)

Bastia, vendredi 3
Arrestation, après quinze ans de cavale, de Richard Casanova, dernier des auteurs présumés du « casse du siècle » en 1990 contre l'Union des banques suisses à Genève (31 millions de francs dérobés).

Paris, samedi 4
Françoise de Panafieu remporte les primaires internes de l'UMP dans la capitale en vue des municipales de 2008.

Paris, lundi 6
Le journaliste d'origine martiniquaise Harry Roselmack est choisi par TF1 pour présenter le JT de 20 h pendant les congés d'été de PPDA. (→ 17.7)

Paris, mardi 7
Rapatriement en France de la dépouille du chercheur Michel Seurat, enlevé par le Hezbollah au Liban en 1985 et mort en détention. Le corps de l'ancien otage, retrouvé en octobre 2005, a été formellement identifié par des analyses ADN.

Mont-de-Marsan, jeudi 9
Christophe Fauviau est condamné à huit ans de prison pour avoir drogué au Temesta des adversaires de tennis de ses enfants, provoquant la mort de l'un d'entre eux.

Paris, vendredi 10
Michel Garel, ancien conservateur à la BNF, est condamné à deux ans de prison avec sursis pour le vol d'un manuscrit précieux.

France, mardi 14
Début de l'abattage systématique des volailles saines mais impropres à la consommation dans l'Ain, département le plus touché par la grippe aviaire. Les volailles de l'Ain seront de nouveau commercialisables sur l'ensemble du territoire national à compter du 18.

Paris, lundi 20
Le magazine people *Public* et le géant de l'Internet Yahoo! lancent Public TV, la première chaîne de télévision people sur le web.

Ajaccio, lundi 20
Nicolas Sarkozy (Intérieur) installe Michel Delpuech dans ses fonctions de préfet de Corse et de Corse-du-Sud.

Rosny-sous-Bois, mercredi 22 • Ouverture de Domus, premier centre commercial français entièrement dédié à l'équipement de la maison. Soixante-dix boutiques réparties sur 62 000 m².

Nantes, lundi 20
Le tribunal des affaires de sécurité sociale déboute un couple de lesbiennes, mères de deux enfants, qui souhaitait bénéficier du congé de paternité. La loi stipule que seul le « père » peut prétendre à un tel congé.

Paris, mardi 21
Un Français sur trois se dit raciste, selon un rapport de la Commission nationale consultative des droits de l'homme qui s'inquiète de la banalisation du phénomène.

Paris, jeudi 23
Adoption de la loi contre les violences conjugales, qui alourdit les peines et porte de 15 à 18 ans l'âge légal du mariage pour les femmes.

Mulhouse, vendredi 24
Un mort et un blessé dans l'explosion accidentelle du bâtiment de l'École nationale supérieure de chimie.

Saint-Denis (Seine-Saint-Denis), dimanche 26
Le oui recueille 64,11 % des voix au référendum local (illégal car ouvert aux étrangers) sur le droit de vote et d'éligibilité des étrangers.

Paris, lundi 27
Selon le magazine *60 Millions de consommateurs*, fumer trois joints équivaut à fumer un paquet de cigarettes. 31 % des 15-64 ans ont consommé du cannabis au cours de leur vie.

Paris, mercredi 29
L'islamiste algérien Rachid Ramda est condamné à dix ans de prison pour sa participation présumée à la préparation des attentats de 1995 en France.

France, vendredi 31
Énorme succès de la télévision numérique terrestre (TNT) et de ses 18 chaînes gratuites. En un an, 2,519 millions de décodeurs ont été vendus ou loués.

International

Pristina (Kosovo), mercredi 1er
L'ex-rebelle kosovar Agim Ceku succède à Bajram Kosumi, démissionnaire, au poste de Premier ministre.

Rome, jeudi 2
Selon une commission d'enquête parlementaire italienne, l'attentat contre le pape Jean-Paul II en 1981 aurait été décidé par l'ancien dirigeant soviétique Leonid Brejnev.

Londres, jeudi 2
Sir Menzies Campbell succède à Charles Kennedy à la tête du Parti libéral démocrate britannique.

Londres, vendredi 3
Inculpation de Levi Bellfield, un ancien videur de boîte de nuit de 37 ans, pour le meurtre de l'étudiante française Amélie Delagrange à Londres en août 2004.

Washington, vendredi 3
Le Pentagone dévoile les noms de 317 prisonniers détenus dans la prison spéciale de Guantanamo, à la suite d'une plainte de l'Associated Press pour que s'applique la loi sur la liberté de l'information.

Groznyï, samedi 4
Le Parlement tchétchène approuve la candidature du chef de milice Ramzan Kadyrov, 29 ans, au poste de Premier ministre du gouvernement prorusse.

Los Angeles, dimanche 5
Oscar du meilleur film à *Collision* du Canadien Paul Haggis. *La Marche de l'empereur*, du Français Luc Jacquet, remporte l'Oscar du meilleur documentaire.

Alger, lundi 6
Libération d'Ali Belhadj, ex-numéro 2 du Front islamique du salut, dans le cadre de la Charte pour la réconciliation nationale. (→ 28.8)

Pierre, lundi 6
Le gouverneur républicain du Dakota du Sud signe une loi qui interdit l'avortement dans tous les cas (y compris en cas de viol ou d'inceste), sauf quand la vie de la mère est en danger.

San José, mardi 7
Le prix Nobel de la paix Oscar Arias est proclamé vainqueur de la présidentielle du 5 février au Costa Rica. Il succédera le 8 mai à Abel Pacheco.

Inde, mardi 7
Un triple attentat à la bombe fait 23 morts et 60 blessés dans la ville sainte hindoue de Bénarès.

Amsterdam, mardi 7
À un an des législatives, l'opposition de gauche remporte les municipales aux Pays-Bas. Revers pour les populistes.

New York, mercredi 15
L'Assemblée générale des Nations unies approuve la création d'un Conseil des droits de l'homme en remplacement de la Commission des droits de l'homme, discréditée par la présence dans ses rangs de représentants de régimes répressifs. (→ 9.5)

Bandar Abbas (Iran), jeudi 16
Le Français Stéphane Lherbier et l'Allemand Donald Klein sont condamnés en appel à 18 mois de prison pour avoir pénétré illégalement dans les eaux territoriales iraniennes le 29 novembre 2005, au cours d'une partie de pêche au gros.

Washington, jeudi 16
L'administration Bush place l'Iran en tête des pays posant un défi pour la sécurité américaine et s'exposant à une attaque « préventive » si les USA le jugent nécessaire.

Californie, vendredi 17
Calabasas devient la première ville américaine – et au monde – à bannir le tabac dans tous les endroits publics, y compris à l'extérieur (parcs, trottoirs, terrasses).

Genève, dimanche 12
Tessy Antony, 20 ans, compagne du prince Louis de Luxembourg (19 ans), donne naissance à un petit garçon prénommé Gabriel. (→ 29.9)

Bagdad, lundi 20
Troisième anniversaire de l'entrée des forces anglo-américaines en Irak. Le conflit a fait 86 000 morts parmi les Irakiens et 2 318 dans les rangs américains.

Bruxelles, mardi 21
L'UE publie sa première liste noire des compagnies aériennes : 92 compagnies, essentiellement africaines, sont interdites de vol sur le territoire européen.

Cotonou, mercredi 22
Thomas Boni Yayi est proclamé vainqueur de la présidentielle du 19 mars au Bénin. Il succède à Mathieu Kérékou, atteint par la limite d'âge.

Washington, mercredi 22
La justice américaine lance un acte d'inculpation contre 50 dirigeants de la guérilla colombienne des Farc, accusés de fournir plus de 60 % de la drogue aux USA.

Minsk, vendredi 24
La police antiémeute biélorusse investit le campement des manifestants de l'opposition, mettant fin à cinq jours de mobilisation contre la réélection d'A. Loukachenko.

Sports

Sakhir, dimanche 12
L'Espagnol Fernando Alonso (Renault) remporte le GP de formule 1 de Bahreïn, première course de la saison.

Nice, dimanche 12
L'Américain Floyd Landis gagne la course cycliste Paris-Nice. (→ 23.7)

Are (Suède), jeudi 16
La Croate Janica Kostelic remporte la Coupe du monde de ski alpin pour la troisième fois de sa carrière.

San Remo (Italie), samedi 18
L'Italien Filippo Pozzato (Quickstep) gagne la classique cycliste Milan-San Remo.

Levallois-Perret, samedi 18
Le boxeur français Mahyar Monshipour met fin à sa carrière après avoir perdu son titre mondial WBA des super-coqs face au Thaïlandais Somsak Sithchatchawal.

Sepang, dimanche 19
Doublé de l'écurie Renault (Fisichella et Alonso) au GP de F1 de Malaisie. (→ 16.7)

Paris, lundi 20
Amélie Mauresmo retrouve sa place de n° 1 mondiale du tennis féminin, devant la Belge Kim Clijsters.

Calgary (Canada), samedi 25
L'Américaine Kimmie Meissner, 16 ans seulement, est sacrée championne du monde de patinage artistique.

Économie

Paris, mercredi 1er
Selon l'Insee, un salarié français sur sept, soit 1,9 million de personnes, travaillent pour un groupe étranger (en majorité européen ou américain) présent en France.

New York, dimanche 5
Le groupe de télécommunication AT&T devient l'opérateur n°1 aux États-Unis après le rachat de son concurrent Bellsouth pour 67 milliards de dollars.

Paris, lundi 13
Les groupes Caisse d'Épargne et Banque populaire décident de fusionner la quasi-totalité de leurs filiales pour créer Natixis, futur n° 2 bancaire français.

Londres, vendredi 17
L'Oréal se renforce sur le marché des produits de beauté écologiquement et éthiquement corrects en rachetant le britannique The Body Shop pour 945 millions d'euros.

Paris, jeudi 23
L'américain Johnson & Johnson rachète le groupe de cosmétiques français Vendôme, propriétaire des marques Le Petit Marseillais et Persavon.

Le Havre, jeudi 30
Dominique Perben (Transports) inaugure Port 2000, le nouveau port à conteneurs du Havre qui, avec une capacité triplée (4,2 km de quais), espère revenir dans la course internationale.

Décès

Paris, mercredi 1er
Joëlle Aubron (*26.6.1959), ancienne membre du groupe terroriste Action directe.

Paris, samedi 4
Pierre Huguenard (*2.11.1924), père de l'aide médicale d'urgence (SAMU).

Bamako (Mali), mardi 7
Ali Farka Touré (*1939), guitariste et chanteur malien, surnommé le « John Lee Hooker » de l'Afrique.

Paris, mercredi 15
Jacques Legras (*25.10.1923), comédien français.

Tallinn, mardi 14
Lennart Meri (*29.3.1929), écrivain et cinéaste, premier président de l'Estonie indépendante (1992-2001).

Avril

Lu	Ma	Me	Je	Ve	Sa	Di
					1	2
3	4	5	6	7	8	9
10	11	12	13	14	15	16
17	18	19	20	21	22	23
24	25	26	27	28	29	30

Romano Prodi a atteint son objectif : mettre fin à l'ère Berlusconi en remportant les législatives italiennes, à la tête d'une coalition de centre-gauche. Mais les résultats ont été extrêmement serrés…

Alcatel veut grandir avec l'américain Lucent

Paris, dimanche 2 • Un nouveau géant des télécommunications se profile. Du moins l'annonce en a été faite par Serge Tchuruk, p-dg de l'équipementier Alcatel, et Patricia Russo, p-dg de son homologue américain Lucent. Si la fusion entre les deux groupes se concrétise, la nouvelle entité, dont le nom n'a pas encore été révélé, sera le numéro 2 mondial du secteur derrière l'américain Cisco, le suédois Ericsson se trouvant relégué à la troisième place. Le mariage Alcatel-Lucent concerne 88 000 salariés, mais Patricia Russo a d'ores et déjà annoncé qu'une suppression de 10 % des emplois était envisagée. Ce qui a aussitôt entraîné cette réaction de la CFDT : « Après avoir payé au prix fort l'éclatement de la bulle Internet, les salariés vont encore faire les frais d'un plan de restructuration mondial. » Patricia Russo aura aussi pour tâche de convaincre les actionnaires de Lucent. Car le moins que l'on puisse dire est que le projet ne déchaîne pas leur enthousiasme.

Serge Tchuruk sera le président non exécutif du groupe et Patricia Russo son directeur général.

Le 12 a cessé de répondre…

France, lundi 3 • L'égalité ne rime pas forcément avec la simplicité. C'est en effet au nom de l'égalité économique que, le 25 juin 2004, le Conseil d'État avait enjoint l'Autorité de régulation des télécommunications (ART) de supprimer le 12, le numéro d'appel traditionnel (et facile à mémoriser) des renseignements téléphoniques. Au motif que le 12 étant réservé aux exploitants de réseaux fixes ou mobiles, les fournisseurs de services de renseignements se trouvaient pénalisés : ils étaient en effet dotés de numéros à quatre chiffres, certes plus difficiles à mémoriser. À partir d'aujourd'hui, tous les opérateurs sont logés à la même enseigne : il faudra désormais composer le 118, suivi des trois autres chiffres correspondant à chacun des opérateurs : six au total au lieu de deux. Pas simple…

*Lundi 3, le ministre de la Culture, Renaud Donnedieu de Vabres, inaugure à Paris le Théâtre de l'Europe, après quatre ans de travaux de rénovation (35 millions d'euros). Travaux affectant les structures du bâtiment, ainsi que son décor : le plafond peint en 1965 par André Masson a notamment été restauré. Construit entre 1780 et 1782 par Marie-Joseph Peyre et Charles de Wailly, ce théâtre a d'abord été appelé Théâtre français (*Le Mariage de Figaro *de Beaumarchais y fut créé en 1784), puis Théâtre de l'Odéon en 1796. Ce nom lui est toujours resté dans l'esprit du public, bien que rebaptisé Théâtre de l'Europe en 1990.*

Alcatel fait échec à EADS chez Thales

Paris, mardi 4 • C'est bien la semaine des grandes manœuvres pour Alcatel. Après l'annonce de son rapprochement avec Lucent, le groupe français a reçu le feu vert du gouvernement et de son conseil d'administration pour porter sa participation dans le capital de Thales de 9,5 % à 21,6 %, l'État restant premier actionnaire du groupe d'électronique et de défense. Alcatel lui apportera ses activités dans le domaine des satellites et de la sécurité. L'opération se fait au détriment d'EADS, qui souhaitait entrer dans le capital de Thales avec un apport similaire, mais qui a été écarté par l'État. Les deux actionnaires historiques d'EADS, DaimlerChrysler et Lagardère, ont du coup décidé de céder chacun 7,5 % de leurs parts.

Le 2, Bastien Ripoll, chef de nage de l'équipage d'Oxford (le 2e en partant de la gauche), est devenu le premier Français à gagner la Boat Race, la célèbre course d'aviron qui, depuis 1829, oppose tous les ans, à Londres, les universités d'Oxford et de Cambridge. Double champion de France du deux sans barreur, Ripoll compte de nombreuses sélections en équipe de France.

Ségolène Royal avec son compagnon François Hollande, le premier secrétaire du PS.

Ségolène superstar ?

Paris, jeudi 6 • Candidate à la candidature socialiste à l'élection présidentielle de 2007, Ségolène Royal a le vent en poupe. Selon un sondage réalisé par CSA pour *Le Parisien*, 41 % des personnes interrogées accordent leur confiance à la présidente de la Région Poitou-Charentes pour porter les couleurs du PS, contre seulement 21 % à Lionel Jospin, 17 % à Dominique Strauss-Kahn et 15 % à Jack Lang. Invitée ce soir au 20 heures de TF1, elle fera ce commentaire à Patrick Poivre d'Arvor : « Les sondages me donnent des obligations, mais aucun droit. » Si sa candidature divise les socialistes, elle fait le bonheur des journalistes : Ségolène Royal est bien la plus médiatique des prétendants à la succession de Jacques Chirac ! Cette semaine, elle aura fait la couverture de quatre grands hebdomadaires : *Le Point* s'interroge sur le « mystère Royal », *VSD* se demande si elle est prête à être présidente, *Paris-Match* évoque son « irrésistible ascension », tandis que *Le Nouvel Observateur* analyse « ses idées, sa stratégie, ses débuts, ses handicaps ». (→ 31.5)

Ségolène Royal

Fille de militaire, Marie-Ségolène Royal naît le 22 septembre 1953 à Dakar. Sortie de l'ENA en 1980, elle adhère au Parti socialiste. Députée des Deux-Sèvres en 1988, elle est portée à la présidence de la Région Poitou-Charentes en 2004. Ministre de l'Environnement (1992-1993), ministre déléguée à l'Enseignement scolaire (1997-2000), puis à la Famille et à l'Enfance (2000-2001), elle partage sa vie avec François Hollande, dont elle a eu quatre enfants.

Un Évangile pas très catholique !

Washington, jeudi 6 • La prestigieuse revue de la National Geographic Society publie la traduction de l'« Évangile de Judas », dont un manuscrit copte, daté au carbone 14 du IIIe ou du IVe siècle, a été découvert à la fin des années 1970 en Égypte. Ce texte, qui est en fait la traduction d'un apocryphe grec du IIe siècle connu par la réfutation qu'en fit Irénée de Lyon, serait caractéristique de la littérature gnostique. Il présente Judas sous un jour très différent de celui qu'offrent les Évangiles canoniques : c'est avec la complicité même de Jésus, soucieux d'accomplir son destin terrestre, que l'Iscariote l'aurait vendu pour 30 deniers… Cette version de la Passion est combattue par l'Église. Et, le 16 avril, le pape Benoît XVI la condamnera fermement, car faisant du Christ « un menteur qui joue un double jeu ».

La guerre des gangs a repris à Marseille

Marseille, vendredi 7 • Et de cinq ! Un truand du nom d'Abderamid Rerdal a été abattu sur le parking du magasin Décathlon de Bouc-Bel-Air (Bouches-du-Rhône). Rerdal appartenait au gang de Farid Berrhama, qui avait déclenché les hostilités pour le contrôle de la drogue, des machines à sous et des boîtes de nuit dans la cité phocéenne. Or, mardi soir, Berrhama avait été assassiné avec deux autres de ses lieutenants dans la brasserie Les Marronniers, située dans le quartier Saint-Just de Marseille. Attaqués par un commando de dix hommes, ils avaient été probablement « donnés » par l'un des leurs et attirés dans un piège. Qui sont les auteurs de ces « liquidations » ? L'enquête s'oriente vers un gang corse. Enfin, hier, un autre règlement de comptes avait coûté la vie à Michel Filippi, un trafiquant de drogue notoire. Son assassin, assis à l'arrière d'un scooter, était une femme…

Piégé sur un parking par deux tueurs en scooter, Abderamid Rerdal a été criblé de seize balles dans la tête et le thorax.

Jeudi 6, la Peugeot 207 entame sa carrière commerciale. Elle prend la succession de la 206, qui continuera à être vendue à l'étranger. Elle sera présentée le 26 à Berlin par Alexandra Rosenfeld (Miss France) et Daniela Domröse (Miss Allemagne).

Jacques Chirac a enterré le CPE

Paris, lundi 10 • Dominique de Villepin et Jacques Chirac rendent les armes : après plus de deux mois de manifestations, d'occupations d'écoles et de heurts violents à Paris et en province, le CPE qui, mardi dernier, avait de nouveau fait descendre dans la rue de 1 à 3 millions de personnes, est définitivement enterré. L'Élysée a annoncé son « remplacement par un dispositif en faveur de l'insertion professionnelle des jeunes en difficulté ». Ni abrogé ni retiré, l'article 8 de la loi sur l'égalité des chances sera donc réécrit. Il s'agira notamment de renforcer les dispositifs du contrat jeunes en entreprise (CJE), déjà existant, qui s'adresse aux moins de 26 ans habitant en zone sensible ou titulaires d'un contrat d'insertion dans la vie sociale (Civis). Un air de défaite souffle à Matignon. Le Premier ministre Dominique de Villepin, qui n'était plus maître du jeu depuis que Nicolas Sarkozy s'était imposé comme l'interlocuteur privilégié des syndicats, l'a admis publiquement : « J'ai voulu une proposition forte […]. Cela n'a pas été compris par tous, je le regrette. » Mais il ne présentera pas sa démission, comme des rumeurs le laissaient entendre. Les étudiants, les syndicats et la gauche, eux, crient victoire. Petit à petit, les universités et les lycées vont donc rouvrir et les cours reprendre normalement. Seules quelques facultés resteront bloquées quelques jours encore en attendant le nouveau texte. (→ 18)

Dimanche 9, les « fans » de la petite reine avaient les yeux rivés sur les pavés de Paris-Roubaix et attendaient une victoire du champion du monde Tom Boonen. Dominateur sur la plus grande partie de l'« enfer du Nord », le coureur belge ne put rien faire lorsque le grand espoir du cyclisme suisse, Fabian Cancellara, porta au carrefour de l'Arbre une attaque qui lui permit de finir seul à Roubaix. Tom Boonen, arrivé en cinquième position, sera classé deuxième après le déclassement de Vladimir Gusev, Peter Van Petegem et Leif Hoste pour cause de franchissement illicite d'un passage à niveau…

L'Autorité palestinienne privée de l'aide de l'UE

Luxembourg, lundi 10 • Après les États-Unis vendredi dernier, après le Canada le 29 mars, les ministres des Affaires étrangères des vingt-cinq pays membres de l'Union européenne ont décidé de suspendre leur aide financière directe à l'Autorité palestinienne tant que le Hamas n'aura pas explicitement renoncé à la violence, reconnu Israël et respecté les accords d'Oslo. L'aide de l'UE, qui s'élève à 500 millions d'euros par an, était pour partie versée à des organisations humanitaires dépendantes ou non de l'ONU, et pour partie à l'Autorité palestinienne directement, qui l'utilisait en particulier pour payer les salaires des personnels de santé et des enseignants. Le président Mahmoud Abbas a vivement réagi à cette mesure qui ne peut à ses yeux qu'aggraver une situation déjà chaotique : « Il ne faut pas punir le peuple palestinien pour son choix démocratique. » (→ 23)

Venus Express a rendez-vous à 400 millions de kilomètres

Darmstadt, mardi 11 • Le Centre européen d'opérations spatiales (ESOC) de l'Agence spatiale européenne (ESA), installé à Darmstadt, en Allemagne, annonce que la sonde européenne *Venus Express* a été, comme prévu, mise sur orbite de Vénus. Lancée le 9 novembre 2005 dans le Kazakhstan par une fusée Soyouz-Frégate, elle a accompli un périple de 400 millions de kilomètres. Chargée d'étudier l'effet de serre de la planète (où la température atteint 460° C), elle doit « travailler » pendant deux jours vénusiens, soit 486 jours terrestres… Les informations de *Venus Express* seront recueillies par les stations de l'ESA de Cebreros (Espagne) et de New Norcia (Australie).

Les premières photos de Vénus ont été envoyées jeudi 13 à Cebreros par la sonde européenne.

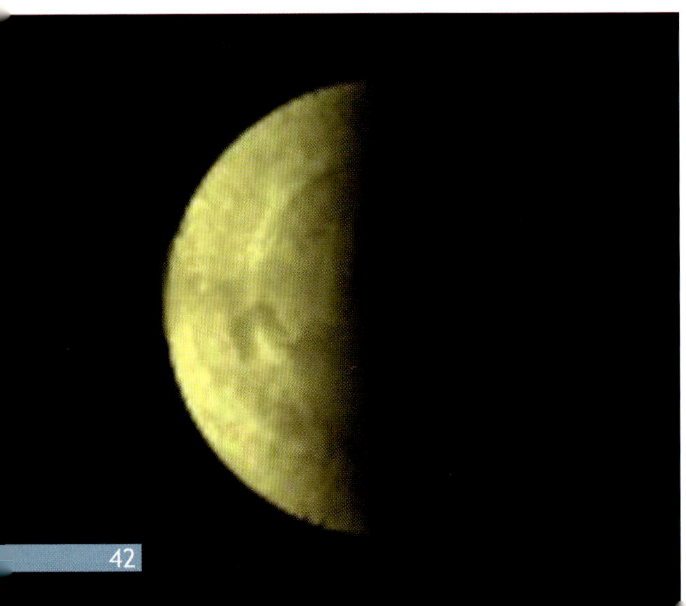

L'Italie passe à gauche, mais d'extrême justesse

Rome, mardi 11 • La nuit a été très longue dans toute l'Italie. Hier, les 47 millions d'électeurs italiens avaient voté pour renouveler le Sénat et la Chambre des députés. Les sondages qui, à la sortie des urnes, accordaient encore une confortable avance à l'Unione, la coalition de centre-gauche conduite par Romano Prodi, ont été démentis : l'Unione l'emporte, mais d'une courte tête. Pour la Chambre des députés, les amis de l'ancien commissaire européen obtiennent 49,8 % des voix contre 49,7 % à la Maison des libertés de Silvio Berlusconi, le président du Conseil sortant. Mais le système électoral mis en place par Berlusconi lui-même permet à son adversaire de disposer d'une avance assez large en nombre de sièges (348 contre 281). Au Sénat, la situation n'est pas moins paradoxale. Car, si l'Unione devance de deux sièges la Maison des libertés (158 contre 156), elle est minoritaire en nombre de voix (48,9 % contre 50,2 %)… Ces très faibles écarts, dus au formidable « forcing » médiatique de Berlusconi, autorise ce dernier à contester la victoire de Prodi. Déclarant que les chiffres « révèlent de très nombreux aspects troubles », le leader de la droite fait deux propositions : constituer un gouvernement d'union nationale ou retourner aux urnes. (→ 17.5)

Prêt à assumer les fonctions de président du Conseil, Romano Prodi a écarté toute idée de gouvernement d'union nationale sur le modèle allemand.

Citoyens jurés : une idée à suivre

Paris, mercredi 12 • Les auditions de la commission d'enquête parlementaire sur l'affaire d'Outreau s'achèvent aujourd'hui avec celle de Pascal Clément, le ministre de la Justice. Elle était bien sûr très attendue. Mais le garde des Sceaux aura quelque peu déçu ceux qui espéraient l'annonce d'une grande réforme de la justice. Très prudent, il s'est refusé à mettre en cause le statut des juges d'instruction et des procureurs. En revanche, il s'est déclaré favorable à certains changements de procédure en matière de garde à vue et à l'instauration d'un système collégial pour les décisions de placement en détention provisoire : des « citoyens jurés » pourraient y être associés. En réalité, Pascal Clément ne pouvait guère aller au-delà de ces quelques pistes de réflexion, dans l'attente du rapport de la commission. (→ 5.9)

Mardi 11, dans la matinée, la police italienne fait irruption dans une petite maison de Corleone, au-dessus de Palerme, et arrête Bernardo Provenzano, le chef de la Mafia sicilienne. Celui qui dirigeait dans l'ombre Cosa Nostra vivait dans la clandestinité depuis 1963 ! C'est en 1993 que Provenzano avait pris la tête de l'organisation criminelle, succédant à Toto Riina. Aujourd'hui âgé de 73 ans, le « parrain » avait opéré la reconversion de Cosa Nostra dans les affaires. Traqué depuis des années, il s'était réfugié dans sa commune natale, là où il pensait que personne ne viendrait le chercher !

Zoom

France-Soir

Succédant au journal de la Résistance *Défense de la France*, *France-Soir* naît le 7 novembre 1944, sous la direction de Pierre Lazareff, qui restera à sa tête jusqu'à sa mort, en 1972. Après une augmentation progressive de ses tirages, le quotidien, qui privilégie les gros titres accrocheurs, les faits divers et le sport, dépasse en 1954 le million d'exemplaires, le sommet étant atteint en 1957, avec une vente moyenne de 1 350 000 par jour. À ce succès phénoménal et unique fait suite, après la mort de Lazareff, un lent déclin. En 1976, le groupe Hersant rachète le journal au groupe Hachette, sans parvenir à endiguer la chute de la diffusion. Les repreneurs se succédant ensuite ne réussissent pas à faire mieux. De sorte que, au mois d'octobre 2005, les ventes seront tombées à 42 000 exemplaires par jour, le quotidien affichant quelque 13 millions d'euros de dettes.

France-Soir se met en grève

Lille, mercredi 12 • Le tribunal de commerce de Lille, chargé de trouver un repreneur au quotidien *France-Soir*, en redressement judiciaire depuis octobre 2005, a désigné parmi cinq candidats le projet présenté par le promoteur immobilier Jean-Pierre Brunois et le journaliste sportif Olivier Rey. Un projet qui prévoit un plan social drastique : sur les quelque 112 salariés que compte actuellement le quotidien, les deux repreneurs, qui entendent refaire de *France-Soir* un « grand quotidien populaire », ne comptent en garder que 51. Réunis dans la soirée au siège du journal, à Aubervilliers, les salariés, « sous le choc, profondément tristes et inquiets », ont décidé de se mettre en grève et d'occuper les locaux pour s'opposer au projet de reprise qui, outre les nombreux licenciements, condamnent selon eux *France-Soir* à devenir un vulgaire journal « people ». (→ 7.6)

Le 14, la seule édition de France-Soir *à paraître durant la grève de ses salariés (ci-contre, la rédaction), qui ne prendra fin que le 7 juin, titrera en une « Résistance » et sera consacrée à la situation du journal.*

Une pieuvre appelée Cosa Nostra

Ci-contre : le juge italien Giovanni Falcone. Engagé dans une lutte sans merci contre la Mafia, il fut assassiné le 23 mai 1992 dans un attentat à l'explosif près de Palerme. Moins de deux mois après, le 19 juillet, le juge Paolo Borsellino était à son tour tué à Palerme dans un attentat à la voiture piégée. En bas : Gian Maria Volontè dans Lucky Luciano *de Francesco Rosi (1973). Avec ce portrait cinématographique du célèbre « parrain » italo-américain, le cinéaste fait ressortir les liens que Cosa Nostra a établis entre le crime, la politique et l'économie, tant en Italie qu'aux États-Unis.*

Si ses racines sont certainement plus anciennes, la Mafia sicilienne – Cosa Nostra – est apparue dans la seconde moitié du XIXe siècle. Personne n'a jamais pu établir avec certitude sur quelles bases elle était organisée, ni quels liens organiques l'unissent à sa branche américaine, qui a émergé au début du XXe siècle et s'est développée après la Première Guerre mondiale, à la faveur de la prohibition. Cosa Nostra repose sur des « familles » (ou clans) entre lesquelles de sanglantes rivalités sont souvent survenues : c'est au terme d'une véritable guerre que le clan de Corleone d'où était issu Bernardo Provenzano, arrêté le 11 avril, s'est imposé au sommet de l'organisation, il y a une trentaine d'années. Toute la question à laquelle se heurtent les historiens et les criminologues est de savoir de quoi est constitué ce sommet et quels sont ses pouvoirs réels. Toutefois, il semblerait que les « familles » soient fédérées au sein d'une sorte de commission, mais les témoignages des *mafiosi* repentis sont assez contradictoires à ce sujet. Il est clair, en tout cas, que si Cosa Nostra n'est probablement pas une organisation strictement pyramidale, elle n'en est pas moins structurée. Et c'est bien cette structure qui établit le lien entre la Sicile et les États-Unis. L'exemple le plus frappant est offert par Lucky Luciano. Successeur d'Al Capone à la tête de la Mafia américaine, Luciano purgeait une lourde peine de prison lorsque les services secrets de l'US Navy eurent recours à lui, en échange d'une libération anticipée, pour préparer le débarquement allié en Sicile, en 1943... C'est d'ailleurs Luciano qui réorientera les activités traditionnelles de Cosa Nostra vers le trafic de drogue. Depuis, notamment sous l'impulsion de Provenzano, l'« honorable société », comme on l'appelle aussi, s'est tournée vers le secteur économique, qu'elle a parasité en profondeur sans jamais agir à visage découvert : elle n'aura alors jamais autant justifié son surnom de « pieuvre ».

Le passeport électronique

France, jeudi 13 • Les premiers passeports électroniques ou biométriques sont délivrés en région parisienne. La nouveauté de ce passeport réside dans la présence d'une puce électronique contenant les données personnelles : les informations traditionnelles, bien sûr, comme le nom, le lieu de naissance et l'adresse, mais également une photo numérisée du titulaire devant désormais répondre aux normes internationales (fond clair, tête nue, absence de sourire, etc.). C'est tout pour l'instant, mais la puce devra à l'avenir comprendre les empreintes digitales, ce qui toutefois ne devrait pas être imposé avant avril 2009. L'entrée en vigueur de ce nouveau document a été requise par l'UE, qui exige que tous les passeports comportent une puce dès le 28 août prochain. Conséquence des attentats du 11 septembre 2001, le passeport électronique est obligatoire pour se rendre aux États-Unis.

Jeudi 13, à Londres, le professeur Magdi Yacoub annonce la réussite de l'opération qu'il a tentée le 20 février : retirer le cœur qu'il avait dû greffer il y a dix ans sur une fillette de 2 ans, Hannah Clark, et qui était en train d'être rejeté, et faire « repartir » son cœur d'origine. Celui-ci, malade, avait été mis « en sommeil » à côté du cœur greffé, dans l'espoir d'une guérison. Le pari a été gagné, et Hannah (ci-dessus) sourit à nouveau à la vie.

Le défi de Téhéran au Conseil de sécurité

Téhéran, jeudi 13 • Le bras de fer est plus que jamais tendu entre l'Iran et les puissances occidentales. Le Conseil de sécurité de l'ONU avait fixé au 28 avril la date limite à laquelle l'Iran doit cesser d'enrichir l'uranium. Aujourd'hui, le directeur de l'AIEA, Mohamed El-Baradei, était à Téhéran pour trouver un accord avec le négociateur iranien, Ali Larijani. Or, non seulement aucune avancée significative n'est sortie de leurs entretiens, mais encore, ce même jeudi, le président Mahmoud Ahmadinejad a soufflé le chaud en déclarant : « L'Iran ne suspendra pas l'enrichissement d'uranium. » Et il a ajouté cette phrase qui suscite un mélange de scepticisme et d'inquiétude dans les chancelleries : « Nos centrifugeuses sont de type P1, et des centrifugeuses P2 dont la capacité est quatre fois supérieure seront l'étape suivante. » La secrétaire d'État américaine Condoleeza Rice a évoqué une possible résolution du Conseil de sécurité sous le chapitre VII, autorisant le recours à la force. Encore devra-t-elle convaincre la Russie, membre permanent, dont l'opposition à toutes sanctions est connue. (→ 8.5)

Mohamed El-Baradei (à gauche), directeur de l'Agence internationale de l'énergie atomique, et Ali Larijani.

Le 16, au Parc des Princes, les Lyonnais peuvent exulter : non seulement Fred (les bras levés) a inscrit le but victorieux contre le PSG, mais l'OL est déjà assuré, depuis la défaite de Bordeaux hier, d'être champion de France pour la cinquième fois de suite.

La grève de la faim de Jean Lassalle a payé

Garches (Hauts-de-Seine), vendredi 14 • C'est à l'hôpital Raymond-Poincaré, où il a été admis d'urgence ce matin, « à la demande du médecin de l'Assemblée nationale », que Jean Lassalle, député UDF des Pyrénées-Atlantiques, a appris qu'il allait pouvoir arrêter sa grève de la faim. Un jeûne très médiatisé, entamé le 7 mars pour protester contre un projet du groupe japonais Toyo prévoyant de délocaliser son usine Toyal d'Accous, dans la circonscription du député, où elle emploie 150 personnes. Selon les termes du protocole signé ce matin après la conclusion d'un accord entre Nicolas Sarkozy, en tant que ministre de l'Aménagement du territoire, et des dirigeants de Toyal, Toyo « renonce à acheter des terrains à Lacq et réalisera à Accous les investissements prévus ». Le député se dit rassuré. Le groupe japonais, lui, a fait savoir qu'il a signé pour protéger son image, mais qu'il a perdu « toute confiance » en la France.

Hier, à l'Assemblée, le député UDF avait reçu une visite surprise de Dominique de Villepin.

Gérard Houllier

Né le 3 septembre 1947 à Thérouanne (Pas-de-Calais), Gérard Houllier est considéré comme l'un des intellectuels du football français. Ancien footballeur amateur et professeur d'anglais, il a dirigé comme entraîneur, notamment, le Paris-Saint-Germain (avec lequel il été champion de France en 1986) et Liverpool, club auquel il a donné trois titres en 2001 et qu'il a quitté un an avant d'arriver à Lyon, en 2005. Houllier a aussi été sélectionneur de l'équipe de France de 1992 à 1993.

Jean Bernard était un humaniste

Paris, lundi 17 • C'était l'une des plus grandes figures de la médecine mondiale. Décédé à l'âge de 98 ans (*26.5.1907), le professeur Jean Bernard avait apporté une contribution majeure à l'hématologie en recherchant les causes de la leucémie, découvrant ainsi des possibilités de guérison jusqu'alors insoupçonnées. Ce savant était aussi un humaniste, engagé durant toute son existence dans le combat pour la dignité de la personne humaine. Titulaire de l'une des cinq cents cartes de résistants de 1940, responsable d'un réseau dans le sud-est de la France, il avait été honoré par les plus hautes décorations : de la médaille de la Résistance à la Légion d'honneur (grand-croix) et à la croix de Guerre. Ses travaux l'avaient amené à une méditation non dénuée d'inquiétude sur l'avenir de l'humanité, dont témoignent des ouvrages tels que *Grandeurs et tentations de la médecine* (1973) ou *L'Homme changé par l'homme* (1976). Président du Comité consultatif national d'éthique des sciences de la vie et de la santé en 1983, Jean Bernard avait été élu le 15 mai 1975 à l'Académie française, au fauteuil de Marcel Pagnol. Il avait été fait docteur *honoris causa* de nombreuses universités étrangères.

Le professeur Jean Bernard était aussi un écrivain. En 1945, il publia notamment un recueil de poèmes, **Survivances.**

Peugeot ferme un site anglais

Ryton, mardi 18 • L'industrie automobile n'est décidément pas au mieux en Grande-Bretagne. En effet, un an tout juste après l'annonce de la fermeture de MG Rover, qui s'était accompagnée de 5 000 licenciements, c'est aujourd'hui au tour de la direction de PSA Peugeot Citroën d'informer de la cessation de l'activité de son usine de Ryton, près de Coventry, dans le centre de l'Angleterre. La fermeture du site, sur lequel sont fabriquées les 206, se déroulera en deux étapes : un passage de deux à une équipe aura lieu en juillet, l'arrêt définitif de la production étant prévu avant la fin du premier semestre 2007. Le groupe français a justifié sa décision par le manque de rentabilité du site par rapport à ses autres usines. Dans le rouge ce matin, l'action du groupe est repassée au vert, avec une hausse de 0,6 %, après l'annonce de cette fermeture qui entraînera la suppression de quelque 2 300 emplois. (→ 26.7)

« Happy birthday » à la reine d'Angleterre, Élisabeth II, qui souffle le 21 ses 80 bougies. Pour la saluer, plus de 15 000 personnes se sont massées ce matin près du château de Windsor, où elle réside. Toute de fuchsia vêtue, la souveraine, au bras du prince Philip, 84 ans, s'est approchée de la foule et a parcouru les rues de la ville. Selon Buckingham Palace, 20 000 cartes de vœux et 17 000 courriels ont déjà été adressés à la reine, qui s'est dite « très touchée » par tant d'affection de la part des Anglais. Avant elle, seule la reine Victoria avait fêté ses 80 ans durant son règne. Un règne record qui dura 63 ans, Élisabeth n'en étant encore qu'à 54…

Sordide trafic d'organes

Londres, mercredi 19 • Les chirurgiens de la Société britannique de transplantation (BTS) ont dénoncé l'existence en Chine d'un trafic illégal d'organes de condamnés à mort exécutés, un trafic en augmentation organisé au profit de clients étrangers disposés à dépenser plusieurs dizaines de milliers d'euros. Selon la BTS, qui a réuni des milliers de preuves, ces prélèvements s'effectueraient sans l'accord du condamné ou de sa famille. Au surplus, « tout se passe comme si la date de l'exécution était choisie en fonction de la date de la transplantation ». Ce qui laisse supposer « une étroite relation entre les unités de transplantation et les autorités chargées des exécutions », ajoute la BTS, qui vise notamment à attirer l'attention des patients britanniques envisageant de se tourner vers la Chine pour obtenir un organe, leur décision pouvant relever d'un cas de conscience très grave. Pour leur part, les autorités chinoises nient en bloc l'existence de ce trafic.

Le pari de Jawad Al-Maliki : mettre fin au terrorisme en Irak

Bagdad, samedi 22 • Il aura fallu près de deux mois de tractations entre les partis chiites, sunnites et kurdes représentés au Parlement irakien pour désigner un Premier ministre. Leur choix, entériné aujourd'hui par les députés, s'est porté sur le chiite Jawad Al-Maliki, considéré comme l'homme fort du parti islamiste Daawa. De fait, ce lettré âgé de 56 ans, ancien opposant à Saddam Hussein et longtemps exilé en Syrie, n'a pas la réputation d'être un tendre. C'est lui qui, dans l'ombre de l'administrateur civil américain Paul Bremer, s'était employé à éradiquer le parti Baas. Du reste, sa candidature avait soulevé des réserves au Conseil suprême pour la révolution islamique en Irak (CSRII), l'une des sept composantes de la coalition parlementaire chiite : le CSRII redoutait une violente réaction des sunnites. En faisant de la lutte contre le terrorisme et du désarmement des milices sa priorité, il s'est aussitôt attiré le *satisfecit* du président George W. Bush. (→ 20.5)

Jawad Al-Maliki (à gauche) avec le président de la République Jalal Talabani.

Ben Laden veut aider le Hamas

Qatar, dimanche 23 • La chaîne Al-Jezira a diffusé un nouvel enregistrement sonore d'Oussama Ben Laden, le premier depuis le 19 janvier. Le chef d'Al-Qaida y dénonce la décision des États-Unis et de l'UE de suspendre l'aide directe à l'Autorité palestinienne, tant que le Hamas, à sa tête, ne renoncera pas à la lutte armée contre Israël. « Le rejet du Hamas [...] confirme que [la] guerre [des pays occidentaux] est une guerre de croisés et de sionistes contre les musulmans », clame ainsi Ben Laden. Le mouvement palestinien, embarrassé par ce soutien, réagira par la bouche de son porte-parole Sami Abou Zohri, selon qui ces propos reflètent des positions différentes de celles du Hamas. Dans ce message, qui a été authentifié, Ben Laden aborde aussi, pour la première fois, le conflit du Darfour et appelle les moudjahidine à se préparer « pour une guerre de longue durée contre les voleurs croisés dans l'ouest du Soudan ». (→ 25.5)

“Happy slapping” dans un lycée

Porcheville (Yvelines), lundi 24 • Une professeure de vie sociale et professionnelle du lycée Lavoisier agressée à coups de poing, dans une salle de cours, par un de ses élèves de deuxième année de BEP mécanique. C'est ce que montre une vidéo de quinze secondes filmée par un autre élève à l'aide d'un téléphone portable. La police est venue chercher l'agresseur au lycée. Il sera placé en garde à vue, relâché dans la soirée puis interpellé de nouveau mercredi après la parution dans *Le Parisien* de photos tirées de la vidéo, qui circulera sur de nombreux portables d'élèves du lycée. L'auteur de ce film, complice présumé de l'agresseur, est recherché par la police. Cette agression n'est malheureusement pas le premier cas en France de « happy slapping » (joyeuses claques), ce jeu cruel et violent arrivé il y a un an d'Angleterre et consistant à agresser quelqu'un au hasard pendant qu'un comparse filme la scène, les images étant ensuite mises en circulation. (→ 31.8)

À aucun moment, l'élève filmant l'agression, semble-t-il préméditée, ne cherchera à intervenir.

La rue népalaise a fait plier le roi Gyanendra

Katmandou, lundi 24 • Gyanendra a cédé sous la pression populaire. Depuis le début de la grève générale lancée le 6 avril, le roi du Népal était confronté à une contestation populaire de plus en plus puissante, qu'une répression violente n'a pu étouffer. Les manifestants ne voulaient qu'une chose : le rétablissement de la démocratie et le retour du Parlement, dissous en 2002. Mais il aura fallu 16 morts, des centaines de blessés et des milliers d'arrestations pour que le souverain se résolve à apparaître aujourd'hui à la télévision pour donner satisfaction aux revendications. Il a notamment demandé à l'alliance des partis de l'opposition démocratique de former un gouvernement : ceux-ci ont aussitôt désigné l'ancien Premier ministre Girija Prasad Koirala pour le diriger. La crise sera-t-elle pour autant ainsi réglée ? Deux questions restent en suspens : l'avenir de la monarchie elle-même et, surtout, l'attitude de la guérilla maoïste, dont le poids apparaît de moins en moins contournable. (→ 18.5)

Le roi du Népal Gyanendra Bir Bikram Shah Dev, 59 ans. Il était monté sur le trône en 2001, après l'assassinat de son frère.

Le 24, James Thiérrée, auteur, metteur en scène, comédien et... petit-fils de Charlie Chaplin, a remporté, lors de la 20e Nuit des Molières, quatre prix pour* La Symphonie du hanneton *: meilleure mise en scène, meilleure révélation, meilleur spectacle du théâtre public et meilleurs costumes.

Triple attentat en Égypte

Dahab (Égypte), lundi 24 • Il était environ 19 h 15, heure locale, lorsque trois bombes ont explosé à quelques minutes d'intervalle dans la station balnéaire de Dahab, située à l'extrémité orientale du Sinaï, sur la mer Rouge. Ce triple attentat, qui survient en pleine période, très touristique, des fêtes du printemps, visait deux restaurants et un supermarché. Un bilan officiel fera état de 18 morts, parmi lesquels figurent six étrangers, et 62 blessés. Selon les services de sécurité, les engins explosifs auraient été actionnés à distance. Un avis que ne partage pas, entre autres, le gouverneur du Sud-Sinaï, pour qui il s'agit d'attentats suicides. Nulle revendication n'a été formulée, mais des journaux égyptiens évoqueront demain, alors qu'au moins dix personnes seront arrêtées pour être interrogées, la piste du groupe « Al-Tawhid wal Jihad », se réclamant d'Oussama Ben Laden et d'Ayman Al-Zawahiri, et responsable des attentats de Taba et de Charm el-Cheikh, en 2004 et 2005.

Nouveau patron chez L'Oréal

Paris, mardi 25 • Hubert Védrine, l'ancien ministre des Affaires étrangères, ne cache pas son admiration pour Lindsay Owen-Jones, le magicien de L'Oréal qui cède aujourd'hui la direction de la grande entreprise de cosmétiques à Jean-Paul Agon. Hubert Védrine a en effet souligné un jour « la puissance concrète de son intelligence et surtout cette boule d'énergie au cuir épais qui s'épanouit dans la compétition ». Président-directeur général de L'Oréal depuis 1988, ce Gallois a su développer cette société (où il était entré en 1969) aux quatre coins du monde et lui faire bénéficier d'une croissance annuelle de 10 %. Lindsay Owen-Jones était aussi devenu le patron le mieux rémunéré du CAC 40, avec un salaire annuel évalué à 6,5 millions d'euros. Son successeur, Jean-Paul Agon, a lui aussi fait toute sa carrière à L'Oréal. Diplômé de HEC, il a été directeur général du groupe en Asie, où il s'est attaqué au marché chinois en 1997, puis aux États-Unis. Sous sa houlette, le numéro 1 mondial des cosmétiques devrait accroître sa présence en Chine, où son chiffre d'affaires n'est que de 340 millions d'euros (sur un total de 14,5 milliards), mais où les perspectives de croissance sont considérables.

Jean-Paul Agon, 49 ans, le nouveau patron de L'Oréal. À l'arrière-plan : Lindsay Owen-Jones, 60 ans, son prédécesseur.

L'ourse Palouma a été lâchée

Burgalays (Haute-Garonne), mardi 25 • C'est finalement ici que, vers 22 heures, a pu être lâchée l'ourse slovène Palouma, qui avait été amenée à Arbas dans l'après-midi sous haute surveillance. À Arbas où, outre un cortège d'officiels, l'attendaient quelques dizaines de manifestants hostiles au projet de Nelly Olin, la ministre de l'Écologie et du Développement durable, de réintroduire cinq ours dans les Pyrénées. Si bien que la cérémonie prévue a été annulée et le lieu du lâcher, modifié. (→ 16.5)

Le 28, une deuxième ourse, Franska, sera lâchée à Bagnères-de-Bigorre (Hautes-Pyrénées).

Un rapport accablant sur les vols de la CIA

Bruxelles, mercredi 26 • L'Italien Claudio Fava, rapporteur de la commission d'enquête temporaire du Parlement européen « sur l'utilisation alléguée de pays européens par la CIA pour le transport et la détention illégale de prisonniers », a déposé un projet du rapport qui sera soumis à l'approbation des eurodéputés en juin. Il est édifiant. Le rapporteur estime que plus de mille vols secrets de la CIA ont transité dans les cieux ou sur les aéroports de l'UE sans que les États européens, qui ne pouvaient en ignorer la nature et qui ont fait preuve d'une « inertie coupable », ne réclament d'information à leur sujet. Il ressort en outre des auditions de la commission que la CIA a été « clairement responsable de l'enlèvement et de la détention de terroristes allégués sur le territoire des États membres ». De l'Italie et de la Suède en l'occurrence, la première ayant probablement fermé les yeux sur l'enlèvement à Milan, par des agents de la CIA, du ressortissant égyptien Abou Omar, en 2003, la seconde ayant livré deux autres Égyptiens aux services secrets américains tout en sachant qu'ils risquaient d'être torturés. (→ 6.9)

L'Oréal

Zoom

Fils de boulangers parisiens et ingénieur formé à l'Institut de chimie appliquée, Eugène Schueller (1881-1957) a mis au point en 1907 la première teinture capillaire de synthèse, l'Auréole, et fondé en 1909 la Société française de teintures inoffensives, rebaptisée L'Oréal en 1939. Aujourd'hui propriété de Nestlé et de sa fille Liliane Bettencourt (née en 1922), L'Oréal est un groupe de cosmétiques comportant quatre secteurs de marques : produits professionnels, produits grand public, produits de luxe (Lancôme, Helena Rubinstein, Cacharel, etc.), cosmétique active (Vichy, La Roche-Posay, etc.). L'Oréal est (ou a été) présent dans d'autres secteurs tels que la publicité ou la presse. C'est ainsi qu'en février 1945, la direction du magazine féminin *Votre beauté* fut confiée à François Mitterrand, qui l'abandonna un an après pour se consacrer à la politique.

Il y a vingt ans, Tchernobyl

Ukraine, mercredi 26 • Il y a vingt ans, jour pour jour, le quatrième réacteur de la centrale de Tchernobyl provoquait en explosant la plus grande catastrophe nucléaire civile de l'histoire. Car tandis que les éléments chimiques les plus lourds tombaient dans les environs de la centrale, les plus légers formaient un nuage qui allait contaminer les trois quarts de l'Europe. Selon une enquête publiée le 21 par l'Organisation mondiale de la santé, 16 000 personnes (et non 4 000 comme l'annonçait un précédent bilan) pourraient mourir des suites de l'explosion. Aujourd'hui, des centaines d'Ukrainiens étaient rassemblés à Slavoutich, près de la centrale. Mais celle-ci nécessite un nouveau « sarcophage » dont la question du financement n'est pas réglée. À Kiev, le président ukrainien Victor Iouchtchenko a assisté à un office religieux en souvenir des victimes. (→ 31.5)

Les familles se recueillent devant les stèles commémoratives entourant le monument dédié aux victimes de la catastrophe.

Les archives de l'INA en ligne

Paris, jeudi 27 • Aujourd'hui, l'Institut national de l'audiovisuel met en ligne près de 100 000 émissions de radio et de télévision, soit la bagatelle de 10 000 heures d'archives ! Et pour y accéder, rien de plus facile : il suffit de se rendre à l'adresse ina.fr, et de se laisser guider dans cette immense encyclopédie audiovisuelle. 80 % des liens sont gratuits, les autres, pour des questions liées aux droits d'auteur, coûtant entre 1 et 8 euros. Conséquence des travaux de numérisation entamés en 2000-2001 et visant à assurer la sauvegarde des archives, ce site est selon Emmanuel Hoog, p-dg de l'INA, « unique au monde ». Les Français ne s'y tromperont pas : dans la seule journée d'aujourd'hui, le site, saturé, enregistrera 6,5 millions de connexions, la série animée *Les Shadoks* arrivant en tête des programmes les plus consultés.

Vols de métaux

Zoom

La demande croissante de la Chine et la spéculation ont conduit à une véritable flambée des cours des métaux, certains atteignant ces derniers temps des taux records. Ces trésors d'un nouveau genre, plus faciles à voler et à écouler que l'or ou les diamants, ne pouvaient manquer d'attirer l'attention des voleurs. Si bien que les vols des métaux (nickel, bobines de cuivre, câbles téléphoniques ou ferroviaires, plaques d'égout...) ont, selon l'Office central de lutte contre la délinquance itinérante, augmenté de 44,8 % au premier semestre par rapport à la même période de 2005. La seule Marne, par exemple, recense 52 vols pour les quatre premiers mois de 2006, contre 29 pour toute l'année 2005.

La tempête Clearstream

Paris, vendredi 28 • *Le Monde* daté d'aujourd'hui titre : « Affaire Clearstream : le témoignage qui contredit Dominique de Villepin. » Ce témoignage est celui du général Philippe Rondot. Cet ancien expert des services secrets révèle avoir été convoqué, le 9 janvier 2004, par Dominique de Villepin, le ministre des Affaires étrangères d'alors. Celui-ci lui aurait demandé « de la part de Jacques Chirac » d'enquêter sur Nicolas Sarkozy dans l'affaire des commissions occultes versées *via* l'organisme financier luxembourgeois Clearstream et liées à la vente par Thomson-CSF de six frégates à Taïwan en 1991. À peine sorti de la crise du CPE et de nouveau dans la tourmente, le Premier ministre dément dans *Le Figaro* : s'il a bien demandé à Rondot d'enquêter, il nie toute mention d'hommes politiques. Nouveau rebondissement, donc, dans cette affaire de blanchiment d'argent commencée il y a cinq ans et devenue une affaire d'État. En 2004, deux lettres anonymes et un cédérom parvenaient au juge Renaud Van Ruymbeke, chargé depuis 2001 de l'affaire des frégates. De nombreux comptes de banques et d'organismes censés travailler avec Clearstream y étaient listés, et des personnalités telles que Nicolas Sarkozy ou Dominique Strauss-Kahn, citées. Des notes de la DST concluaient en avril 2005 à une possible manœuvre de déstabilisation, le corbeau présumé étant Jean-Louis Gergorin, proche de Villepin et vice-président du groupe EADS. Lequel nie. (→ 16.5)

Le général Philippe Rondot était jusqu'en janvier dernier conseiller pour les « affaires spéciales » de Michèle Alliot-Marie, ministre de la Défense.

France

France, samedi 1er
Fin du monopole de la SNCF dans le transport de marchandises (fret), avec l'ouverture à la concurrence du marché domestique.

Paris, samedi 1er
Fathi et Médi gagnent la finale de *Pékin Express*, sur M6. 20 candidats répartis en couple avaient 45 jours pour rallier Paris à Pékin (10 000 km) avec un euro par jour et par personne.

France, dimanche 2
Succès du *Sidaction*, qui a permis de récolter en un week-end 6,063 millions d'euros de promesses de dons, soit 41 % de plus par rapport à l'an passé, pour la recherche sur le sida.

Paris, mardi 18
Le rapport Vallancien préconise, au nom de la qualité des soins, de fermer « sans délai » 113 blocs opératoires d'hôpitaux publics qui effectuent moins de 2 000 actes chirurgicaux par an.

France, mardi 18
Levée des blocus dans les trois derniers bastions universitaires anti-CPE : Rennes, Nantes et Toulouse. Les dégâts commis lors des occupations d'établissements s'élèveraient à un million d'euros.

Paris, mercredi 26
Le Conseil des ministres nomme Joël Bouchité directeur central des RG, en remplacement de Pascal Mailhos.

France, mercredi 26
Sortie de *Camping*, comédie de Fabien Onteniente, avec Franck Dubosc. Le film sera un succès populaire, attirant plus de cinq millions de spectateurs.

France, jeudi 27
Parution en librairie des *Mosquées de Roissy* (Albin Michel), de Philippe de Villiers, un livre polémique dans lequel le président du Mouvement pour la France fait état de la présence d'organisations islamistes sur la plate-forme aéroportuaire de Roissy. (→ 24.7)

Brésil, vendredi 28
Richard Virenque remporte la finale du jeu de TF1 *Je suis une célébrité, sortez-moi de là !*.

Paris, vendredi 28
Ouverture d'une information judiciaire dans l'affaire des gélules minceur préparées à base d'extraits thyroïdiens, soupçonnées d'avoir provoqué la mort d'une personne et l'hospitalisation de 14 autres.

International

Bangkok, dimanche 2
Le Premier ministre thaïlandais Thaksin Shinawatra revendique la victoire aux législatives anticipées, marquées par un boycott de l'opposition et un vote blanc massif (10 millions de bulletins). Thaksin avait convoqué ce scrutin pour mettre fin aux manifestations réclamant sa démission pour corruption. (→ 8.5)

Freetown, lundi 3
L'ex-président libérien Charles Taylor, arrêté le 29 mars au Nigeria, plaide non coupable de crimes de guerre et contre l'humanité devant le Tribunal spécial pour la Sierra Leone. Il est accusé d'être l'initiateur d'une guerre civile qui a fait plus de 200 000 morts entre 1991 et 2002 au Liberia et en Sierra Leone. (→ 20.6)

La Haye, mercredi 5
L'autopsie de Slobodan Milosevic conclut à une mort naturelle de l'ancien président yougoslave.

Madrid, vendredi 7
Le gouvernement espagnol dissout le conseil municipal de la station balnéaire de Marbella après la mise au jour d'un gigantesque scandale de corruption immobilière.

Londres, vendredi 7
Dan Brown gagne son procès intenté par Michael Baigent et Richard Leigh qui accusaient l'auteur du *Da Vinci Code* d'avoir plagié leur ouvrage, *L'Énigme sacrée*, publié en 1982, pour écrire son best-seller.

Bagdad, vendredi 7
Près de trois ans après l'entrée des troupes américaines dans Bagdad, l'Irak est au bord de la guerre civile : un triple attentat fait 79 morts et 164 blessés dans la mosquée chiite Bouratha.

Palm Spring, dimanche 9
Cheeta, le célèbre singe de Tarzan au cinéma, fête ses 74 ans. Il figure dans le *Guinness des records* comme le plus vieux chimpanzé du monde.

Londres, lundi 10
Un jury consacre El Bulli, du Catalan Ferran Adria, comme le meilleur restaurant du monde. Le Français Pierre Gagnaire se classe troisième.

Le Caire, mardi 11
L'Égypte annonce la libération de 900 membres repentis de l'organisation islamiste Jamaa Islamiya, responsable notamment du massacre de 57 touristes à Louxor en 1997.

Jérusalem, mardi 11
Le gouvernement israélien met officiellement fin au mandat de Premier ministre d'Ariel Sharon, dans le coma depuis janvier, en désignant à l'unanimité Ehoud Olmert comme son successeur. (→ 4.5)

Londres, mercredi 12
Le prince Harry, 3e dans l'ordre de succession au trône britannique, quitte l'Académie royale militaire de Sandhurst avec le grade d'officier.

Tchad, vendredi 14
Le président tchadien Idriss Déby rompt les relations diplomatiques avec le Soudan voisin, qu'il accuse de financer la rébellion et de l'armer, au lendemain d'un assaut sanglant sur N'Djamena (400 morts). (→ 8.8)

Alger, dimanche 16
Malaise entre Paris et Alger. Le président algérien Abdelaziz Bouteflika accuse la France d'avoir commis un « génocide de l'identité algérienne » lors de la colonisation.

Israël, lundi 17
Un attentat suicide palestinien – le premier depuis l'arrivée au pouvoir du Hamas – fait 9 morts et près de 40 blessés à Tel-Aviv, lors de la Pâque juive.

Los Angeles, mardi 18
L'actrice Katie Holmes, compagne de Tom Cruise, donne naissance à une petite fille, prénommée Suri.

Bruxelles, jeudi 20
La Belgique devient le 6e pays européen à autoriser l'adoption pour les couples homosexuels. Elle rejoint le Danemark (1999), les Pays-Bas (2001), la Suède (2003), l'Espagne et le Royaume-Uni (2005).

Bruxelles, dimanche 23
80 000 personnes défilent en silence à la mémoire de Joe Van Holsbeeck, un adolescent belge tué le 12 à la gare centrale de Bruxelles pour son lecteur MP3.

Budapest, dimanche 23
Victoire écrasante de la coalition socialiste-libérale, au pouvoir, au second tour des législatives hongroises. Ferenc Gyurcsany devient le premier chef du gouvernement à être reconduit à son poste. (→ 19.9)

Bagdad, mardi 25
Abou Moussab Al-Zarqaoui apparaît pour la première fois à visage découvert dans une vidéo. Le chef d'Al-Qaida en Irak, dont la tête est mise à prix 25 millions de dollars, annonce que « l'Amérique sera vaincue et humiliée en Irak ». (→ 8.6)

Oslo, mercredi 26 • Fin du voyage inaugural du Freedom of the Seas*, le plus grand paquebot du monde. Avec une superficie équivalant à vingt-cinq terrains de football, il peut accueillir 4 375 passagers.*

Colombo, mercredi 26
Regain de violences entre le gouvernement sri lankais et les rebelles tamouls, quatre ans après l'arrêt officiel des hostilités. 40 000 villageois fuient les frappes aériennes dans le nord-est du pays au lendemain d'un attentat suicide contre le chef de l'armée.

Économie

France, lundi 3
Le gouvernement lance une campagne de communication sur la contrefaçon, un fléau qui représente, pour la seule économie française, six milliards d'euros de pertes par an et détruit chaque année 30 000 emplois dans le pays.

Paris, mardi 11
Canal + vend le PSG à deux fonds d'investissement, l'américain Colony Capital et le français Butler Capital Partners, pour 41 millions d'euros. (→ 29)

Paris, vendredi 14
Près d'un million de Français ont quitté France Télécom (dégroupage) pour souscrire aux services « Triple play » des concurrents qui offrent à la fois l'Internet haut débit, le téléphone et la télévision.

Madrid, dimanche 23
L'espagnol Albertis et l'italien Autostrade annoncent leur fusion, donnant naissance au n° 1 mondial dans le secteur de la gestion autoroutière : 20 000 salariés et un réseau de 6 713 km dans 16 pays.

Séoul, vendredi 28
Arrestation de Chung Mong-koo, p-dg de Hyundai Motor, premier constructeur automobile sud-coréen. Il est accusé d'avoir constitué, depuis 2001, une caisse noire de 112 millions d'euros aux fins de corruption.

Sciences

Kazakhstan, dimanche 9
Retour sur terre du premier spationaute brésilien, Marcos Pontes, après une mission de dix jours à bord de la station spatiale internationale (ISS).

Xi'an, vendredi 14
La Chine devient le 2e pays, après la France, à réaliser une greffe partielle de visage. Le patient, Li Guoxing, avait été défiguré par un ours en 2004.

Sports

Meerbeke, dimanche 2
Le cycliste belge Tom Boonen, champion du monde sur route en titre, remporte le Tour des Flandres.

Indianapolis, lundi 3
Joakim Noah, fils de Yannick (21 ans, 2,09 m), gagne le championnat universitaire nord-américain de basket avec les Florida Gators.

Géorgie, dimanche 9
L'Américain Phil Mickelson remporte le Masters de golf d'Augusta.

Saint-Denis, samedi 22
Nancy bat l'OGC Nice 2-1 au Stade de France en finale de la Coupe de la Ligue (football).

Liège, dimanche 23
L'Espagnol Alejandro Valverde gagne la course cycliste Liège-Bastogne-Liège, quatre jours après avoir remporté la Flèche wallonne.

Le Mans, dimanche 23
Victoire de la Honda n° 55 (pilotée par l'Espagnol Daniel Ribalta-Bosch et les Français Frédéric Protat et Olivier Four) aux 24 Heures du Mans moto.

Nancy, dimanche 23
L'Italie élimine la France (4-1) au premier tour de la Fed Cup de tennis. Dimanche 9 à Pau, la Russie avait éliminé les Français sur le même score en quarts de finale de la Coupe Davis.

Paris, mardi 25
Zinedine Zidane, 33 ans, annonce qu'il mettra un terme à sa carrière internationale après le Mondial de football en Allemagne. (→ 9.7)

Saint-Denis, samedi 29
Le PSG bat l'OM 2-1 en finale de la Coupe de France de football et décroche son seul titre de la saison.

Décès

Clamart, mercredi 5
Alain de Boissieu (*5.7.1914), ancien chef d'état-major de l'armée de terre et gendre de De Gaulle.

Encinitas (Californie), mercredi 5
Allan Kaprow (*23.8.1927), homme de théâtre américain, inventeur du mouvement « happening ».

Paris, mardi 11
Daniel Rialet (*20.2.1960), acteur français de télévision (*Navarro*, *Père et maire*).

Villeneuve-Loubet, dimanche 16
Marie-France Stirbois (*11.11.1944), une des figures historiques du Front national.

Paris, dimanche 16
Philippe Castelli (*26.6.1925), acteur français, pilier de l'émission radio *Les Grosses Têtes*.

Rome, samedi 22
Alida Valli (*31.5.1921), actrice italienne.

Cambridge (Massachusetts), samedi 29
John Kenneth Galbraith (*15.10.1908), économiste américain.

Le Kremlin-Bicêtre, dimanche 30
Jean-François Revel (*19.1.1924), philosophe et écrivain français.

Mai

Lu	Ma	Me	Je	Ve	Sa	Di
1	2	3	4	5	6	7
8	9	10	11	12	13	14
15	16	17	18	19	20	21
22	23	24	25	26	27	28
29	30	31				

Le roman de Dan Brown, Da Vinci Code, *avait été en 2005 l'un des plus gros succès de l'histoire de l'édition mondiale. Sorti le 17 mai en France, le film qu'en a tiré Ron Howard pulvérisera-t-il les records d'entrées ? Avec Audrey Tautou et Tom Hanks en vedettes, il ne manque assurément pas d'atouts !*

La Bolivie récupère son gaz

San Alberto (Bolivie), lundi 1er • « Le pillage des compagnies étrangères est terminé. » C'est en ces termes que, prenant tout le monde de court, y compris ses propres ministres, le président bolivien Evo Morales a lu un décret selon lequel « l'État recouvre la propriété, la possession et le contrôle total » de ses hydrocarbures. Cette annonce, faite devant les caméras de télévision, a eu lieu symboliquement sur le plus grand gisement du pays, exploité par le groupe brésilien Petrobras en association avec l'espagnol Repsol et le français Total. Et, non moins symboliquement, l'armée s'y était déployée. En clair, le décret du 1er mai signifie que les compagnies étrangères, réduites pratiquement au statut d'opérateur, devront reverser 82 % de leurs bénéfices à l'État bolivien, au lieu de 18 %. Les 26 compagnies étrangères implantées en Bolivie ont 180 jours pour signer de nouveaux contrats, ce qui pourrait laisser une certaine marge à la négociation. Cette décision, qualifiée d'« inamicale » par la direction de Petrobras et « préoccupante » par le Premier ministre espagnol José Luis Rodríguez Zapatero, concerne principalement les gisements de gaz. (→ 2.7)

Décret en main, Evo Morales a également annoncé une prochaine nationalisation des mines, de la forêt et de la terre.

Feu vert pour les travailleurs de l'est de l'UE

Paris, lundi 1er • À compter de ce jour, les travailleurs des huit pays d'Europe centrale et orientale ayant intégré l'Union européenne en 2004 pourront accéder au marché du travail national. Cette levée des dérogations transitoires à la libre circulation des ressortissants de ces huit États ne concerne en réalité que sept secteurs – le BTP, l'hôtellerie-restauration, l'agriculture, l'industrie, la mécanique, le commerce et la propreté – et 61 métiers connaissant des difficultés de recrutement (que ce soit pour des emplois peu qualifiés ou, au contraire, très qualifiés). Cette décision, prise en concertation avec les partenaires sociaux au sein du Comité du dialogue social sur les questions européennes et internationales (CDSEI) et avec les huit nouveaux États membres, s'explique par le fait que ces 61 métiers ne représentaient en 2005 pas moins de 700 000 offres d'emploi et qu'un tiers de ces emplois n'avaient pu être pourvus, faute de demande. Cet écart entre l'offre et la demande n'était pas, en outre, purement conjoncturel.

Une journée sans immigrés aux États-Unis

États-Unis, lundi 1er • Réguliers, naturalisés ou clandestins, les immigrés hispaniques, qui constituent 14 % de la population américaine, ont voulu maintenir la pression contre le projet de loi criminalisant l'immigration clandestine et prolonger la gigantesque manifestation de Los Angeles du 25 mars. Pour bien mettre en évidence leur poids dans la vie économique des États-Unis, les « Latinos », par le biais de leurs associations, avaient programmé pour la fête du travail (non chômée outre-Atlantique), « *un día sin inmigrantes* » (un jour sans immigrés), selon diverses modalités : la grève, le refus de toute forme de consommation, l'absentéisme scolaire ou la simple participation à des rassemblements après le travail ou l'école. La journée a été plus particulièrement suivie en Californie, où les « Latinos » avaient reçu le soutien de la majorité démocrate au Sénat de l'État, une manifestation réunissant 400 000 personnes à Los Angeles en fin de journée. (→ 15)

À la frontière mexicaine, un cercueil symbolise le nombre d'immigrants tués en 2004 en tentant de franchir le « mur ».

Le poids des « Latinos »

Lorsque les « Latinos » affirment qu'ils constituent aux États-Unis une communauté avec laquelle Washington doit compter, comme ils l'ont fait lors de la journée « sans immigrés » le 1er mai, ils énoncent une vérité de plus en plus criante. Aujourd'hui, on compte en effet 41 millions d'immigrés hispaniques ou Américains d'origine hispanique, soit 14 % de la population totale, ce qui en fait désormais la minorité la plus importante des États-Unis, devant les Noirs (13 %). Leur poids démographique ne devrait cesser en outre d'augmenter : selon les projections les plus prudentes, les « Latinos » représenteront en 2060 un tiers de la population américaine. En regard, la progression de la communauté asiatique sera beaucoup plus faible : en 2060, les Asiatiques ne seront que 7 % (contre 4 % en 2005), la population noire en restant à son pourcentage actuel. La population hispanique est très majoritairement d'origine mexicaine : ce sont ceux que les Américains appellent les « Chicanos », principalement installés en Californie et au Texas (où ils forment un tiers de la population), ainsi qu'en Arizona et au Nouveau-Mexique. Les autres « Latinos » viennent d'Amérique centrale et de plus en plus d'Amérique du Sud, mais aussi des Caraïbes. La communauté cubaine est ainsi fortement implantée en Floride (près d'1 million de personnes) et jouit d'une « visibilité » spectaculaire, le maire de Miami, Manuel « Manny » A. Diaz, étant lui-même d'origine cubaine. Ce poids démographique se traduit par un poids économique : la communauté hispanique, qui comprend 13 millions de personnes en droit de voter et 12 millions de sans-papiers, a un pouvoir d'achat s'élevant à 800 milliards de dollars ; et, en 2004, elle a envoyé plus de 30 milliards de dollars en Amérique latine. Mais c'est son poids culturel qui pourrait à terme modifier profondément le paysage américain : malgré des origines géographiques et même sociales différentes, les « Latinos » sont unis par leur langue – l'espagnol – et par la religion catholique.

En haut : les « Latinos » entretiennent une forte identité communautaire, comme en témoigne le Festival de Conjuntos Narciso Martinez qui se déroule tous les ans à San Benito, au Texas. Ci-contre : cette boutique typiquement hispanique de Charles Town, en Virginie-Occidentale, mêle joyeusement religion et sport dans une ambiance très latine. Quant à la langue espagnole parlée par les « Latinos », elle est notamment cultivée par les innombrables stations de radio hispanophones des États-Unis. Et l'une des revendications formulées par les citoyens américains d'origine hispanique est la reconnaissance de l'espagnol comme langue nationale, au même titre que l'anglais.

Moussaoui échappe à la peine de mort

Alexandria (Virginie), mercredi 3 • Les véritables responsables des attentats du 11 septembre 2001 n'étaient pas dans le box des accusés, et le Français Zacarias Moussaoui a fini par apparaître pour ce qu'il était : un comparse de seconde zone. Le grand procès que le président Bush espérait voir conclu par une condamnation à mort n'a pas eu lieu. Malgré ses provocations et ses rodomontades suicidaires, Moussaoui n'aura pas eu, non plus, la satisfaction d'endosser la tunique du martyr. Trois jurés sur douze lui ayant trouvé des circonstances atténuantes, il n'a pu être condamné à mort, l'unanimité étant requise pour la peine capitale. Il a été condamné à la prison à vie. (→ 23)

La Chine consacre des évêques schismatiques

Rome, jeudi 4 • Joaquín Navarro-Vals, porte-parole du Vatican, a été clair : « Il s'agit d'une grave blessure pour l'unité de l'Église. Comme on le sait, des sanctions canoniques sévères sont prévues en ce cas. » Le Saint-Siège réagissait à l'ordination « sans respecter les exigences de la communion avec le pape » de deux évêques par l'Église catholique de Chine (appelée officiellement Association patriotique catholique de Chine), qui ne reconnaît pas l'autorité de Rome. Le père Ma Yinglin a été consacré dimanche à Kunming (province du Yunnan) et le père Liu Xinhong hier à Wuhu (province de l'Anhui). Joaquín Navarro Valls a toutefois entrouvert la porte à la conciliation en estimant que ces ordinations « illégitimes » ont pu avoir lieu sous la pression, et rappelé la disponibilité du Saint-Siège « pour un dialogue honnête et constructif avec les autorités chinoises compétentes ». Sera-t-il entendu à Pékin ? Dimanche prochain, c'est avec l'approbation de Rome que le père Paul Pei Junmin sera consacré évêque de Shenyang (province du Liaoning)...

Liu Xinhong (à gauche) est consacré évêque à la cathédrale Saint-Joseph de Wuhu. Sans l'assentiment du Vatican.

Peter Handke

*Né le 6 décembre 1942 à Griffen (Autriche), Peter Handke s'est surtout rendu célèbre par son théâtre, dont l'écriture novatrice exprime la difficulté d'être et la recherche problématique d'un accord avec le monde. Auteur de récits et de romans (*Mon année dans la baie de Personne*, 1994), il a collaboré avec le cinéaste Wim Wenders et réalisé lui-même un film,* La Femme gauchère *(1978). Son refus de « diaboliser » les Serbes a fait l'objet de polémiques.*

Jeudi 4, à Paris, Marcel Bozonnet, administrateur général de la Comédie-Française, confirme dans une conférence de presse qu'il a déprogrammé une pièce de Peter Handke (ci-dessus),* Voyage au pays sonore ou L'Art de la question, *au motif que le dramaturge autrichien avait assisté aux funérailles de Slobodan Milosevic. Cette censure est condamnée par de nombreuses personnalités, dont le prix Nobel Elfriede Jelinek.

Zoom

Les catholiques en Chine

La situation des catholiques en Chine est très complexe. Si leur communauté est estimée à une douzaine de millions, elle est divisée : une moitié, restée fidèle à Rome, serait dirigée par une cinquantaine d'évêques clandestins et en butte aux persécutions, l'autre étant soumise à l'Église catholique de Chine, contrôlée entièrement par l'État et non reconnue par le Vatican. Cette Église nationale, actuellement forte de plus de 100 diocèses, a été fondée en novembre 1950 par des « croyants patriotes », désireux de « rompre toutes les relations avec les impérialistes », selon l'historiographie officielle. L'élection du premier évêque schismatique en 1957 entraîna une vive réaction du pape Pie XII. L'Église catholique de Chine serait en pleine expansion et jouerait un rôle de plus en plus actif dans tous les domaines de la vie sociale, telles la santé et l'éducation.

Centrifugeuses brésiliennes

Resende (Brésil), vendredi 5 • Deux poids, deux mesures ? Alors que l'Iran est dans le collimateur du Conseil de sécurité pour cause d'enrichissement d'uranium, le ministre brésilien de la Science et de la Technologie, Sérgio Rezende, a inauguré dans la centrale de Resende deux centrifugeuses avec la bénédiction tacite de la communauté internationale. L'uranium enrichi par les Brésiliens alimentera les réacteurs Angra 1 et Angra 2 et couvrira 60 % de leurs besoins. Le but est de libérer le pays de la dépendance de l'étranger (exportateur d'uranium, le Brésil est jusqu'à présent contraint d'importer l'uranium enrichi) et de développer sa technologie propre. Signataire du traité de non-prolifération (TNP) en 1998, le Brésil s'est toutefois engagé à ne pas enrichir son uranium jusqu'au degré qui lui permettrait de devenir une puissance militaire nucléaire. (→ 22.8)

Cinq ans jour pour jour après le vote de la loi Taubira qui reconnaissait l'esclavage comme un crime contre l'humanité, la première journée nationale de commémoration de l'abolition de l'esclavage (en 1848) a eu lieu le 10. « Regarder tout notre passé en face, c'est une des clés de notre cohésion nationale », a déclaré Jacques Chirac au jardin du Luxembourg, à Paris, où il a inauguré une œuvre en bambous de la Guadeloupéenne Léa de Saint-Julien. Celle-ci sera exposée jusqu'au 14 juillet, puis laissera sa place à une stèle commémorative.

Tony Blair contre vents et marées

Londres, vendredi 5 • Hier, Tony Blair a payé au prix fort l'usure du pouvoir et une fin de règne entachée de scandales : aux élections locales, le Labour a perdu plus de 300 sièges, tandis que les conservateurs, qui se sont trouvé un vrai leader en la personne de David Cameron, font une percée remarquable. Quelles conclusions allait tirer le Premier ministre britannique de ce cuisant échec ? Poussé à la démission par de nombreuses voix travaillistes, il n'en a pas moins décidé de rester. Il a toutefois procédé aujourd'hui à un profond remaniement de son cabinet : seulement six ministres sur vingt-trois ont été reconduits. La principale victime de ce remaniement est Charles Clarke, le ministre de l'Intérieur, tandis qu'une femme, Margaret Beckett, est promue aux Affaires étrangères. (→ 7.9)

Ahmadinejad a écrit à Bush

Washington, lundi 8 • La crise sur le nucléaire iranien n'a pas connu de dénouement aujourd'hui. Réunis à New York, les ministres des Affaires étrangères des cinq membres permanents du Conseil de sécurité de l'ONU (Chine, États-Unis, France, Grande-Bretagne, Russie), auxquels s'étaient joints le chef de la diplomatie allemande et Javier Solana, représentant de l'Union européenne, n'ont pu se mettre d'accord sur une résolution sous le chapitre VII (qui implique un recours possible à la force), la Russie et la Chine y étant opposées. C'est dans ce climat de division que Mahmoud Ahmadinejad, le président iranien, a incontestablement marqué un point en adressant une lettre d'« ouverture » à son homologue américain. Certes, cette lettre ne comporte aucune proposition concrète et réitère les accusations de l'Iran contre les États-Unis et Israël. Mais elle invite George W. Bush à se conformer à l'enseignement de Jésus, « messager de paix et de pardon »... (→ 31.7)

La lettre du président iranien (ci-contre, photographié hier à Téhéran) ne constitue pas une ouverture, a estimé la secrétaire d'État américaine Condoleezza Rice.

Droits de l'homme : faux pas de l'ONU ?

New York, mardi 9 • Créé le 15 mars dernier pour remplacer la Commission des droits de l'homme, le Conseil des droits de l'homme de l'ONU a été élu par l'Assemblée générale. Pour être admis à ce nouvel organisme, chaque pays candidat devait obtenir au moins 96 voix sur les 191 États membres de l'ONU. C'est l'Allemagne qui a été élue avec le meilleur score, devant la France et la Grande-Bretagne. En revanche, le Portugal et l'Espagne n'ont pas atteint les 96 voix requises. Quant aux États-Unis, ils avaient évité de se porter candidats. Bon nombre d'associations de défense des droits de l'homme se sont inquiétées de l'élection au Conseil des droits de l'homme de pays qui, tels la Chine, l'Arabie saoudite, le Pakistan, Cuba ou l'Azerbaïdjan, ne respectent pas les standards internationaux de la démocratie. Le Conseil se réunira pour trois sessions annuelles à Genève.

Un plan B pour la relance de l'Europe ?

Bruxelles, mercredi 10 • Au lendemain de la Journée de l'Europe, le président de la Commission européenne, José Manuel Barroso, a présenté douze propositions visant à relancer l'Union après les « non » français et néerlandais à la Constitution. « Des propositions évolutives, et les nouvelles idées seront les bienvenues », a voulu assurer le Portugais. La réforme du processus décisionnel (avec la suppression du droit de veto et le passage des textes à la majorité qualifiée) dans les domaines clés que sont, pour la sécurité de l'UE, la coopération judiciaire et policière et l'immigration, apparaît comme une mesure majeure parmi celles que préconise Barroso, qui déclarait le lundi dans un journal portugais : « Nous sortons de la période de réflexion. Et nous entrons dans une phase d'action politique. »

La réplique de Vladimir Poutine

Moscou, mercredi 10 • La réponse du berger à la bergère ne s'est guère fait attendre. Le 4 mai dernier, à Vilnius, le vice-président américain Dick Cheney avait fait la leçon à la Russie en matière de démocratie, ce qui ne l'avait pas empêché, immédiatement après, de se rendre au Kazakhstan, dont le régime n'est pas réputé pour être particulièrement libéral… Mais le Kazakhstan, il est vrai, possède des ressources pétrolières estimées égales à celles de l'Irak. Cette contradiction, le président russe Vladimir Poutine n'a pas manqué d'y faire une allusion ironique dans son adresse annuelle à la nation, devant les élus des deux chambres. Une adresse très offensive en forme d'avertissement à la « forteresse » américaine, comme il appelle les États-Unis. Mais Poutine a également voulu mobiliser la Russie : prenant acte du déclin démographique de son pays, il a annoncé une série de mesures destinées à l'enrayer, parlant même de « sauvegarder la nation ». Rappelant que le budget militaire de la Russie est 25 fois moins important que celui des États-Unis, il s'est déclaré décidé à redonner toute sa puissance à l'armée.

En haut : Vladimir Poutine veut une armée forte pour faire échec aux « pressions » contre la Russie. Ci-contre : le vice-président américain Dick Cheney au sommet UE-Otan de Vilnius (Lituanie), le 4 mai.

Les Américains sous surveillance

Le bœuf britannique est revenu

France, mercredi 10 • Après dix ans d'embargo, une première livraison de bœuf britannique est attendue ce matin au marché de Rungis, annonce l'agence Reuters. Cette arrivée, somme toute très discrète, a été rendue possible par la décision de l'Union européenne, le 8 mars, de mettre un terme au dispositif sanitaire instauré en 1996, quand l'encéphalopathie spongiforme bovine (ESB), ou vache folle, prospérait outre-Manche. Le gouvernement britannique avait admis cette année-là la possibilité d'un lien entre l'ESB et la nouvelle forme de la maladie humaine de Creutzfeldt-Jakob, dont 150 cas ont été recensés dans le monde. Le 3 mai dernier, la France, par la voie d'un décret paru au *Journal officiel*, autorisait à son tour l'importation de viande bovine venant du Royaume-Uni.

États-Unis, jeudi 11 • Les révélations faites par *USA Today* ne tombent pas à un bon moment pour George W. Bush. Selon le quotidien américain, les sociétés de téléphonie AT & T, Bell et Verizon remettent les relevés des communications intérieures de leurs abonnés à la National Security Agency (NSA) depuis les attentats du 11 septembre 2001. Quelque 220 millions de personnes seraient ainsi placées sous la surveillance de cette agence de renseignements spécialisée dans les écoutes téléphoniques. Une surveillance destinée à débusquer des terroristes éventuels et, comme l'a affirmé dès aujourd'hui le président des États-Unis, tout à fait légale. La quatrième société de téléphonie américaine, Qwest, en était moins sûre : faute de mandat judiciaire, elle avait refusé de livrer à la NSA les relevés de ses clients. L'affaire est d'autant plus embarrassante pour la Maison-Blanche qu'elle surgit (sans doute pas par hasard) trois jours après la nomination de Michael Hayden à la direction de la CIA, en remplacement de Porter J. Goss. Or, ce spécialiste du renseignement était jusqu'alors le patron de la NSA.

Le général Michael Hayden, 61 ans, dirigeait la NSA depuis mars 1999. Il déclare son intention de resserrer les liens entre la CIA et l'industrie.

Les skinheads

Zoom

Issus des mods (« modernists), courant de la jeunesse ouvrière anglaise des années 1960 cultivant une identité musicale et vestimentaire opposée aux rockers puis aux hippies, les skinheads, caractérisés par leurs cheveux courts, voire rasés, ont fait leur apparition vers 1969. Peu politisés au départ, et comprenant aussi bien des Noirs que des Blancs (mais déjà hostiles à l'immigration orientale), ils tendaient néanmoins à une forme de nationalisme, arborant le drapeau britannique et communiant dans le culte de leurs clubs de football. Dans les années 1980, ils évoluèrent vers des postures néonazies et adoptèrent des parures militaires. Alors instrumentalisés par l'extrême droite, ces jeunes prolétaires firent école en Europe et aux États-Unis. Leurs dérives ont aussi, par opposition, donné naissance à des skinheads d'extrême gauche, de tendance ouvriériste et libertaire.

Crime raciste en Belgique

Anvers, jeudi 11 • La Belgique est ces derniers jours le théâtre de très graves actes racistes. Le 6, à Bruges, cinq skinheads passaient à tabac un Français d'origine africaine, toujours dans le coma. Dans la nuit du 8 au 9, à Heule, le domicile d'une famille marocaine était incendié et, hier, le cadavre d'un jeune Marocain était retrouvé dans l'Escaut. Aujourd'hui, à Anvers, un jeune skinhead, Hans Van Temsche, a tué par balle une Malienne de 24 ans et la fillette belge dont elle était la nourrice. Il a aussi blessé une femme d'origine turque. Neveu d'une députée du parti nationaliste flamand Vlaams Belang, le meurtrier, qui a été blessé par un policier et arrêté, portait sur lui des tracts néofascistes. La police a trouvé chez lui de la littérature d'extrême droite et un plan détaillé de sa virée sanglante.

Vendredi 12, présentation publique à l'hippodrome de Rambouillet d'un poulain au nom un peu barbare de Pieraz-Cryozootech-Stallion. Ce futur étalon est le clone de Pieraz, champion du monde d'endurance à La Haye en 1994 et aux États-Unis en 1996. Né le 25 février 2005, il a été « produit » par la société Cryozootech, qui entend ainsi donner une « descendance » aux chevaux castrés, ce qui est le cas de Pieraz.

La catastrophe d'AZF sous expertise

Toulouse, jeudi 11 • Les experts commis par la justice sont formels : l'explosion de l'usine AZF qui, le 21 septembre 2001, avait fait 30 morts et des milliers de blessés, était due à « un accident chimique ». Si leur rapport écarte la piste criminelle, il met en cause Total en raison du « défaut de management » de sa filiale Grande Paroisse, propriétaire d'AZF. Les familles des victimes espèrent la mise en examen de Total, dont l'avocat récuse les conclusions des experts. (→ 31)

Deux petits martyrs : Madison et Mathias

France, dimanche 14 • Deux drames atroces ont secoué la France : la mort de la petite Madison (5 ans), retrouvée asphyxiée à Eyguières (Bouches-du-Rhône) chez un homme de 24 ans qui a tenté de se tuer après l'arrivée des gendarmes, lundi 8, et celle du petit Mathias (4 ans), violé et assassiné, dont le corps avait été retrouvé la veille à Moulins-Engilbert (Nièvre). Interpellé le 12, son meurtrier présumé, Christian Beaulieu (56 ans), a été mis en examen et écroué.

Menacée de mort, la députée se réfugie aux États-Unis

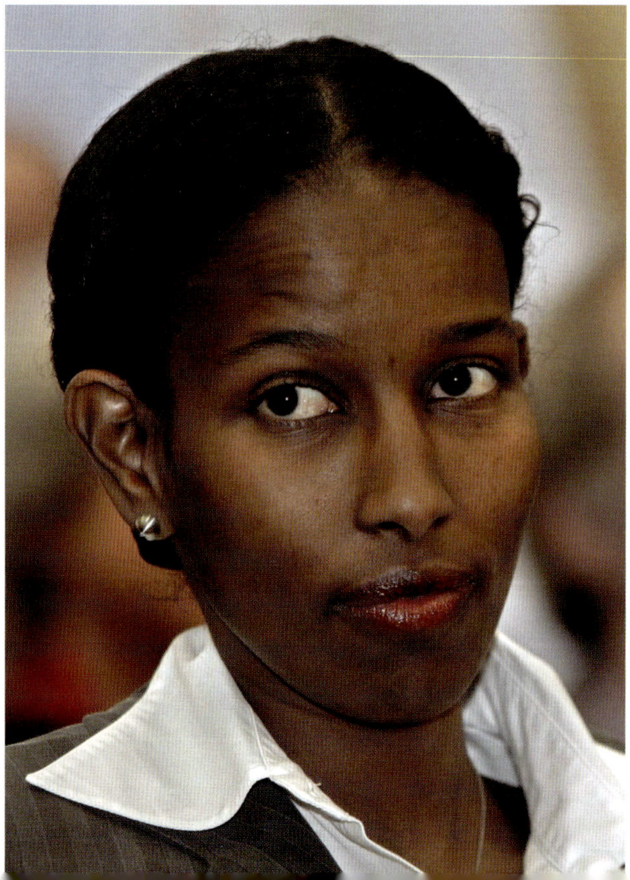

La Haye, mardi 16 • La députée Ayaan Hirsi Ali a finalement démissionné. L'affaire, qui divise le pays et la classe politique néerlandaise, avait commencé le 11 après la diffusion d'un documentaire sur la vie de cette femme d'origine somalienne, dans lequel il s'avérait qu'elle avait menti sur son nom, son âge et ses conditions d'arrivée aux Pays-Bas pour obtenir l'asile politique. À la suite de ces révélations, qui n'en sont pas car celle qui a été élue députée du parti libéral VVD en 1998 avait déjà elle-même évoqué plusieurs fois le sujet, la ministre de l'Immigration Rita Verdonk, également du VVD, a fait savoir hier à la parlementaire que sa naturalisation, obtenue en 1997, serait invalidée. Certes, le Parlement demandera demain à la ministre de reconsidérer sa décision. Mais Ayaan Hirsi Ali, qui, connue pour son hostilité à l'islam radical, vit sous protection policière depuis 2004 à cause de menaces de mort proférées contre elle par des islamistes, a décidé de s'exiler aux États-Unis. (→ 29.6)

La députée est l'auteur du scénario de Soumission, un film de Theo Van Gogh, tué en 2004.

La gauche et Bayrou votent la censure

Paris, mardi 16 • La motion de censure déposée par le Parti socialiste contre le gouvernement de Dominique de Villepin a certes été sans surprise rejetée par l'Assemblée, où les députés UMP disposent de la majorité absolue. Mais elle est significative du climat politique français en ces temps où l'affaire Clearstream est au centre de tous les débats, le Premier ministre étant soupçonné d'avoir ordonné une enquête contre Nicolas Sarkozy, son grand rival et numéro 2 du gouvernement. Un gouvernement que le premier secrétaire du PS François Hollande avait qualifié dans son discours de « champ de bataille, [d']abattoir », et dont il avait réclamé la démission pour « crever l'abcès », avant de demander : « Comment une telle équipe peut-elle continuer à travailler pour le pays dans ce climat délétère ? » Soutenant pour la première fois une motion de censure de la gauche car « le délitement a atteint un seuil intolérable », le président de l'UDF François Bayrou n'a été suivi que par onze des trente députés de son parti. Pour sa part, s'insurgeant contre cette affaire basée selon lui sur des rumeurs, Dominique de Villepin avait assuré dans son discours que « rien ne détournerait le gouvernement de sa tâche ». Aujourd'hui, le baromètre BVA le crédite de 26 % d'opinions positives. (→ 9.6)

Le 11, une enquête administrative avait été lancée contre le juge Renaud Van Ruymbeke (ci-dessus), à qui il est reproché d'avoir, en avril 2004, entendu Jean-Louis Gergorin hors de tout cadre procédural. Le 15, le juge voyait ajournée sa promotion au poste de président de chambre à la cour d'appel de Paris. Ci-contre : Dominique de Villepin à l'Assemblée, le 16.

São Paulo est mise à feu et à sang

São Paulo (Brésil), mercredi 17 • Le calme est revenu dans la grande ville brésilienne après cinq jours de violence inouïe. Vendredi dernier, un gang qui fait pratiquement la loi dans les prisons de l'État de Sao Paulo, le PCC (Primero comando da capital), a déclenché des émeutes pour empêcher le transfert de 765 détenus dans des établissements de haute sécurité. Émeutes à l'intérieur des prisons, mais aussi à l'extérieur avec attaques de commissariats, de bases de la police militaire, de banques et d'autobus. Les affrontements, qui ont officiellement causé la mort de 170 personnes (dont 40 policiers), ont pris fin lundi. Selon certains journaux, le gouverneur de l'État, Cláudio Lembo, a négocié un accord avec le PCC, ce qu'il a démenti. Dès ce lundi, en revanche, la police a lancé une vaste expédition punitive contre le crime organisé, tuant une centaine de présumés malfaiteurs.

Le 14, les détenus incendient leurs lits dans la Febem, une prison pour mineurs réputée pour sa sévérité, au nord de São Paulo.

Les immigrés "choisis"

Paris, mercredi 17 • Les députés ont adopté en première lecture le projet de loi sur l'immigration et l'intégration dont Nicolas Sarkozy a fait l'un de ses chevaux de bataille. Outre un durcissement des conditions d'acquisition de la nationalité française et du regroupement familial, le texte entérine le concept d'immigration choisie défendu par le ministre de l'Intérieur : les étrangers faisant la demande d'une carte de séjour temporaire feront l'objet « d'un choix par l'autorité consulaire, dans leur pays d'origine ». Nicolas Sarkozy, qui doit s'envoler demain pour l'Afrique, devra s'y livrer à un plaidoyer difficile auprès de chefs d'État et d'une opinion publique qui redoutent un pillage systématique des cerveaux. (→ 13.6)

Mercredi 17, l'ancien porte-avions Clemenceau, *devenu la coque Q790, revient à Brest. Parti de Toulon le 31 décembre 2005 pour achever son désamiantage en Inde, il fait demi-tour sur ordre de Jacques Chirac, suite aux pressions des organisations écologistes et au refus des autorités indiennes de le laisser entrer dans leurs eaux. Selon le ministère de la Défense, il ne resterait que 46 tonnes de matériaux amiantés, Greenpeace avançant le chiffre de 500 à 1 000 tonnes… Le désamiantage final doit faire l'objet d'une procédure de marché public à l'automne.*

Cabinet italien très européen

Rome, mercredi 17 • Un gouvernement restreint, au moins un tiers de femmes et des personnalités de la société civile : telle avait été la promesse faite par Romano Prodi aux électeurs italiens pendant la campagne pour les législatives. Mais le résultat est sensiblement différent. Nommé président du Conseil, l'ancien commissaire européen a présenté à Giorgio Napolitano, président de la République, un cabinet riche de pas moins de vingt-cinq ministres, mais de six femmes seulement. La majorité des portefeuilles est revenue à l'axe central de la coalition victorieuse, soit les démocrates de gauche (DS), issus de l'ancien Parti communiste italien, et la gauche sociale-démocrate de la Marguerite. Le seul ministre « apolitique » est Tommaso Padoa-Schioppa, mais ce n'est certes pas le moindre : appelé au ministère de l'Économie, ce banquier qui travailla aux côtés de Jacques Delors à Bruxelles est un Européen convaincu et expérimenté, comme l'est bien sûr Romano Prodi lui-même.

Les *Nymphéas* sont de retour

Paris, mercredi 17 • Le peintre de la lumière a retrouvé enfin le jour ! Enterrés depuis 1959 dans une sorte de « bunker » à l'Orangerie des Tuileries, les *Nymphéas* de Claude Monet, dont il avait fait don à la France à l'Armistice, peuvent être vus désormais tels que le peintre les avait exécutés entre 1914 et 1919. Rendue au public ce mercredi après six années de travaux, l'Orangerie a fait l'objet de transformations radicales, pour un coût de 29 millions d'euros. Non seulement les *Nymphéas* sont désormais éclairés à la lumière naturelle, mais, du coup, les Cézanne, les Matisse ou les Soutine de la prestigieuse collection Walter-Guillaume, l'autre joyau de l'Orangerie, bénéficient d'un accrochage nouveau, dont la modernité déroutera sans doute bien des visiteurs !

Les Nymphéas *de Monet dans leur nouvelle présentation à l'Orangerie des Tuileries. Le bâtiment a été restauré et aménagé par l'agence Brochet-Lajus-Pueyo.*

Le chimpanzé, cousin pas si éloigné…

Londres, jeudi 18 • C'est une découverte étonnante que publie la revue britannique *Nature*. Selon les recherches des généticiens américains David Reich et Nick Patterson, la séparation définitive de l'homme et du chimpanzé, ce que l'on appelle la « spéciation », se serait produite il y a 5,4 millions d'années. Ce qui signifierait alors que les protohumains tels que Toumaï (7 millions d'années), découvert en Afrique, ne seraient les ancêtres ni des hommes ni des chimpanzés ! En comparant les génomes du chimpanzé et de l'homme, les chercheurs se sont aperçus qu'une première séparation aurait eu lieu il y a 6,3 millions d'années et que, jusqu'à la séparation finale, les deux espèces auraient pu se croiser : ce n'est effectivement qu'au dernier stade de la « spéciation » que le chromosome sexuel x s'est différencié.

Romano Prodi

Né le 9 août 1939, l'économiste italien Romano Prodi est entré en politique en 1963 sous les couleurs de la Démocratie chrétienne. Ministre de l'Industrie en 1978, président du Conseil (1996-1998), président de la Commission européenne (1999-2004), il a aussi dirigé (1982-1989 et 1993-1994) l'Istituto per la Ricostruzione Industriale (IRI), organisme contrôlant diverses sociétés nationales. Prodi est le fondateur de l'Olivier, qui fédère anciens socialistes et démocrates-chrétiens.

Une muraille de béton sur les Trois-Gorges

Chine, samedi 20 • Les chiffres donnent le vertige : 120 m de large, 2,3 km de long, retenue de 39 milliards de m³ et coût estimé à 25 milliards de dollars ! Le plus grand barrage hydroélectrique du monde, édifié sur le Yangzi Jiang, est terminé, ou presque : le dernier versement de béton a été effectué en grande pompe, devant les caméras de la télévision chinoise. Il sera totalement opérationnel en 2008, date à laquelle ses vingt-six turbines dégageront une puissance installée de 18 200 mégawatts. Le barrage des Trois-Gorges, dont la construction a commencé il y a treize ans, suscite toujours la polémique. Ne jugeant pas le projet viable, la Banque mondiale ne s'y était pas associée. Outre les drames humains qu'il a entraînés avec le déplacement de deux millions de personnes, outre la destruction de sites historiques, il pourrait causer des dommages écologiques majeurs.

Le groupe français Alstom a fourni à la Chine huit des vingt-six turbines du barrage.

Les Monténégrins ont choisi de se séparer des Serbes

Podgorica, dimanche 21 • Un nouvel État indépendant naît sous les derniers décombres de la Yougoslavie. Appelés par référendum à se prononcer pour ou contre le maintien de leur petit pays au sein de la Communauté d'États Serbie-et-Monténégro, les électeurs monténégrins se sont prononcés à la majorité de 55,5 % pour la rupture avec les Serbes. Mais l'indépendance a été conquise de justesse, l'Union européenne ayant fixé à 55 % le seuil au-dessous duquel elle ne pourrait la reconnaître. La victoire a été obtenue grâce à l'addition des voix des sécessionnistes monténégrins et des minorités albanaise, bosniaque et musulmane. L'Union européenne se prépare à recevoir la demande d'adhésion du Monténégro, tandis que Milo Djukanovic, le Premier ministre indépendantiste, devra régler de nouveaux rapports avec la Serbie. (→ 28.6)

Avec le Monténégro, ce sont six États indépendants qui sont issus du démembrement de la Yougoslavie.

Zoom — Le Monténégro

Avec un peu plus de 716 000 habitants, le Monténégro est l'un des plus petits États d'Europe, et aussi l'un des plus anciens. Principauté indépendante dès le XIe siècle, il a su résister à l'Empire ottoman jusqu'au XIXe siècle. Gouverné par des princes-évêques, puis par des laïcs issus de la même famille princière, le Monténégro verra son indépendance reconnue par les puissances européennes en 1878, au congrès de Berlin. Érigé en royaume en 1910, il prit part aux côtés des Alliés à la Première Guerre mondiale. Mais il perdit son indépendance, intégrant successivement le royaume des Serbes, Croates et Slovènes (1918), le royaume de Yougoslavie (1929), la République de Yougoslavie (1946 et 1992), puis la Communauté d'États Serbie-et-Monténégro (2003).

Des soldats français meurent en Afghanistan

Afghanistan, lundi 22 • Alors que la coalition sous commandement américain se prépare à passer le relais à l'Otan, les combats contre les talibans ont monté en intensité dans le sud pachtoune du pays, avec son lot malheureusement habituel de victimes civiles. Ainsi le bombardement par des A-10 américains du village d'Azizi, à une trentaine de kilomètres de Kandahar, aurait causé la mort de dix-sept habitants, dont plusieurs enfants. Des soldats français des forces spéciales, au nombre d'environ deux cents, sont engagés dans ces opérations, et eux aussi paient un cruel tribut à une pacification qui tarde à se réaliser. Samedi, une patrouille française est tombée dans une embuscade : un caporal-chef de l'armée de l'air et un premier maître de la Marine nationale, dont les noms n'ont pas été révélés par le ministère de la Défense, ont été tués, deux sous-officiers de l'armée de l'air ayant été blessés. Mais la mort ne frappe pas que dans la « ceinture » pachtoune. Le danger est aussi omniprésent à Kaboul même. Lundi 15 mai, le sapeur parachutiste Elward Kamel, du 17e RGP de Montauban, est mort au cours d'une opération de déminage, au nord de la capitale afghane. Il avait 22 ans. (→ 31.7)

Deux VAB (véhicules de l'avant blindés) du 126e RI de Brive patrouillent dans les rues de Kaboul. Ils appartiennent au contingent français de la Force internationale d'assistance à la sécurité (Isaf) basée dans la capitale afghane.

Villepin au secours de la Sogerma

Paris, mercredi 24 • Le goupe EADS va « essayer » de maintenir 500 emplois de la Sogerma à Mérignac (Gironde). C'est ce qui ressort de l'entretien d'une heure qui a eu lieu ce matin à Matignon entre Dominique de Villepin, Arnaud Lagardère, actionnaire de référence d'EADS, et Noël Forgeard, coprésident du groupe. Cette réunion faisait suite à l'annonce par EADS, le 12, de la fermeture de l'usine de maintenance aéronautique de la Sogerma, sa filiale à 100 %, qui emploie 1 100 personnes à Mérignac. Le Premier ministre, qui a effectué hier un voyage éclair sur le site, avait fait part de sa volonté d'« aller plus loin » que les 300 emplois qu'EADS proposait de maintenir. (→ 13.7)

Forcer la paix en Palestine

Ramallah, jeudi 25 • Le président de l'Autorité palestinienne a convoqué les différents partis palestiniens pour un « dialogue national ». Le but premier étant de faire cesser les affrontements entre le Hamas, qui dirige le gouvernement, et le Fatah (auquel appartient Mahmoud Abbas), qui contrôle les services de sécurité. L'autre objectif des discussions est de parvenir à une position commune vis-à-vis d'Israël. Pour le réaliser, Mahmoud Abbas s'appuie sur un programme élaboré dans les prisons israéliennes par des prisonniers palestiniens de toutes tendances, dont le Fatah, le FPLP, le Hamas et le Djihad islamique. Ce programme préconise la création d'un État palestinien à Gaza et en Cisjordanie, dans les frontières de 1967, ce qui revient à reconnaître *de facto* l'État d'Israël. Le document a été rédigé à l'initiative de Marouane Barghouti, membre prestigieux du Fatah condamné en 2004 à la prison à vie par un tribunal israélien. Au cas où le « dialogue national » échouerait d'ici dix jours, Mahmoud Abbas a menacé de soumettre le programme à un référendum l'été prochain. (→ 10.6)

Amnistié pour services rendus

Paris, jeudi 25 • Depuis 2002, une loi autorise le chef de l'État à amnistier des personnes ayant rendu des services à la nation, dans les domaines des lettres, des arts et du sport. Jacques Chirac en a fait usage aujourd'hui en amnistiant Guy Drut. Champion olympique au 110 mètres haies en 1976, l'actuel député UMP de Seine-et-Marne avait été condamné en octobre 2005 à 15 mois de prison avec sursis et à 50 000 euros d'amende pour un emploi fictif dans l'affaire des marchés publics d'Île-de-France. À la suite de cette condamnation, il avait été, le 9 décembre, suspendu de ses fonctions de membre du Comité international olympique jusqu'au 31 mai, date après laquelle il risquait une exclusion définitive. L'amnistie de ce proche de Jacques Chirac – qui, en pleine affaire Clearstream, provoque l'indignation de l'opposition – arrive donc à point nommé. (→ 23.6)

Le 26, Guy Drut se déclarera « satisfait » et « soulagé » de cette mesure d'amnistie individuelle. Il a été de 1995 à 1997 ministre délégué à la Jeunesse et aux Sports.

Michelin

Zoom

L'histoire de cette entreprise familiale commence en 1889, quand les frères André et Édouard Michelin, reprenant l'affaire créée par leur grand-père et spécialisée dans la fabrication de patins de freins pour bicyclette, décident de fonder la société Michelin et Cie à Clermont-Ferrand, ville dont leur nom sera dès lors indissociable. En 1891, ils mettent au point le premier pneumatique démontable avec chambre à air pour bicyclette. Le succès est immédiat. Le célèbre Bibendum, emblème de Michelin, est créé en 1898, deux ans avant le non moins fameux guide rouge. Aujourd'hui numéro 1 mondial du pneumatique avec près de 20 % du marché, Michelin est une multinationale qui est implantée dans 19 pays, où elle emploie environ 130 000 personnes réparties sur quelque 70 sites.

La mer emporte un grand patron d'industrie

Audierne, vendredi 26 • P-dg du grand groupe familial fabricant de pneumatiques, Édouard Michelin (*13.8.1963) est mort dans un accident de bateau au large de l'île de Sein. Il était parti pêcher avec Guillaume Normant, marin pêcheur et président du Comité des pêches d'Audierne, à bord du *Liberté*, un fileyeur-ligneur. La mer était bonne, mais la visibilité mauvaise du fait de la brume. L'alerte ayant été donnée à 14 heures, son corps a été retrouvé vers 16 heures. L'épave du *Liberté*, en revanche, ne sera repéré, gisant au fond de l'eau, que dimanche matin, le corps de Guillaume Normant restant pour sa part introuvable. Une enquête judiciaire sera ouverte demain pour essayer de déterminer les causes du drame qui s'est produit dans une zone réputée dangereuse. Père de six enfants, Édouard Michelin, ingénieur de l'École centrale, avait rejoint en 1985 le groupe familial, qu'il dirigeait depuis 1999. Ainsi que le prévoit la structure juridique de Michelin, Michel Rollier, cogérant en exercice, assurera la continuité de la direction du groupe.

Sa disparition a suscité une grande émotion à Clermont-Ferrand (ici, devant le siège de Michelin).

Le Saint-Père à Auschwitz

Birkenau, dimanche 28 • « Seigneur, pourquoi es-tu resté silencieux ? » Une émotion visible étreignait Benoît XVI lorsqu'il a prononcé en italien son discours au camp de Birkenau, au terme d'un voyage de quatre jours en Pologne. Quelques instants auparavant, à trois kilomètres de là, il avait visité le camp d'Auschwitz où il s'était recueilli dans la cellule du prêtre polonais Maximilien Kolbe, exécuté par les nazis et canonisé par Jean-Paul II en 1992. Ovationné ce matin par près d'un million de fidèles à Cracovie, le souverain pontife a toutefois jeté un certain froid à Birkenau. « Je viens aujourd'hui comme un fils du peuple allemand [...], un fils de ce peuple sur lequel un groupe de criminels a pris le pouvoir par de fallacieuses promesses de grandeur future », a-t-il déclaré. Ce qui, dans ce contexte, revenait à exonérer les Allemands d'une responsabilité collective dans l'extermination des Juifs par les nazis. (→ 14.9)

À Birkenau, Benoît XVI prononce une prière en allemand avant de prononcer un discours dont le contenu sera controversé.

Thierry Ardisson est entré dans la valse des animateurs

Paris, dimanche 28 • Le marché des transferts des présentateurs et animateurs de télévision n'a plus rien à envier à celui des footballeurs ! On apprenait il y a peu que Benjamin Castaldi quittait M6 pour TF1. Anne-Sophie Lapix suivra le même chemin. Marc-Olivier Fogiel passera pour sa part de France 3 à M6. Thomas Hugues et Laurence Ferrari, de TF1, officieront respectivement sur M6 et sur Canal +, et Stéphane Bern ira de Canal + à France 2. Thierry Ardisson, quant à lui, sommé, du fait d'une clause d'exclusivité, de choisir entre son émission sur France 2 et son contrat avec Paris Première, déclare dans une lettre ouverte adressée aujourd'hui par voie de presse à Patrick de Carolis, président de France Télévisions, qu'il refusait de renoncer à la chaîne câblée. Il quittera donc le service public.

« Le problème, c'est que tu changes les règles au milieu du match », écrit notamment Thierry Ardisson à Patrick de Carolis à propos de la règle d'exclusivité imposée par celui-ci.

Le 59e Festival de Cannes

Cannes, dimanche 28 • Il ne se trouvait guère de festivaliers pour contester le choix du jury présidé par le cinéaste chinois Wong Kar-wai. En attribuant la palme d'or à *Le vent se lève*, il a récompensé une œuvre et un homme. L'œuvre évoque avec rigueur et sensibilité la lutte du peuple irlandais pour son indépendance, après la Première Guerre mondiale, et la terrible guerre civile, beaucoup moins connue du public, qui a immédiatement suivi. Quant à son auteur, le cinéaste britannique Ken Loach, il voit enfin reconnu médiatiquement un talent que les cinéphiles, eux, admiraient depuis près de quarante ans ! Face à cette fresque politique et humaine, *Flandres* du Français Bruno Dumont était évidemment d'un abord plus difficile, sinon ingrat. Mais c'est le mérite des jurés que d'avoir eu le courage de lui décerner le grand prix du jury. Car *Flandres* est un film important par la profondeur avec laquelle il aborde le problème du mal, montrant sa résolution à travers cette épreuve initiatique que peuvent être la guerre et ses horreurs. Le reste du palmarès est dominé par les prix d'interprétation qui, cette année, ont été distribués collectivement aux comédiennes de *Volver*, de l'Espagnol Pedro Almodóvar, et aux comédiens d'*Indigènes*, du Français Rachid Bouchareb. À la remise de leur prix, Jamel Debbouze et ses copains ont entonné *Le Chant des Africains*, cet hymne officieux des coloniaux enrôlés dans l'armée française pendant la Seconde Guerre mondiale.

Les volontaires de l'IRA et les vertes collines de l'Irlande dans Le vent se lève *de Ken Loach.*

Ci-contre : Adélaïde Leroux et Samuel Boidin dans Flandres *de Bruno Dumont. Le cinéaste avait déjà reçu le grand prix du jury en 1999 pour* L'Humanité.

Ken Loach

Né le 17 juin 1936, le cinéaste britannique Ken Loach a dès ses premiers films porté un regard attentif et compatissant sur les enfants, les marginaux et la classe ouvrière. De Pas de larmes pour Joy *(1967) à* Sweet Sixteen *(2002) en passant par* Family Life *(1971),* Riff Raff *(1991) ou* Raining Stones *(1993), il a aussi exprimé une sensibilité politique véhémente, portée à la dénonciation du capitalisme. Ses convictions libertaires sont éclatantes dans* Land and Freedom *(1995), sur la guerre d'Espagne.*

Les clandestins africains affluent sur les îles espagnoles

Îles Canaries, lundi 29 • À bord de onze barques à moteur venant du Sénégal, de Mauritanie et de Gambie, pas moins de 732 émigrants ont débarqué aujourd'hui dans l'archipel espagnol. Un chiffre record pour une seule journée. Depuis le début de l'année, ils sont déjà près de 9 000 à avoir abordé ces îles sur des embarcations de fortune ; ils n'étaient « que » 4 715 pour toute l'année 2005. Le nombre de malheureux disparus en mer, lui, est impossible à établir. L'Espagne, qui vient d'annoncer la régularisation de 700 000 clandestins, fait face à une vague d'immigration sans précédent. Sollicités par le gouvernement de José Luis Rodríguez Zapatero, plusieurs pays européens, dont la France, ont accepté d'envoyer, dans le cadre de l'Agence européenne des frontières (Frontex), des patrouilles aéronavales de surveillance des côtes afin d'intercepter les embarcations de clandestins. (→ 11.8)

Ségolène Royal affronte Nicolas Sarkozy sur son terrain

Bondy (Seine-Saint-Denis), mercredi 31 • Les déclarations de Ségolène Royal lors d'une conférence de presse vont semer le trouble à gauche. Le sujet ? La sécurité, un thème cher au ministre de l'Intérieur Nicolas Sarkozy qui, selon la députée des Deux-Sèvres, a échoué dans sa gestion du malaise des banlieues. Prônant une politique « beaucoup plus ferme », celle-ci a proposé, entre autres, le « renforcement de la présence d'adultes » dans les écoles, la mise en place d'« internats éducatifs » destinés aux élèves perturbant les cours ou encore l'« encadrement militaire » des délinquants de plus de 16 ans. Au PS, si certains soutiennent ces propos musclés, d'autres ne cachent pas leur indignation, tel Dominique Strauss-Kahn, un adversaire potentiel de Ségolène Royal à l'investiture socialiste, qui déclarera : « On a un Sarkozy dans ce pays, pas besoin d'en avoir deux. » (→ 7.6)

En bref Mai

France

France, jeudi 4
Sortie en librairie du premier manuel franco-allemand d'histoire, destiné aux élèves de terminale : *L'Europe et le monde depuis 1945* (Nathan/Klett).

France, mercredi 10
Entrée en vigueur de l'étiquette-énergie (de A à G) sur les voitures neuves à la vente. Action phare du plan Climat 2004-2012, elle informe les acheteurs sur les émissions de CO_2 et la consommation de carburant.

Vancouver, jeudi 11
La justice canadienne rejette la demande de libération conditionnelle de la Française Nathalie Gettliffe, accusée d'avoir enlevé en 2001 ses deux enfants à leur père canadien. La jeune femme, enceinte de cinq mois, est incarcérée depuis le 11 avril. (→ 5.7)

Paris, jeudi 11
Les forains et gens du cirque se mettent en grève pour la première fois de leur histoire afin de protester contre leur délocalisation en périphérie des villes.

Paris, vendredi 12
La cour d'assises d'appel condamne Robert Mégel, ex-directeur du centre éducatif pour mineurs des Tournelles, à 12 ans de prison pour viols et agressions sexuelles sur deux anciens pensionnaires.

Arbas (Haute-Garonne), mardi 16
Lâcher d'une troisième ourse slovène : Hvala (« merci ») a 5 ans et pèse 100 kilos. (→ 26.8)

Île-de-France, lundi 22
La Carte orange, utilisée depuis 30 ans dans les transports en commun franciliens, passe à l'ère numérique avec Navigo, une carte à puce mauve.

Toulouse, mercredi 31
La société Total-Grande Paroisse est mise en examen en tant que personne morale pour homicides et blessures involontaires dans l'enquête sur l'explosion de son usine AZF le 21 septembre 2001 (30 morts).

Paris, mercredi 31
Le professeur Pierre Pellerin, 82 ans, est mis en examen pour « tromperie aggravée » dans le cadre de l'enquête sur le passage du nuage de Tchernobyl au-dessus de la France en 1986.

Union européenne

Bruxelles, mercredi 3
La Commission européenne suspend ses négociations avec la Serbie en vue d'un accord d'association. Belgrade avait jusqu'au 30 avril pour arrêter et livrer au TPI le général Ratko Mladic, toujours en fuite.

Luxembourg, mardi 30
La Cour européenne de justice juge illégal l'accord entre l'UE et les États-Unis qui organisait, au nom de la lutte antiterroriste, le transfert aux USA de données sur les passagers des compagnies aériennes. (→ 6.10)

International

Jérusalem, jeudi 4
La Knesset investit le gouvernement de coalition d'Ehoud Olmert sur un programme de retrait partiel de Cisjordanie et de maintien des blocs de colonies.

Varsovie (Pologne), vendredi 5
Entrée des nationalistes ultracatholiques de la Ligue des familles polonaises et des populistes antilibéraux de Samoobrona dans le gouvernement conservateur de Kazimierz Marcinkiewicz. (→ 10.7)

Erbil, dimanche 7
Quinze ans après avoir acquis son autonomie vis-à-vis de Bagdad, le Kurdistan irakien se dote de son premier gouvernement unifié : Nijirvane Barzani (PDK, Parti démocratique du Kurdistan) occupe le poste de Premier ministre et Omar Fattah (UPK, Union patriotique du Kurdistan) est nommé vice-Premier ministre.

Las Vegas, dimanche 7
La chanteuse canadienne Céline Dion dévoile sa statue de cire au Caesars Palace, où elle donne ce soir la 500e représentation de son show *A New Day*.

Bangkok, lundi 8
La Cour constitutionnelle thaïlandaise invalide les élections législatives du 2 avril, infligeant un camouflet au Premier ministre sortant Thaksin. (→ 19.9)

Rome, mercredi 10
Le Parlement italien élit le communiste Giorgio Napolitano, 80 ans, à la présidence de la République. Il succède à Carlo Azeglio Ciampi. (→ 17)

Londres, jeudi 11
Selon un rapport parlementaire, les attentats terroristes du 7 juillet 2005 étaient inévitables du fait du manque de moyens flagrant des services de renseignements.

N'Djamena, dimanche 14
Le président tchadien Idriss Déby, au pouvoir depuis 1990, est proclamé vainqueur de la présidentielle du 3 mai où il a obtenu 77,53 % des voix. (→ 8.8)

Moroni, dimanche 14
L'islamiste modéré Ahmed Abdallah Sambi est élu président de l'Union des Comores (océan Indien) avec 58,27 % des suffrages.

Rome, lundi 15
Piaggio, inventeur du Vespa en 1946, présente le MP3, un scooter révolutionnaire à trois roues, dont deux à l'avant, pour plus de stabilité et de sécurité.

Washington, lundi 15
George W. Bush décide de déployer 6 000 soldats de la garde nationale le long de la frontière avec le Mexique afin d'endiguer le flux d'immigrants illégaux. (→ 4.10)

Washington, lundi 15
Les États-Unis rétablissent des relations diplomatiques complètes avec la Libye, rompues en 1980.

New York, mercredi 17
Le Conseil de sécurité des Nations unies adopte la résolution 1680 qui appelle la Syrie à établir des relations diplomatiques avec le Liban et à délimiter leur frontière commune. Damas dénonce aussitôt une ingérence dans ses affaires intérieures.

Katmandou, jeudi 18
Le Parlement népalais réduit les prérogatives du roi Gyanendra en lui retirant le contrôle de l'armée et son pouvoir de nommer le gouvernement. (→ 10.6)

Bagdad, samedi 20
Investiture du gouvernement irakien d'union nationale formé par le Premier ministre Al-Maliki. Trois ministères clés restent à pourvoir : l'Intérieur, la Défense et la Sécurité nationale. (→ 8.6)

Washington, mardi 23
Dans un enregistrement sonore, Oussama Ben Laden assure que Zacarias Moussaoui n'a joué aucun rôle dans les attentats du 11 septembre 2001.

Alger, mercredi 24
Le président algérien Bouteflika nomme le secrétaire général du FLN Abdelaziz Belkhadem au poste de Premier ministre après la démission d'Ahmed Ouyahia.

Athènes, samedi 20 • Lordi, un groupe finlandais de heavy metal, crée la surprise en remportant le concours Eurovision de la chanson.

Walvis Bay (Namibie), samedi 27
Naissance de Shiloh Nouvel, fille de l'actrice Angelina Jolie et de son compagnon, Brad Pitt.

Yogyakarta, samedi 27
Un séisme de magnitude 6,3 frappe l'île indonésienne de Java, faisant 6 234 morts, 46 000 blessés et 200 000 sans-abri. (→ 17.7)

Kaboul, lundi 29
Violentes émeutes antiaméricaines et anti-Karzaï après la mort de plusieurs civils afghans lors d'un accident de la route provoqué par un véhicule militaire américain. Bilan : 12 morts et plus de 100 blessés.

New York, mardi 30
Selon le rapport de l'Onusida, la pandémie semble avoir atteint un pic. Elle progresse toutefois en Europe de l'Est et en Asie, et touche 24,5 millions de personnes en Afrique subsaharienne. Signalé pour la première fois il y a 25 ans, le virus a depuis infecté 65 millions de personnes et fait plus de 25 millions de morts.

Économie

France, lundi 1er
Hausse de 5,8 % des tarifs de Gaz de France.

Londres, lundi 8
Apple Corporation perd son procès contre Apple Computer. La justice britannique rejette la plainte du label des Beatles contre l'utilisation, par la firme informatique de Steve Jobs, du logo à la pomme dans le domaine musical.

Paris, mercredi 10
Gérard Mulliez, 75 ans dont 45 passés à la tête d'Auchan, cède la présidence du 2e distributeur français à son neveu Vianney Mulliez.

Autun, lundi 15
Le groupe DB Apparel, propriétaire des marques Dim et Playtex, annonce la suppression de 450 emplois en France et la fermeture du site de Château-Chinon.

Paris, jeudi 18
Le groupe Air France-KLM annonce un bénéfice net annuel en hausse de 29,3 %, à 913 millions d'euros, malgré les cours élevés du pétrole.

Houston, jeudi 25
Kenneth Lay et Jeffrey Skilling, ex-dirigeants du courtier en énergie Enron, sont reconnus coupables de fraude et de complot dans le procès sur la faillite retentissante du groupe en 2001. (→ 5.7)

Luxembourg, vendredi 26
Coup de théâtre dans la sidérurgie. L'européen Arcelor et le russe Severstal annoncent leur fusion pour donner naissance au n°1 mondial de l'acier et contrer l'OPA hostile du géant indien Mittal. (→ 25.6)

Paris, mercredi 31
Le fonds d'investissement américain Starwood Capital vend la maison de champagnes Taittinger au Crédit agricole du Nord-Est pour 660 millions d'euros.

Sports

Eindhoven (Pays-Bas), mercredi 10
Le club espagnol du FC Séville bat les Anglais de Middlesbrough 4-0 en finale de la Coupe de l'UEFA.

Tours, dimanche 14
Laure Manaudou repart des Championnats de France de natation en grand bassin avec huit titres nationaux, cinq records de France et un record du monde du 400 m, établi le 12 en 4 min 3 s 3/10. (→ 6.8)

Saint-Denis, mercredi 17
Le FC Barcelone bat Arsenal 2-1 en finale de la Ligue des champions de football.

Genève, mercredi 17
L'athlète américain Justin Gatlin égale, en 9 s 77/10, le record du monde du 100 m messieurs, détenu par le Jamaïcain Asafa Powell. (→ 29.7)

Cardiff (pays de Galles), samedi 20
Les Irlandais du Munster battent le Biarritz Olympique en finale de la Coupe d'Europe de rugby (23-19).

Madrid, mardi 23
Arrestation de Manolo Saiz, directeur sportif de l'équipe Liberty Seguros, lors d'une opération antidopage dans le cyclisme espagnol. 200 coureurs ibériques et étrangers sont soupçonnés de pratiquer des transfusions sanguines. (→ 30.6)

Milan, dimanche 28
L'Italien Ivan Basso remporte le Tour d'Italie cycliste.

Auxerre, lundi 29
Jean Fernandez, ancien entraîneur de l'OM, succède à Jacques Santini à l'AJ Auxerre (L1).

Décès

Moscou, mercredi 10
Alexandre Zinoviev (*29.10.1922), écrivain russe et ancien dissident soviétique.

New York, jeudi 11
Floyd Patterson (*4.1.1935), boxeur américain, ancien champion du monde des poids lourds.

Pau, mardi 16
André Labarrère (*12.1.1928), figure historique du PS et maire de Pau depuis 1971.

Genève, lundi 22
Lee Jong-wook (*12.4.1945), directeur général sud-coréen de l'Organisation mondiale de la santé.

Paris, mardi 23
Max Meynier (*30.1.1938), animateur radio.

Paris, mardi 23
Philippe Amaury (*6.3.1940), p-dg du groupe de presse du même nom (*Le Parisien*, *L'Équipe*).

Paris, mercredi 24
Claude Piéplu (*3.5.1923), comédien français.

Tokyo, mardi 30
Shohei Imamura (*15.9.1926), cinéaste japonais.

Juin

Lu	Ma	Me	Je	Ve	Sa	Di
			1	2	3	4
5	6	7	8	9	10	11
12	13	14	15	16	17	18
19	20	21	22	23	24	25
26	27	28	29	30		

Il prenait les mots de tous les jours et jonglait avec pour en faire un monde gouverné par le hasard et l'absurdité. Décédé le 15 juin, Raymond Devos était un enchanteur qui laissait percer une profonde mélancolie. Ses monologues resteront inoubliables.

Renzo Piano

Né le 14 septembre 1937 à Gênes, Renzo Piano s'est imposé comme le maître de l'architecture high-tech. Influencé par le Français Jean Prouvé, il a acquis une célébrité internationale en réalisant avec Richard Rogers le Centre national d'art et de culture Georges-Pompidou, à Paris (1977). Aujourd'hui à la tête de cabinets à Gênes, à Paris et à Berlin, il a signé des travaux aussi divers que la restauration des anciens arsenaux de La Canée, en Crète (1985), le terminal de l'aéroport du Kansai à Osaka (1994) ou le Centre culturel kanak de Nouméa (1998).

Jeudi 1er, à Lyon, le maire PS Gérard Collomb inaugure l'amphithéâtre du centre de congrès de la Cité internationale, dernière « touche » apportée par l'architecte italien Renzo Piano à un ensemble dont les travaux ont commencé en 1985, pour un coût global de 600 millions d'euros. Située entre le Rhône et le parc de la Tête d'Or, la Cité internationale est une véritable ville de 224 000 m² installée dans la capitale des Gaules et organisée autour d'une voie piétonne intérieure.

Civils irakiens massacrés

Londres, jeudi 1er • La BBC a diffusé ce soir une vidéo montrant les cadavres de 11 civils irakiens, dont 5 enfants et 4 femmes, tués par des soldats américains le 15 mars dernier à Ishaqi, au nord de Bagdad. Ces images, communiquées à la BBC par la guérilla sunnite, contredisent formellement la version officielle selon laquelle les victimes seraient mortes dans l'écroulement de leur maison. Ce jeudi est décidément un mauvais jour pour le Pentagone. Le *Washington Post* a révélé en effet que l'enquête sur la mort de 24 autres civils irakiens (dont 3 enfants et 7 femmes) le 19 novembre 2005 à Haditha, au nord-ouest de Bagdad, s'orienterait sur un massacre délibéré. La compagnie de marines qui l'a perpétré aurait par la suite maquillé les faits.

Antoine Zacharias chassé de Vinci

Paris, jeudi 1er • Les conseils d'administration des grandes entreprises sont un monde impitoyable ! Ce qui s'est passé chez Vinci est en tout cas digne des meilleurs thrillers entrepreneuriaux de Hollywood. P-dg de Vinci dont il a fait le numéro 1 mondial du BTP (devant Bouygues), Antoine Zacharias avait convoqué son conseil d'administration pour limoger Xavier Huillard, le directeur général présenté pourtant comme son dauphin. Mais le courant ne passait plus entre les deux hommes, c'est le moins que l'on puisse dire. Ils ne se parlaient plus, ce qui ne laissait pas de poser quelques problèmes de gestion et de management… Il est vrai que l'austère et rigoureux Huillard n'avait pas caché les sentiments que lui inspiraient les méthodes d'enrichissement personnel de son patron : un patrimoine évalué à 250 millions d'euros et un salaire annuel supérieur à 4 millions. Mais ce qui a déclenché la crise, c'est son exigence de se faire attribuer une prime de 8 millions pour son rachat réussi des Autoroutes du sud de la France. Du coup, ce n'est pas Huillard qui s'est trouvé en posture d'accusé au conseil d'administration, mais bien Zacharias lui-même : les administrateurs l'ont remercié et remplacé par le délégué général de Suez (et administrateur de Vinci), Yves-Thibault de Silguy, 57 ans.

Antoine Zacharias, 67 ans, avait fait en 2000 de la vieille SGE (Société générale d'entreprises), créée en 1899, le groupe Vinci.
À droite : Xavier Huillard.

Paris à l'heure de New York

Paris et New York, jeudi 1er • Euronext (qui gère les Bourses de Paris, Amsterdam, Bruxelles et Lisbonne) et le New York Stock Exchange (NYSE) annoncent leur fusion. La valeur des entreprises cotées par cette nouvelle entité atteindrait 27 000 milliards de dollars. Mais les réactions à cette annonce sont d'autant plus réservées en France que le NYSE aura la majorité dans le conseil d'administration. Pour Ernest-Antoine Seillière, président de la Confédération des entreprises européennes, cette idée que les Américains « vont devenir les maîtres des marchés financiers européens » donne « un sentiment d'échec pour la construction européenne ». De son côté Thierry Breton, le ministre de l'Économie, a dit qu'il exercerait une « étroite surveillance » sur cette fusion très critiquée par les Allemands.

Les deux gauches péruviennes

Lima, dimanche 4 • C'était gauche contre gauche, du moins en apparence. Au premier tour de la présidentielle péruvienne, Alan García, le candidat du vieux parti de gauche APRA, avait fait second avec 24,33 % des voix, loin derrière son principal rival, le nationaliste Ollanta Humala (30,62 %). Ce dernier, ancien officier d'origine indienne, disposait d'une solide base populaire. À la tête de sa formation Union pour le Pérou qui, le 9 avril dernier, avait remporté les élections législatives, Humala a développé un discours indigéniste, antilibéral et anti-américain proche de celui du Bolivien Evo Morales ou du Vénézuélien Hugo Chávez, celui-ci lui apportant un soutien peut-être trop appuyé. Ce que le fin politicien qu'est Alan García a su exploiter au second tour. Pourtant, Alan García n'avait pas laissé que de bons souvenirs. Déjà président de la République en 1985-1990, il avait plongé le Pérou dans une crise économique sans précédent, avec un taux d'inflation record. Mais la droite conservatrice (dont la candidate Lourdes Flores était arrivée troisième au premier tour) ayant appelé à faire barrage à Humala en votant García, ce dernier l'a emporté avec 52,63 % des voix contre 47,34 % pour son adversaire.

À gauche : Ollanta Humala, 42 ans, a reconnu son échec tout en rappelant que son parti était majoritaire au Parlement… À droite : Alan García, 57 ans, a cinq ans pour réussir.

Mogadiscio conquise par les islamistes

Mogadiscio, lundi 5 • Après quatre mois de combats, la capitale de la Somalie est sous le contrôle des tribunaux islamiques, dont les milices s'étaient emparées hier de la ville clé de Balad, à 30 km. Malgré l'aide financière de Washington, les chefs de guerre qui tenaient Mogadiscio sont en fuite ou se sont repliés sur Jowhar, le prochain objectif des islamistes. Ces derniers, à qui l'on prête des liens avec Al-Qaida, ne dissimulent pas leur intention de s'imposer à toute la Somalie et d'y instaurer la charia. Mais les habitants de Mogadiscio paraissent pour la plupart prêts à l'accepter si elle signifie un retour à l'ordre et à la paix dans un pays abandonné au chaos depuis 1985, sans gouvernement réel depuis 1991 et dont les structures administratives ont disparu. En outre, les chefs de guerre, réunis au sein de l'Alliance pour la restauration de la paix et contre le terrorisme (ARPCT), se sont discrédités par leurs trafics et par leur mépris de la population. Il est difficile d'établir un bilan précis des combats pour la capitale : on parle de près de 400 morts et 2 000 blessés. (→ 24)

Jeudi 8, arrivée à La Réunion de Raphaëla Le Gouvello. Partie le 9 avril d'Australie, elle a traversé en solitaire l'océan Indien en planche à voile : une première pour une femme. Raphaëla, 45 ans, avait vaincu l'Atlantique en 2000, la Méditerranée en 2002 et le Pacifique en 2003.

Zoom

L'humalisme

La doctrine politique sur laquelle s'appuie Ollanta Humala est une forme de populisme. Son fondement est l'ethnocacérisme, une idéologie formulée par le propre père d'Ollanta, Isaac Humala, et qui associe assez curieusement l'héritage ethnique des Incas au nationalisme moderne symbolisé par le maréchal Cáceres, héros de la guerre qui opposa le Pérou au Chili, au XIXe siècle. L'« humalisme » n'est donc pas un simple indigénisme. Hostile à la démocratie représentative classique, il n'est pas sans offrir quelque ressemblance avec des courants plébiscitaires tels que le bonapartisme, le péronisme, voire le gaullisme (dont se prévaut volontiers Humala). L'« humalisme » est enfin un « vélasquisme » : le modèle véritable du lieutenant-colonel Ollanta Humala reste le général Juan Velasco Alvarado qui, de 1968 à 1975, instaura la dictature pour engager le Pérou dans la voie du socialisme.

La SNCF mise en accusation

Toulouse, mardi 6 • C'est une première qui devrait faire jurisprudence. Le tribunal administratif de Toulouse a en effet condamné l'État et la SNCF à verser à la famille du député européen Alain Lipietz 41 000 et 21 000 euros respectivement pour le transfert dans des wagons à bestiaux à Drancy, en avril 1944, de Georges Lipietz, le père du député Vert, de son demi-frère, de sa mère et de son beau-père. Arrêtés par les Allemands en tant que Juifs, ils avaient été remis aux autorités françaises qui les ont fait transporter par la SNCF dans des conditions « incompatibles avec la dignité de la personne humaine » selon le tribunal. Ayant eu la chance, grâce à la Libération, de ne pas être déporté en Allemagne, Georges Lipietz (décédé depuis) avait fait une demande d'indemnisation en 2001. La responsabilité de la SNCF dans le mécanisme de la déportation a été reconnu. Elle a interjeté appel.

Le projet du PS pour 2007

Paris, mercredi 7 • Le bureau national du Parti socialiste a adopté cette nuit son projet pour l'élection présidentielle de 2007. Tous les candidats à la candidature, notamment Ségolène Royal, Laurent Fabius et Dominique Strauss-Kahn, ont dit y trouver leur compte. Le vote, quasi unanime, a cependant été précédé de débats souvent houleux, en particulier autour de certaines propositions « hérétiques » de la présidente de Poitou-Charentes sur les questions de sécurité. Le projet met clairement l'accent à gauche en matière de protection sociale, de revalorisation salariale et de défense de l'emploi. Mais c'est sur les institutions qu'il est incontestablement le plus novateur. Soucieux de rendre son pouvoir au Parlement, le PS veut supprimer certaines prérogatives du chef de l'État, abolir l'article 49-3 de la Constitution, introduire une dose de proportionnelle aux législatives et instaurer la responsabilité pénale du président de la République. (→ 27.8)

Les Américains ont eu la peau de Zarkaoui

Bagdad, jeudi 8 • Ce n'était évidemment pas une oraison funèbre, mais l'instant avait quelque chose de solennel. Entouré de l'ambassadeur des États-Unis à Bagdad, Zalmay Khalilzad, et du général George Casey, le commandant des forces américaines en Irak, le Premier ministre Nouri Al-Maliki a annoncé à la presse la mort du leader de la guérilla sunnite, Ahmed Fadel Nazzal Al-Khalayleh, plus connu sous le nom de guerre d'Abou Moussab Al-Zarkaoui. L'homme le plus recherché du monde avec Ben Laden a été tué hier dans un raid aérien, dans une maison au nord-est de Bagdad, avec sept membres de son réseau dont Abdel Rahman, considéré comme son guide spirituel. C'est un renseignement venu de l'intérieur du réseau lui-même qui aurait permis de « cibler » la maison, sur laquelle deux F-16 américains ont tiré deux bombes, dont une GBU-12 guidée par laser. Le corps de Zarkaoui a été formellement identifié par ses empreintes digitales. (→ 12)

Un soldat américain présente à la presse une photo du cadavre d'Abou Moussab Al-Zarkaoui, prise après le raid.

Lahoud est-il le faussaire ?

Paris, vendredi 9 • L'affaire Clearstream s'emballe. Le 2, Jean-Louis Gergorin, au terme d'une garde à vue de 48 heures à la division nationale des investigations, a été mis en examen pour « dénonciation calomnieuse » et « faux et usage de faux ». L'ancien numéro 2 d'EADS a confirmé aux juges (il l'avait déjà révélé à la presse) être l'auteur des courriers anonymes envoyés au juge Van Ruymbeke en 2004 et contenant les listings mettant en cause des personnalités. Lesquels listings se sont révélés falsifiés. En revanche, Gergorin, laissé libre sous contrôle judiciaire, n'a pas révélé l'identité de sa « source ». Celle-ci, le juge Van Ruymbeke en est absolument convaincu, ne peut être que l'informaticien Imad Lahoud, engagé en 2004 par EADS et qui aurait été l'auteur des falsifications. Un témoignage est venu le 7 confirmer cette version des faits : celui d'un ancien auditeur, Florian Bourges, qui avait conservé un double de son travail chez Clearstream. Ayant contacté le journaliste Denis Robert, auteur de plusieurs livres chocs sur l'affaire Clearstream (la parution du dernier, prévue hier, a été reportée), il avait, en 2003, été présenté par celui-ci à Lahoud, qui avait fait une copie de ses fichiers. Mis en examen aujourd'hui, Imad Lahoud nie pour sa part les faits qui lui sont reprochés. (→ 19)

Comme Jean-Louis Gergorin, Imad Lahoud a été mis en examen pour « dénonciation calomnieuse » et « faux et usage de faux ».

Vendredi 9, la 18e Coupe du monde de football, organisée en Allemagne, débute à Munich. Cet événement planétaire qui finira le 9 juillet compte parmi ses symboles cet énorme ballon, conçu par l'artiste autrichien Andre Heller et présenté depuis décembre 2003 dans les 12 villes (ici à Berlin) où auront lieu les matchs. (→ 20)

Les obus israéliens sont tombés sur une famille palestinienne

Ramallah, samedi 10 • C'est dans un contexte particulièrement dramatique que le président de l'Autorité palestinienne, contre l'avis du Hamas qui en dénonce l'illégalité, a annoncé l'organisation le 26 juillet, si les circonstances le permettent, d'un référendum sur le document élaboré par des prisonniers palestiniens en Israël. Selon Mahmoud Abbas, le vote de ce document, qui préconise une reconnaissance implicite d'Israël, mettrait le Hamas, majoritaire au Conseil législatif, dans une position intenable et l'obligerait à composer avec le Fatah pour gouverner. Or, le parti islamiste se trouve renforcé dans son intransigeance vis-à-vis d'Israël par la tragédie qui s'est produite hier à Gaza. Ce vendredi, jour de repos en terre d'islam, Ali Ghaliya, ses deux épouses et leurs sept enfants pique-niquaient sur la plage de Soudania lorsque deux ou trois obus tirés par la Marine israélienne se sont abattus sur eux : Ali Ghaliya, l'une de ses épouses et cinq de ses enfants ont été tués sur le coup, le bombardement faisant également une quarantaine de blessés. Une caméra a filmé l'un des rescapés, la petite Houda Ghaliya, 10 ans, hurlant de douleur en découvrant le cadavre de son père. Ces images, diffusées par la télévision palestinienne, ont eu un impact immédiat dans le monde arabe, mais aussi en Israël même où cette « bavure » a été violemment dénoncée dans le quotidien *Maariv*. Dans un geste très politique, Mahmoud Abbas a adopté la petite Houda. (→ 29)

François Bayrou renvoie dos à dos la gauche et la droite

Issy-les-Moulineaux, samedi 10 • Depuis qu'il est à la tête de l'UDF, en 1998, François Bayrou a certes souvent affirmé sa volonté de bâtir un parti en mesure de s'émanciper de la droite. Cette volonté a trouvé son expression dans les scrutins qui ont eu lieu depuis, Bayrou n'acceptant que rarement les alliances avec l'UMP. Mais en cette période où l'échéance de 2007 occupe tous les esprits, le président de l'UDF semble décidé à passer la vitesse supérieure. Après avoir, en mai, soutenu pour la première fois une motion de censure du PS, il a aujourd'hui, à l'occasion du conseil national de son parti, clamé sa volonté d'en finir avec l'« apartheid droite-gauche ». En appelant à l'union des « réformistes et civiques de tous les camps » et en employant un vocabulaire plus vif qu'à l'ordinaire, il a exprimé son désir de « donner un coup de pied au cul au système » et son intention de faire une « révolution civique ». Avant de décocher quelques flèches à l'attention de ses adversaires présidentiables, Nicolas Sarkozy et surtout Ségolène Royal.

François Bayrou s'est engagé, s'il est élu président en 2007, à « former un gouvernement avec des personnalités de qualité, d'où qu'elles viennent ».

Outreau : le juge sera jugé

Paris, samedi 10 • À affaire exceptionnelle, décision exceptionnelle… Hier, l'inspection générale des services judiciaires publiait un rapport dans lequel elle estimait que, malgré de « très nombreuses insuffisances » de la part des magistrats dans l'affaire d'Outreau, il n'y avait pas lieu d'engager des poursuites disciplinaires. Contre la tradition qui veut que les avis émis par l'inspection soient suivis, le ministre de la Justice Pascal Clément a annoncé aujourd'hui sur Europe 1 qu'il avait décidé de saisir le Conseil supérieur de la magistrature sur les responsabilités du juge Fabrice Burgaud et du procureur Gérald Lesigne. Cette décision, bien accueillie par les acquittés d'Outreau, ne fait pas l'unanimité dans le monde judiciaire. Le Syndicat de la magistrature dénonce notamment « la tentation de chercher des boucs émissaires ». Quant à Patrick Maisonneuve, l'avocat de Fabrice Burgaud, il a souhaité que le débat ait lieu dans la transparence, et il a précisé que son client « n'a rien à craindre de cette audition ». Le ministre a aussi annoncé une réforme de la justice avant 2007. (→ 5.9)

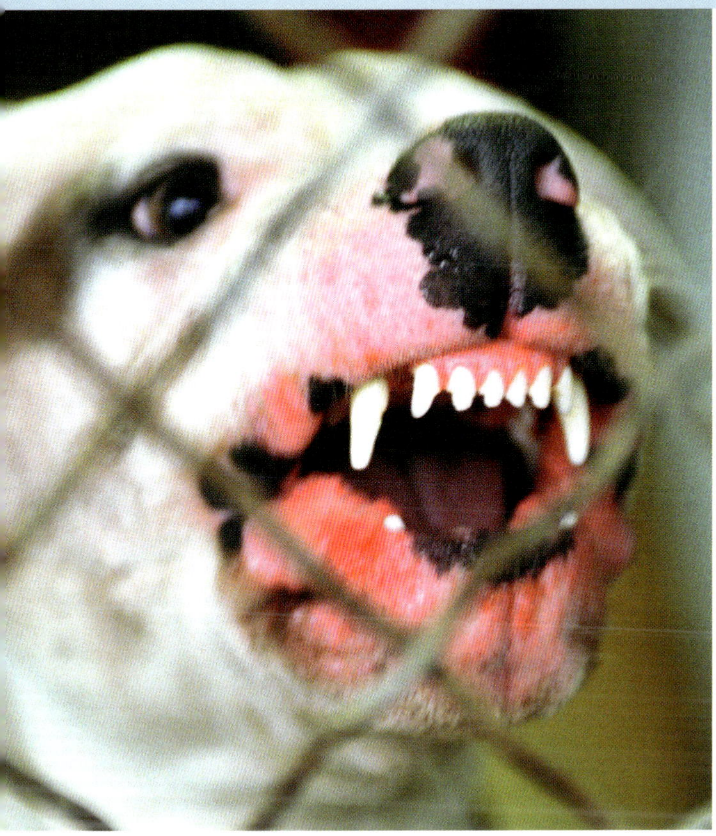

Mesures contre les chiens féroces

France, lundi 12 • On assiste ces derniers jours à une triste série de six agressions par des chiens dangereux. Deux d'entre elles furent mortelles : le 31 mai, en Seine-Maritime, un enfant de 8 ans était tué par un bullmastiff, comme le sera, le 9 juin, une fillette de 17 mois, en Seine-Saint-Denis, par un american staffordshire. Face à ces drames, Nicolas Sarkozy a exigé de la part des préfets une vigilance accrue sur le terrain à l'égard des molosses et de leurs maîtres, et la stricte application de la loi du 6 janvier 1999 sur les chiens dangereux, donnant notamment la possibilité d'abattre les animaux agressifs. En outre, les forces de l'ordre seront mieux équipées pour la capture des chiens féroces.

La France compte 80 000 chiens à risques, dont 9 000 sont des chiens d'attaque, comme ce staffordshire.

Enfants sans papiers : aide au retour doublée

Paris, mardi 13 • Nicolas Sarkozy a adressé aux préfets une circulaire concernant les enfants sans papiers scolarisés en France. Par rapport à l'annonce qu'avait faite le 6 juin le ministre de l'Intérieur, l'aide au retour sera doublée, soit 7 000 euros par couple, plus 2 000 euros par enfant jusqu'au troisième et 1 000 euros à partir du quatrième enfant. Quant à l'admission au séjour, elle concernera les enfants scolarisés au moins depuis septembre 2005, nés en France ou arrivés en France avant l'âge de 13 ans et dont la famille « manifeste une réelle volonté d'intégration ». Dans les deux mois qui viennent, les familles ayant des enfants scolarisés depuis l'année 2005-2006 « sont invitées à se présenter dans les préfectures » pour se voir proposer « une aide au retour exceptionnelle », a précisé le ministre délégué à l'Aménagement du territoire, Christian Estrosi, en présentant la circulaire. En outre, a-t-il ajouté, les préfets « pourront admettre au séjour certaines de ces familles dans l'intérêt des enfants ». (→ 30)

Il y a de l'eau dans le gaz…

Paris, mercredi 14 • Pour Dominique de Villepin, le projet de loi sur l'énergie prévoyant la privatisation de Gaz de France par une réduction des parts de l'État est un enjeu essentiel : si la loi est votée, Suez pourra fusionner avec GDF et échapper à une OPA hostile de l'italien Enel. Si, selon un sondage effectué par TNS-Sofres pour Suez, 57 % des Français sont favorables à ce projet, il n'en va pas de même chez leurs élus. Non seulement l'opposition y est hostile, car redoutant une flambée du prix du gaz, mais cet argument ébranle la majorité UMP elle-même : elle craint de voir se répéter le scénario catastrophe du CPE. Le débat sans vote qui était organisé aujourd'hui à l'Assemblée nationale a bien montré la fragilité de la position de Dominique de Villepin, qui a appelé ses amis politiques à « un peu de courage » et s'est montré décidé à faire voter la loi cet été. Nicolas Sarkozy, de son côté, s'est borné à laisser deviner son scepticisme… (→ 3.10)

Il jouait avec les mots

Saint-Rémy-lès-Chevreuse, jeudi 15 • C'est un grand amoureux de la langue française, souvent qualifié de funambule des mots, qui s'est éteint chez lui, dans les Yvelines, au petit matin. De parents français, Raymond Devos était né le 9 novembre 1922 à Mouscron, en Belgique, deux ans avant la venue de sa famille à Tourcoing. Installé ensuite avec les siens dans la banlieue parisienne, le jeune Raymond, qui veut déjà devenir artiste, est envoyé en Allemagne pendant la guerre dans le cadre du STO. À son retour, il prend des cours de théâtre et de mime, et entre dans la compagnie Jacques Fabbri. Un soir de tournée, à Biarritz en 1956, lui vient l'idée de son premier sketch, *La Mer démontée*. Le succès arrive et les sketches s'enchaînent dans les cabarets où se produit Raymond Devos (qui s'accompagne souvent de nombreux instruments de musique), avant de triompher dans de plus grandes salles. Des sketches dans lesquels, maniant la langue comme nul autre, il savait faire rire de l'absurde de l'existence.

Entre autres récompenses, il avait reçu un Molière d'honneur en 2000 et le grand prix de l'humour de la Sacem en 2001.

Le soupçon pèse sur le patron d'EADS

Paris, vendredi 16 • Le coprésident d'EADS, Noël Forgeard, est sur la défensive, voire sur un siège éjectable. La crise, qui a pris de court les principaux actionnaires du groupe, a commencé mercredi avec une chute de 26,32 % du titre. Principale raison de cette perte de confiance : la révélation des graves problèmes industriels rencontrés par Airbus, la principale filiale d'EADS, avec un nouveau retard annoncé du gros-porteur A380 (les systèmes de câblages seraient défectueux), ceci ajouté au surcoût faramineux généré par la refonte de l'A350 dont Airbus comptait faire son arme principale contre Boeing. Mais la crise n'est pas seulement industrielle. Elle est aussi personnelle. En mars, Noël Forgeard a revendu ses stock-options, réalisant une plus-value de 2,5 millions d'euros, ses trois fils et d'autres dirigeants du groupe faisant de même. En prévision de l'annonce du retard de l'A380 ? Le patron français d'EADS s'est défendu aujourd'hui d'avoir commis un délit d'initié : « C'est un malheureux hasard », a-t-il déclaré. Mais il lui faudra convaincre l'Autorité des marchés financiers. (→ 2.7)

Où est construit l'A380 ?

Zoom

La construction de l'A380 est le fruit d'une coopération industrielle européenne mobilisant des sites répartis en Grande-Bretagne (Filton, Broughton), en Espagne (Getafe, Illescas, Puerto Real), en Allemagne (Buxtehude, Nordenham, Stade, Brême, Hambourg, Varel, Laupheim) et en France (Méaulte, Nantes, Saint-Nazaire, Toulouse-Blagnac, Saint-Éloi). L'assemblage final sera réalisé à Toulouse-Blagnac, dans le site Jean-Luc-Lagardère. Une fois assemblés, les appareils seront envoyés à Hambourg où ils recevront leurs équipements intérieurs et seront peints aux couleurs des compagnies clientes. C'est Hambourg qui assurera les livraisons en Europe et au Moyen-Orient.

La chaîne de montage de l'Airbus A380 à Toulouse. Après sa dégringolade de mercredi à la Bourse, le cours d'EADS a connu une certaine remontée hier et aujourd'hui.

À chaque marée, 700 000 mètres cubes supplémentaires de sédiments se déposent dans la baie où s'élève le Mont-Saint-Michel, qui risquait de n'être bientôt plus une île. Si bien que son désensablement, réclamé depuis plus d'un siècle, était des plus urgents. Le gouvernement a donné, le 16, le coup d'envoi à cet immense chantier qui durera six ans et dont le coût est évalué à 164 millions d'euros environ, dont 79 seront déboursés par l'État.

La Catalogne vote pour une autonomie élargie

Espagne, dimanche 18 • À l'issue d'une campagne émaillée de divers incidents, le référendum organisé en Catalogne pour adopter un nouveau statut d'autonomie élargie de la province a été approuvé à 75 %. Un résultat qui, au vu du fort taux d'abstention (50,6 % des cinq millions d'inscrits n'ont pas voté), n'a pas tardé à déclencher une polémique sur sa validité. La victoire du oui signifie que la province la plus riche d'Espagne, selon les termes du nouveau statut, pourra désormais se considérer comme une vraie nation, dotée de son hymne et de son drapeau, l'usage de la langue catalane devenant un droit et un devoir pour tous les citoyens catalans. Outre ces nouvelles dispositions qui ont donné lieu à de très vifs débats en Espagne entre la gauche au pouvoir et l'opposition, plus centralisatrice, la Catalogne se voit accorder le droit de récolter 50 % des impôts sur le revenu et de la TVA, contre 25 % jusqu'à présent.

135 millions de dollars pour un Gustav Klimt

Los Angeles, lundi 19 • C'est le tableau le plus cher du monde ! Le *Los Angeles Times* annonce ce matin que le magnat des cosmétiques Ronald Lauder a acquis le *Portrait d'Adèle Bloch-Bauer* de Gustav Klimt pour 135 millions de dollars. Ce tableau, que son modèle avait légué à l'État autrichien en 1925, avait été saisi par les nazis. Après la guerre, il avait retrouvé sa destination initiale, la galerie d'art autrichien du Belvédère de Vienne. Mais après une longue procédure, il fut restitué au début de 2006 à une nièce d'Adèle Bloch-Bauer, Maria Altmann, âgée de 90 ans et vivant à Los Angeles. Le jugement en sa faveur a été justifié par le fait que Ferdinand Bloch-Bauer, le mari d'Adèle, avait cassé en 1945 le testament de son épouse. Le *Portrait d'Adèle Bloch-Bauer* acheté à Maria Altmann sera accroché dans le musée privé que Lauder a fondé à New York.

Peint en 1907, le tableau a pulvérisé le record du Garçon à la pipe de Picasso, vendu 104,6 millions de dollars en 2004.

Le 20, à Cologne, lors du match Suède-Angleterre (2-2), le Suédois Marcus Allbäck a inscrit le premier but de son équipe. C'est aussi le 2 000ᵉ de l'histoire de la Coupe du monde. (→ 9.7)

Le musée du quai Branly inauguré

Paris, mardi 20 • Il devait à l'origine s'appeler musée des Arts et des Civilisations d'Afrique, d'Asie, des Amériques et d'Océanie. Finalement, il a pris plus simplement le nom du quai de Seine qu'il longe harmonieusement, à deux pas de la tour Eiffel : le quai Branly. Inauguré ce matin par le président Jacques Chirac, qui depuis 1995 suit le projet avec la plus grande attention, le nouveau musée n'expose pas moins de 3 500 objets. Ceux-ci ont été sélectionnés dans une collection qui compte 300 000 pièces et qui a été constituée à partir de celles du musée des Arts d'Afrique et d'Océanie et du musée de l'Homme, ce dernier ayant cédé, d'ailleurs non sans polémiques, 80 % de son fonds. L'architecture futuriste du bâtiment, qui s'étend sur quelque 40 000 mètres carrés, est l'œuvre de Jean Nouvel, à qui l'on doit déjà, notamment, la Fondation Cartier. Le musée ouvrira au public le 23.

Lors de l'inauguration, Jacques Chirac, ici avec le directeur du musée Stéphane Martin, a souligné « l'égale dignité des cultures du monde » et dénoncé « la prétention de l'Occident à porter seul le destin de l'humanité ». Il a aussi rendu un vibrant hommage à l'ethnologue français Claude Lévi-Strauss, présent à la cérémonie.

Un avocat de Saddam Hussein abattu

Bagdad, mercredi 21 • « Il m'arrivera ce qui doit m'arriver », avait dit à ses amis, qui le pressaient de quitter l'Irak, Mᵉ Khamis Al-Obeidi, l'un des avocats de Saddam Hussein. Enlevé ce matin par des inconnus se faisant passer pour des policiers, il a été retrouvé assassiné près de Sadr City, le faubourg chiite de Bagdad. Depuis l'ouverture du premier procès contre l'ancien président de la République, le 19 octobre 2005, cela porte à trois le nombre d'avocats de la défense assassinés. Dès le lendemain de l'ouverture, Mᵉ Saadoun Janabi, qui défendait l'un des coaccusés du Raïs, Awad Ahmad Al-Bandar, était abattu. Le 8 novembre suivant, c'est Mᵉ Adel Mohammad Abbas, l'avocat d'un autre coaccusé, Taha Yassine Ramadan, qui était tué, son confrère Tamer Hammoud Hadi étant blessé. Deux autres avocats auraient été également blessés selon le Comité de défense de Saddam Hussein. En signe de protestation contre l'assassinat de son conseil, le Raïs a entamé une grève de la faim. (→ 21.8)

Chasseurs de nouvelle génération

Vingt ans presque jour pour jour après son vol initial (4 juillet 1986), le Rafale, avion d'armes multirôle construit par Dassault Aviation, est entré le 27 juin en service dans l'armée de l'air, soit avec dix ans de retard sur le programme d'origine. Mais ce retard semble être le lot de tous les avions d'armes dits de quatrième génération, en raison de leur complexité technique et de leur coût très élevé. Il est vrai que le Rafale, comme ses homologues étrangers, est voué à remplacer à terme, grâce à sa polyvalence, tous les avions de combat actuellement en service en France. Cette polyvalence caractérise aussi son principal concurrent, l'EF-2000 Eurofighter, construit conjointement par l'Allemagne, la Grande-Bretagne, l'Italie et l'Espagne. La France ne s'est pas associée à ce programme européen pour une raison majeure : l'Eurofighter n'offrait pas de version navalisée. En revanche, le Rafale Marine est entré en service il y a deux ans sur le porte-avions *Charles de Gaulle*. Outre leur maniabilité et la sophistication de leur électronique, ces avions biréacteurs sont caractérisés par leur furtivité. Mais sur ce point capital (comme en armement et en rayon d'action), ils sont tous les deux largement surclassés par leur rival américain, le F/A-22 Raptor construit par Lockheed Martin. Le Raptor est aussi plus puissant, mais son coût de 260 millions de dollars le rend pratiquement inexportable, l'US Air Force ayant d'ailleurs réduit sa commande initiale de 648 appareils à 179... L'autre avion d'armes américain de quatrième génération est le Lockheed Martin F-35, auquel sont associés plusieurs pays européens et dont il existe une version à décollage court et atterrissage vertical (ADCAV). Mais ce programme ambitieux (on avait parlé de 5 000 exemplaires lorsqu'il fut lancé) est très controversé au Pentagone et au Congrès. Les autres avions de quatrième génération sont le suédois Saab JAS 39 Gripen (de conception plus modeste), le russe Sukhoi SU-30 MK et l'américain F/A-18 Super Hornet.

Un Eurofighter de la Royal Air Force. Ce biréacteur multirôle européen a effectué son premier vol en Grande-Bretagne en 1994.

Deux Raptor après leur atterrissage. Cet avion d'armes américain surpuissant est reconnaissable à la furtivité de ses lignes.

Contemplez la France du ciel

Paris, vendredi 23 • Jacques Chirac a été aujourd'hui le premier visiteur du géoportail de l'Institut géographique national. Venant concurrencer Google Earth, qui connaît actuellement un grand succès, ce nouveau site Internet (www.geoportail.fr) permet de visualiser gratuitement la totalité du territoire français avec des photos aériennes. Mais, contrairement à son concurrent, dont la qualité des vues est très variable, le site de l'IGN ne présente que des images à haute résolution et des cartes au 1/25 000. Son succès a été foudroyant. À tel point que pendant de longues heures, des milliers d'internautes tentant de s'y connecter n'ont vu s'afficher sur leur écran qu'un message d'erreur.

Mardi 27, les dix premiers Rafale de l'armée de l'air entrent en service opérationnel à l'escadron de chasse 1/7 Provence basé à Saint-Dizier (Haute-Marne), où ils remplacent les Jaguar dont le 1/7 était doté depuis 1972. L'événement a été consacré par une cérémonie présidée par le Premier ministre, Dominique de Villepin, et la ministre de la Défense, Michèle Alliot-Marie.

Une Gay Pride revendicative

Paris, samedi 24 • La désormais traditionnelle Marche des fiertés gay, lesbiennes, bi et trans, plus célèbre sous le nom de Gay Pride, a attiré au moins 800 000 personnes (600 000 selon la police). Dans la perspective de l'élection présidentielle, cette édition, dont le thème était « Pour l'égalité en 2007 », était placée sous le signe des revendications en faveur de nouveaux droits pour les couples homosexuels, notamment en termes d'adoption et de mariage. Plusieurs personnalités de gauche, dont le premier secrétaire du Parti socialiste François Hollande, étaient présentes. Jean-Luc Romero (UMP) était le seul élu de droite à participer au défilé.

Chirac veut regarder Pétain en face

Verdun, dimanche 25 • Pour le 90e anniversaire de la bataille de Verdun, le président de la République a inauguré un monument à la mémoire des combattants musulmans morts pendant la Grande Guerre. Il a aussi prononcé un discours dans lequel il a évoqué la figure du maréchal Philippe Pétain (alors général) : « Un homme a su prendre les décisions qui conduiront à la victoire. Il restera comme le vainqueur de Verdun. Cet homme, c'est Philippe Pétain. Hélas ! en juin 1940, le même homme, parvenu à l'hiver de sa vie, couvrira de sa gloire le choix funeste de l'armistice et le déshonneur de la collaboration. Cette tragédie française fait partie de notre histoire. Nous pouvons aujourd'hui la regarder en face. » La bataille de Verdun (1916) a coûté la vie à 300 000 soldats français et allemands.

Jacques Chirac et Michèle Alliot-Marie se recueillent au cimetière de Douaumont.

Mittal Steel-Arcelor : c'est fait !

Luxembourg, dimanche 25 • Après cinq mois de bataille juridique et boursière, Arcelor a finalement accepté son rachat par Mittal Steel. Cette décision a été prise à l'issue de neuf heures de débats par le conseil d'administration, qui avait déjà, depuis le début de l'année, repoussé deux offres du leader mondial de la sidérurgie. Lequel, bien décidé à faire aboutir l'affaire, avait relevé son prix d'achat de 43 % par rapport à son OPA du 26 janvier. Le conseil d'administration du groupe né de la fusion des deux géants comptera neuf membres d'Arcelor contre six de Mittal. Le p-dg du groupe, qui emploiera quelque 320 000 personnes, devait être Guy Dollé, actuel président du directoire d'Arcelor, qui a farouchement lutté contre cette fusion. Mais dès demain, le groupe fera savoir qu'il sera remplacé. (→ 4.8)

Lakshmi Mittal, p-dg de Mittal Steel, et Joseph Kinsch, président du conseil d'administration d'Arcelor, le 26.

Pour libérer le caporal Gilad Shalit

Gaza, jeudi 29 • Brusque dégradation des relations entre Israël et les Palestiniens. Aujourd'hui, dans la bande de Gaza, les soldats israéliens ont enlevé soixante-quatre responsables du Hamas, dont huit ministres du gouvernement d'Ismaïl Haniyeh et vingt députés du Conseil législatif. Cette rafle sans précédent intervient au plus fort de l'opération « Pluie d'été » lancée par Israël contre Gaza dans la nuit de mardi à mercredi. Une opération de grande envergure, mettant en œuvre 5 000 hommes appuyés par les chars et l'aviation de bombardement. Le détonateur avait été l'attaque dimanche 25, à la frontière, d'un poste israélien par un commando issu des Brigades Ezzedine Al-Qassam, l'aile militaire du Hamas, et de deux autres groupes armés. Lors de ce coup de main, qui a fait quatre morts (deux Palestiniens et deux Israéliens), les Palestiniens avaient capturé le caporal franco-israélien Gilad Shalit. Le cabinet israélien leur avait donné 48 heures pour le relâcher, tandis que les Brigades Ezzedine Al-Qassam exigeaient en échange la libération des femmes et des mineurs détenus dans les prisons israéliennes. L'impasse est totale. (→ 12.7)

Les Israéliens ont frappé les infrastructures : les routes, les centrales électriques ou, comme ici, les ponts.

Guantanamo : les tribunaux sont illégaux

Washington, jeudi 29 • C'est un revers juridique pour George W. Bush. Pour la Cour suprême des États-Unis, les tribunaux d'exception constitués pour juger les terroristes présumés enfermés dans la base de Guantanamo sont illégaux. « L'exécutif est tenu de respecter l'État de droit qui prévaut dans cette juridiction », a précisé la Cour. Par cinq voix contre trois, elle a estimé que le président américain avait « outrepassé ses pouvoirs » et « violé la Convention de Genève sur les prisonniers de guerre ». George W. Bush s'est aussitôt déclaré sensible à l'avis de la Cour et disposé à collaborer avec le Congrès pour sortir du *no man's land* juridique dans lequel sont plongés, depuis plus de quatre ans pour certains, ceux que Washington a qualifiés d'« ennemis combattants », concept flou parfaitement inconnu de la Convention de Genève…

Un coup de balai sur le Tour de France

Strasbourg, vendredi 30 • Les trois grands favoris ne seront pas, demain, au départ du Tour de France. Lequel s'annonçait particulièrement ouvert du fait de la retraite de Lance Armstrong. Cité par la justice espagnole dans une enquête sur un réseau de dopage, l'Allemand Jan Ullrich a été exclu par son équipe T-Mobile, en même temps que son coéquipier espagnol Oscar Sevilla. Le Tour partira aussi sans Ivan Basso, grand espoir du cyclisme italien sur cette Grande Boucle. Pour la même raison, son équipe, CSC, a dû l'écarter. Celui dont l'absence sera le plus regrettée est Alexandre Vinokourov : l'implication dans l'affaire de plusieurs de ses coéquipiers d'Astana-Würth a entraîné le 26 le forfait de toute l'équipe. (→ 23.7)

Ivan Basso quitte le Tour de France par la petite porte avant même d'y être entré !

Les adieux de Serge July à *Libération*

Paris, vendredi 30 • « Le chef d'orchestre que je fus vous dit adieu. Le journaliste que je suis est infiniment triste de ne plus pouvoir écrire ici. Le lecteur que je vais demeurer vous dit à tous au revoir. » Devant sa rédaction émue, le p-dg et cofondateur de *Libération* a confirmé sa démission, remise à la demande d'Édouard de Rothschild, l'actionnaire principal du quotidien. Un actionnaire que July avait fait venir en 2004 et qui, du fait d'un désaccord sur les décisions à prendre pour assurer l'avenir du quotidien, avait posé ce départ en préalable à une recapitalisation. Serge July, qui aura dirigé le quotidien pendant plus de trente-trois ans, a été remplacé à titre transitoire par le journaliste Vittorio de Filippis, actuel gérant de la Société civile des personnels de Libération. Ancien président de *L'Usine nouvelle*, Philippe Clerget est devenu cogérant et directeur général. (→ 4.10)

Serge July

Né le 27 décembre 1942 à Paris, il étudie l'histoire de l'art à la Sorbonne lorsqu'il adhère, en 1963, à l'Union des étudiants communistes. Membre de l'Union nationale des étudiants de France, il se montre très actif durant les événements de mai 1968, année durant laquelle il fonde la Gauche prolétarienne, un groupuscule maoïste qui prône un retour au marxisme-léninisme pur. En 1973, il fonde le quotidien Libération *avec Benny Lévy et Jean-Paul Sartre.*

En bref Juin

France

Monaco, jeudi 1er
Le prince Albert reconnaît officiellement être le père d'une Américaine de 14 ans, Jazmin Grace Rotolo, née d'une liaison avec une serveuse californienne.

Grenoble, vendredi 2
Inauguration de Minatec, le premier pôle européen entièrement dédié aux micro et nanotechnologies.

France, mardi 6
L'homme d'affaires breton Vincent Bolloré lance dans 15 villes *Direct Soir*, premier quotidien gratuit du soir.

Val-de-Reuil (Eure), mercredi 7
Libération conditionnelle de Jean-Marc Deperrois, condamné en 1997 à 20 ans de prison dans l'affaire de la Josacine empoisonnée au cyanure.

France, mercredi 7
Après huit semaines d'absence, *France-Soir* reparaît sous la forme désormais d'un tabloïd à l'anglaise.

Paris, mercredi 7
Le voyagiste Ultramarina et son assureur Axa sont condamnés à verser plus d'un million d'euros de dommages et intérêts à trois touristes français, retenus en otages en 2000 sur l'île philippine de Jolo.

Paris, jeudi 8
Christophe Willem, surnommé « la Tortue », gagne la finale de *La Nouvelle Star* sur M6.

Metz, vendredi 9
Mise en examen du tueur en série Francis Heaulme dans l'affaire du double meurtre de Montigny-lès-Metz (1986), pour lesquels Patrick Dils a passé 16 ans en prison avant d'être innocenté.

Paris, lundi 12
Le Conseil de Paris adopte, malgré l'abstention des Verts, le plan local d'urbanisme (PLU) qui prévoit la construction de nouvelles tours pour résoudre le problème du logement dans la capitale.

Paris, lundi 12
Adoption de la loi de réforme des successions qui vise à accélérer et simplifier le règlement des successions.

Paris, mercredi 14
Les Premiers ministres français et israélien Dominique de Villepin et Ehoud Olmert inaugurent le Mur des Justes où sont gravés les noms de 2 693 Français ayant protégé ou sauvé des Juifs durant l'occupation nazie.

France, jeudi 15
Entrée en vigueur de la nouvelle carte « familles nombreuses », accessible aux familles – y compris recomposées – d'au moins trois enfants et enrichie de réductions auprès d'une vingtaine d'enseignes.

Paris, lundi 19
Dominique de Villepin porte plainte pour diffamation contre trois journalistes – Denis Robert, Jean-Marie Pontaud et Gilles Gaetner – auteurs d'ouvrages sur l'affaire Clearstream. (→ 18.10)

Paris, mercredi 21
Dominique de Villepin « regrette » et « retite » ses propos d'hier sur la « lâcheté » du premier secrétaire du PS François Hollande, un mot à l'origine d'un vif incident à l'Assemblée nationale.

Paris, vendredi 30
Adoption définitive de la loi Sarkozy sur l'immigration choisie, en pleine polémique sur l'expulsion des parents sans-papiers d'enfants scolarisés. Le ministre de l'Intérieur a nommé avant-hier l'avocat Arno Klarsfeld médiateur national dans ce dossier. (→ 11.8)

Sévrier (Haute-Savoie), vendredi 30
Prison à vie pour David Hotyat, reconnu coupable du meurtre des cinq membres de la famille Flactif en avril 2003 dans leur chalet du Grand-Bornand. Alexandra Lefèvre, Stéphane et Isabelle Haremza écopent respectivement de 10, 15 et 7 ans de prison.

International

Santa Cruz, samedi 3
Après la nationalisation du gaz, le président bolivien Evo Morales lance sa « révolution agraire » en attribuant aux petits paysans et Indiens quelque 2,2 millions d'ha de terres appartenant à l'État.

Bagdad, jeudi 8
Le Parlement irakien investit les trois ministres en charge de la sécurité, postes clés du gouvernement qui restaient à pourvoir : la Défense au sunnite Abdel Kader Mohammed Jassem Oubeidi ; l'Intérieur au chiite Jawad Polani ; la Sécurité nationale au chiite Chirwan Al-Waili. (→ 25)

Katmandou, samedi 10
Le Parlement népalais prive le roi Gyanendra de son droit de veto législatif, cantonnant désormais le souverain à une fonction exclusivement protocolaire.

Washington, samedi 10
Polémique sur le camp de détention de Guantanamo après le suicide de trois détenus étrangers, retrouvés pendus dans leur cellule. L'armée américaine parle d'un « acte de guerre » contre les États-Unis. (→ 29)

Bagdad, lundi 12
L'Égyptien Abou Hamza Al-Mouhajir, dit Abou Ayoub Al-Masri, succède au Jordanien Al-Zarkaoui à la tête de la branche irakienne d'Al-Qaida.

Londres, mercredi 14
Fin de la vente aux enchères des bijoux et souvenirs de la princesse Margaret, sœur cadette d'Élisabeth II. Cette vente, qui s'est déroulée sur deux jours chez Christie's, a permis de récolter 20 millions d'euros, destinés à régler les droits de succession.

Washington, jeudi 15
Le Congrès américain apporte son soutien au président Bush en votant une rallonge de 66 milliards de dollars pour la guerre en Irak, et refuse la mise en place d'un calendrier de retrait. Selon le Pentagone, 2 500 soldats américains sont morts en Irak depuis mars 2003.

Rome, vendredi 16
Arrestation du prince Victor-Emmanuel de Savoie, fils du dernier roi d'Italie, accusé d'association de malfaiteurs dans une affaire de corruption et de prostitution.

Frigate Bay (Saint-Kitts), dimanche 18
Victoire des partisans de la reprise de la chasse à la baleine, emmenés par le Japon. La Commission baleinière internationale adopte une résolution jugeant que le moratoire de 20 ans sur la chasse commerciale n'est « plus nécessaire ».

Columbus (Ohio), dimanche 18
L'évêque Katharine Jefferts Schori devient la première femme à diriger l'Église épiscopalienne des États-Unis.

Bagdad, lundi 19
Le Haut Tribunal pénal irakien requiert la peine de mort à l'encontre de Saddam Hussein pour le massacre de Doujaïl dans les années 1980. (→ 21)

Pays-Bas, mardi 20
Transfert de l'ex-président du Liberia Charles Taylor de Freetown à La Haye, où il sera jugé par le Tribunal pour la Sierra Leone, spécialement délocalisé.

Vatican, jeudi 22
Le pape Benoît XVI nomme Mgr Tarcisio Bertone secrétaire d'État du Vatican, en remplacement du cardinal Angelo Sodano.

Mogadiscio, samedi 24
Les tribunaux islamiques, qui contrôlent une partie de la Somalie, se structurent en entité politique en nommant à leur tête Cheikh Hassan Dahir Aweys.

Manly (Australie), dimanche 25
L'actrice australienne Nicole Kidman, ex-Mme Tom Cruise, épouse le chanteur de country Keith Urban.

Bagdad, dimanche 25
Le Premier ministre irakien Nouri Al-Maliki présente au Parlement un plan de réconciliation nationale prévoyant une amnistie pour les rebelles sunnites non impliqués dans des crimes et des actes terroristes.

Liège, mercredi 28
La Belgique sous le choc après la découverte des cadavres de Stacy, 7 ans, et Nathalie, 10 ans, portées disparues depuis le 9 juin. Les deux fillettes ont été étranglées et l'une d'elles violée. (→ 17.7)

Londres, mercredi 28
Selon les comptes officiels de Buckingham, chaque sujet britannique a déboursé 90 centimes d'euro en 2005 pour entretenir la reine.

New York, mercredi 28
Le Monténégro devient le 192e pays membre des Nations unies, moins d'un mois après la proclamation officielle de son indépendance, le 3 juin.

Madrid, jeudi 29
José Luis Zapatero annonce l'ouverture d'un dialogue entre le gouvernement espagnol et l'ETA, trois mois après le cessez-le-feu permanent proclamé par l'organisation séparatiste basque.

La Haye, jeudi 29
Démission du gouvernement néerlandais après la controverse suscitée par la ministre de l'Immigration Rita Verdonk autour de la naturalisation de l'ex-députée d'origine somalienne Ayaan Hirsi Ali.

Koweït, jeudi 29
L'opposition, dominée par les islamistes, remporte les législatives koweïtiennes, premier scrutin ouvert aux femmes, électrices ou candidates. Aucune femme élue.

Économie

France, jeudi 1er
France Télécom regroupe ses marques Orange (téléphonie mobile), Wanadoo (Internet) et MaLigne TV (télé numérique) sous la marque unique Orange.

Paris, jeudi 8
Bercy met en ligne Cyber-Budget, un jeu de simulation permettant aux internautes d'élaborer le budget de l'État puis de le gérer au gré de la conjoncture.

Paris, vendredi 16
L'action Aéroports de Paris clôture à 45,5 euros (+3,4 %) pour son premier jour de cotation en Bourse.

Paris, lundi 19
L'éditeur italien Mondadori rachète pour 545 millions d'euros le groupe Emap France, n° 3 de la presse magazine dans l'Hexagone.

Paris, mardi 20
Le groupe de luxe PPR (Pinault-Printemps-Redoute) cède ses 17 magasins Le Printemps à l'italien Rinascente pour 1,075 million d'euros.

New York, dimanche 25
Le milliardaire américain Warren Buffett fait don de 85 % de sa fortune, évaluée à 35 milliards d'euros, à cinq fondations caritatives, dont celle de Bill Gates.

Sports

Marseille, vendredi 9
Prison avec sursis et forte amende pour l'homme d'affaires Robert Louis-Dreyfus au procès des transferts douteux à l'Olympique de Marseille. Deux ans fermes pour Rolland Courbis, ex-entraîneur du club phocéen.

Saint-Denis, samedi 10
Biarritz bat le Stade toulousain 40-13 en finale du Championnat de France de rugby (Top 14).

Paris, dimanche 11
L'Espagnol Rafael Nadal remporte le tournoi de Roland-Garros face au n° 1 mondial, le Suisse Roger Federer. La Belge Justine Henin s'est imposée hier chez les dames, face à la Russe Svetlana Kuznetsova.

Le Mans, dimanche 18 • Première victoire d'un moteur Diesel aux 24 h du Mans auto : l'Audi R10 TDI, conduite par les Allemands Frank Biela, Marco Werner et l'Italien Emanuele Pirro.

Paris-Bercy, dimanche 18
Le Mans Sarthe Basket devient champion de France de basket ProA en battant le SLUC Nancy 93 à 88.

Lausanne, vendredi 23
Le Français Guy Drut reçoit un blâme mais reste membre du Comité international olympique.

Décès

Paris, jeudi 1er
Claude Terrail (*4.12.1917), propriétaire et président du restaurant parisien La Tour d'Argent.

Long Island, jeudi 1er
Raymond Davis (*14.10.1914), physicien et astronome américain, prix Nobel de physique 2002.

Paris, mardi 6
Léon Weil (*16.7.1896), poilu de la Première Guerre mondiale. (→ 22.9)

Vienne, lundi 12
György Ligeti (*28.5.1923), compositeur autrichien.

Bruxelles, mercredi 14
Jean Roba (*28.7.1930), dessinateur belge, père de Boule et Bill.

Paris, mercredi 21
Jacques Lanzmann (*4.5.1927), écrivain et parolier.

Los Angeles, vendredi 23
Aaron Spelling (22.4.1923), producteur de célèbres séries télévisées américaines.

Juillet

Lu	Ma	Me	Je	Ve	Sa	Di
					1	2
3	4	5	6	7	8	9
10	11	12	13	14	15	16
17	18	19	20	21	22	23
24	25	26	27	28	29	30
31						

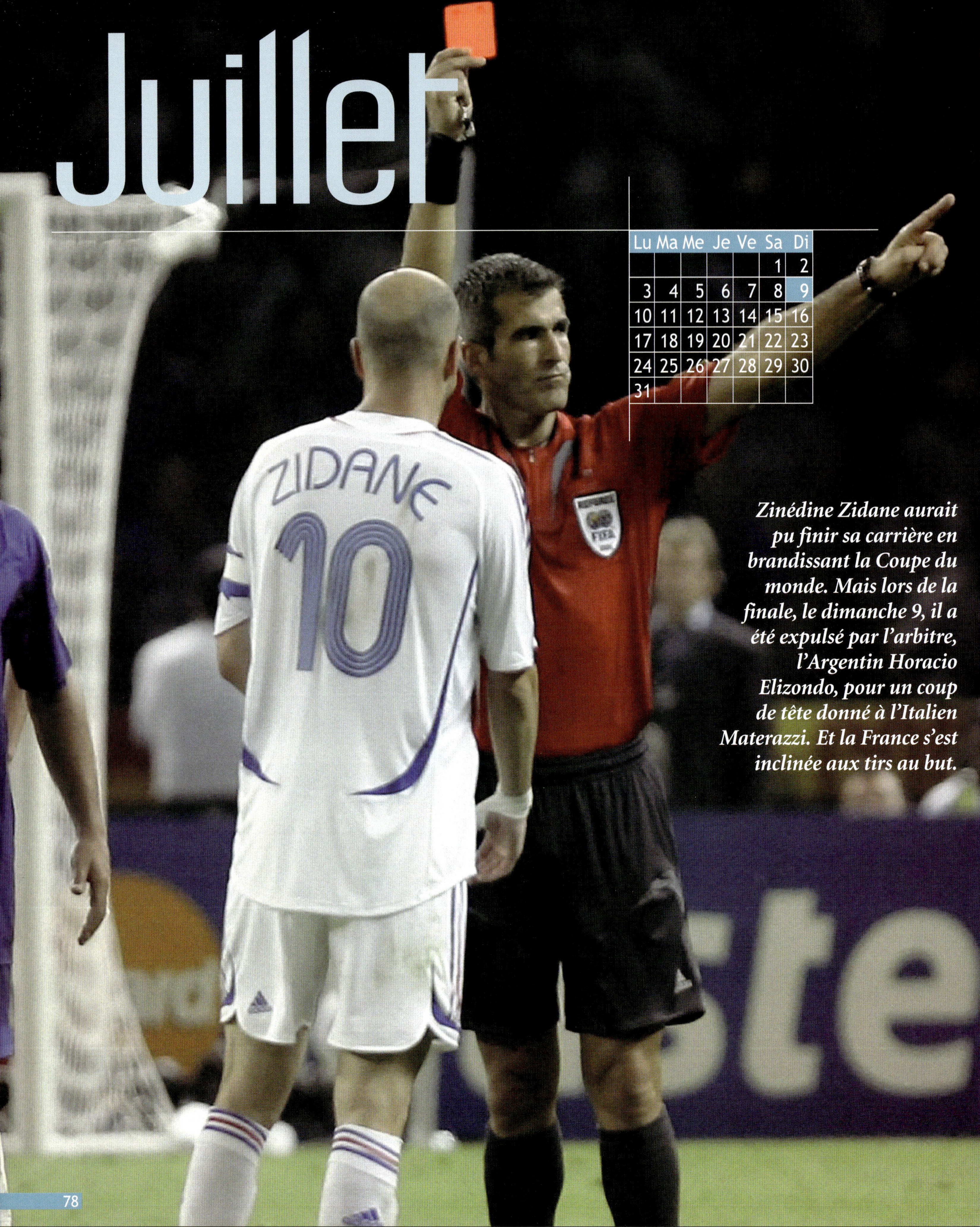

Zinédine Zidane aurait pu finir sa carrière en brandissant la Coupe du monde. Mais lors de la finale, le dimanche 9, il a été expulsé par l'arbitre, l'Argentin Horacio Elizondo, pour un coup de tête donné à l'Italien Materazzi. Et la France s'est inclinée aux tirs au but.

Le train Pékin-Lhassa culmine à 5 072 m

Golmud (Chine), samedi 1er • Il était 11 heures ce matin quand le président chinois Hu Jintao a coupé le ruban rouge qui barrait la voie dans la gare de Golmud (province du Qinghai) et permis au train baptisé « Qing 1 » de partir en direction de Lhassa. Ainsi, avec l'inauguration de ce dernier tronçon, le vieux rêve de Mao est réalisé : relier par chemin de fer Pékin à la capitale de la « région autonome » du Tibet. Cette ligne qui culmine à 5 072 m est désormais la plus haute du monde : « Ce n'est pas seulement un exploit magnifique dans l'histoire chinoise de la construction des chemins de fer, mais également un grand miracle dans l'histoire ferroviaire du monde », a dit non sans emphase Hu Jintao... Les dissidents tibétains, eux, ne sont pas aussi enthousiastes : ils ont manifesté en Inde, à Dharamsala, pour dénoncer une entreprise de « sinisation » de leur pays.

Au moment où le « Qing 1 » quittait Golmud, le « Zang 2 » (ici) s'ébranlait dans l'autre sens depuis Lhassa.

L'avion contre le sida

Paris, samedi 1er • Adoptée le 8 décembre 2005 par l'Assemblée nationale, la taxe sur les billets d'avion préconisée par Jacques Chirac entre en vigueur. Cette taxe, destinée à aider les pays les plus pauvres à acquérir des médicaments (en particulier contre le sida), sera récoltée par les compagnies et gérée par l'Unitaid, organisme international créé à cet effet. Seulement onze pays, eux-mêmes très pauvres pour la plupart (tels le Congo ou le Nicaragua), ont rejoint la France, où la taxe devrait rapporter 200 millions d'euros environ la première année.

Un tribunal pour juger les Khmers rouges

Phnom Penh, lundi 3 • Trente juges, dont dix-sept Cambodgiens et treize étrangers, ont prêté serment. Le tribunal chargé de juger les anciens responsables des Khmers rouges pour génocide et crimes contre l'humanité a été constitué à la suite de longues négociations entre l'ONU et le gouvernement cambodgien, finalisées par un accord scellé le 14 mai 2003. Les principaux accusés, dont la date de comparution n'est pas fixée, sont le numéro 2 du régime, Ta Mok, dit « le Boucher », et « Douch », le commandant du camp de détention de Tuol Sleng. (→ 21)

Nouveau patron pour Airbus

Paris, dimanche 2 • Les retards annoncés dans le programme de l'Airbus A380 et les soupçons pesant sur Noël Forgeard concernant la vente controversée de ses stock-options ne pouvaient se conclure autrement que par un remaniement au sommet. Les trois actionnaires de référence d'EADS, l'État français, Lagardère et l'allemand DaimlerChrysler, ont tranché. Noël Forgeard a remis sa démission et a été remplacé par Louis Gallois à la coprésidence d'EADS (l'Allemand Thomas Enders restant l'autre coprésident). À la tête de sa filiale Airbus, l'Allemand Gustav Humbert paie la crise industrielle qui affecte la construction de l'A380 et cède son siège à un ancien directeur général de Saint-Gobain, Christian Streiff. Réputé pour son indépendance et son autorité, Christian Streiff a beaucoup travaillé avec l'Allemagne à Saint-Gobain. Cette expérience devrait évidemment l'aider dans la gestion « franco-allemande » d'Airbus, surtout si, comme cela est envisagé, la répartition des tâches entre Toulouse et Hambourg est reconsidérée. Beaucoup plus connu du grand public que Christian Streiff, Louis Gallois était jusqu'à aujourd'hui président de la SNCF. (→ 17)

Christian Streiff, 51 ans, est un ingénieur diplômé de l'École nationale supérieure des mines.

Tir de missiles nord-coréens

Pyongyang, mercredi 5 • La Corée du Nord a lancé un défi aux États-Unis en procédant à un tir de missiles balistiques (sept selon les Américains, dix selon les Russes), dont un Taepodong-2 qui s'est abîmé en mer 40 secondes après son décollage. Cet échec ne rassure pas pour autant Washington : le Taepodong-2, quand il sera au point, pourra envoyer une charge d'une tonne à 6 700 km, ce qui mettrait Hawaï et l'Alaska à sa portée. Cette nouvelle « provocation », selon les termes de la Maison-Blanche, consacre la rupture, annoncée en mars 2005, du moratoire par lequel la Corée du Nord s'engageait à suspendre ses tirs. Rupture que Pyongyang justifiait par l'hostilité des États-Unis. Londres, Washington et Tokyo ont aujourd'hui soumis au Conseil de sécurité un projet de résolution sanctionnant la Corée du Nord, mais la Chine et la Russie sont loin d'y être acquises. (→ 9.10)

Le Mexique en deux

Mexico, jeudi 6 • « C'est une rupture de l'ordre constitutionnel. » C'est en ces termes menaçants que le candidat du Parti de la révolution démocratique (PND), Andrés Manuel López Obrador, a accueilli l'officialisation, par l'Institut fédéral électoral, de sa défaite à l'élection présidentielle mexicaine qui s'est déroulée dimanche. Au soir du scrutin, son rival de droite Felipe Calderón, le candidat du Parti d'action nationale (PAN), l'avait devancé dans les sondages, mais de si peu que tous les deux s'étaient déclarés vainqueurs. Aujourd'hui, les résultats officiels confirment ces sondages : 35,89 % des voix pour le candidat du PAN, 35,31 % pour celui du PND, soit un écart de 0,58 point. Pour López Obrador, la victoire de son adversaire est entachée de fraudes, et il a appelé ses électeurs à descendre dans la rue samedi pour exiger du Tribunal fédéral électoral un nouveau décompte des voix. Lequel a jusqu'au 6 septembre pour se prononcer. Le Mexique paraît bien coupé en deux : les législatives qui se tenaient également le 2 ont confirmé la légère avance du PAN. (→ 16)

C'était le 5 juillet 1946… Le Français Louis Réart lançait le maillot de bain deux-pièces. Il l'appela « Bikini », du nom de l'atoll où les Américains faisaient alors leurs essais atomiques !

Felipe Calderón, avocat de 43 ans, fête sa victoire. À droite : Andrés Manuel López Obrador, 62 ans, était maire de Mexico.

Bartabas et ses chevaux font l'ouverture du Festival d'Avignon

Avignon, jeudi 6 • C'est à Bartabas que revient l'honneur d'ouvrir la soixantième édition du célèbre et prestigieux festival, rendez-vous annuel des passionnés des planches. Avec *Battuta*, le tout nouveau spectacle de son théâtre équestre Zingaro, il a enthousiasmé le public, lequel l'a acclamé pendant une heure et quart de rappels sous un chapiteau planté dans le domaine dit de Roberty, à dix kilomètres de la ville. Mais demain, le festival, qui s'achèvera le 27, retrouvera la cour d'honneur du palais des Papes, son lieu traditionnel d'ouverture, avec un hommage dansé à Henri Michaux, signé par le chorégraphe d'origine hongroise Josef Nadj, « artiste associé » de cette édition.

Le spectacle de Bartabas est inspiré de la culture rom des Balkans.

Bartabas

Personnage à la biographie quelque peu mystérieuse, Clément Marty, alias Bartabas, se passionne très jeune pour les chevaux. En 1984, il fonde le théâtre équestre Zingaro, avec lequel il invente une nouvelle forme de spectacle mêlant l'équitation à la danse et à la musique. Installé en 1989 au fort d'Aubervilliers, Zingaro connaît le succès en France et à l'étranger. En 2003, Bartabas a aussi créé l'Académie du spectacle équestre dans les Grandes Écuries du château de Versailles.

L'Italie gagne la Coupe du monde de football

Berlin, dimanche 9 • Si les bénéfices records engendrés par la compétition ont de quoi réjouir la Fédération internationale de football association (FIFA), la Coupe du monde qui s'est achevée ce soir sur la victoire de l'Italie contre la France n'aura peut-être pas totalement satisfait les amateurs de beau jeu. Avec seulement 147 buts en 64 matchs (le meilleur marqueur de la compétition étant l'Allemand Miroslav Klose, avec cinq buts), et un nombre inégalé de 345 cartons jaunes et 28 cartons rouges distribués, le spectacle n'était en effet pas toujours au rendez-vous. Toutes les grandes nations du football étaient qualifiées au terme des poules préliminaires. Certaines non sans mal, telle la France, qui après deux matchs nuls peu rassurants contre la Suisse (0-0) et la Corée du Sud (1-1), avait battu le Togo sans briller (2-0). Le huitième de finale contre l'Espagne allait marquer le réveil des Bleus, qui gagnaient après avoir retrouvé leur jeu, un jeu qui, avec un Zidane époustouflant, frisa la perfection en quart de finale, le 1er, contre le Brésil. Restait à vaincre le Portugal en demi-finale, le 5, ce que la France fit, dans la douleur. La veille, l'Italie, qui avait éliminé l'Australie par un penalty de dernière minute avant de battre largement l'Ukraine, avait crucifié l'Allemagne organisatrice dans les dernières minutes des prolongations.

Les Italiens fêtent leur victoire à la fin de la finale. C'est la quatrième fois que l'Italie remporte la Coupe du monde, son dernier sacre remontant à 1982, en Espagne.

Depuis la finale, tout le monde s'interroge sur les raisons du coup de tête qui a valu à « Zizou » de finir sa carrière sur une expulsion. Le 12, s'exprimant sur Canal +, le joueur a dit avoir été insulté avec « des mots très durs [touchant] à la maman, à la sœur ». Il s'est en outre excusé, en particulier auprès des plus jeunes téléspectateurs, sans pour autant renier son geste. (→ 20)

Comment les Bleus ont laissé échapper un second titre

Berlin, dimanche 9 • Comme à Séville en 1982, les tirs au but ont été fatals à l'équipe de France. Zidane a bien, dès la 7e minute, ouvert le score sur penalty après une faute sur Malouda. Mais, sur corner, les Italiens ont égalisé, dès la 19e minute, par Materazzi. Les deux équipes se sont dès lors neutralisées, les Français se montrant cependant plus entreprenants. Les prolongations n'ont rien donné, sinon, à la 110e minute, un véritable cataclysme : Zidane a été expulsé pour avoir donné un coup de tête dans la poitrine de Materazzi. Puis sont venus les tirs au but, où seul David Trezeguet a échoué : la France pleure, l'Italie est championne du monde. (→ 12)

Tableau final

Huitièmes de finale

24 juin - Munich	Allemagne	2
	Suède	0
24 juin - Leipzig	Argentine	2
	Mexique	1
26 juin - Kaiserslautern	Italie	1
	Australie	0
26 juin - Cologne	Suisse	0 (0)
	Ukraine	0 (3)
25 juin - Stuttgart	Angleterre	1
	Équateur	0
25 juin - Nuremberg	Portugal	1
	Pays-Bas	0
27 juin - Dortmund	Brésil	3
	Ghana	0
27 juin - Hanovre	Espagne	1
	France	3

Quarts de finale

30 juin - Berlin	Allemagne	1 (4)
	Argentine	1 (2)
30 juin - Hambourg	Italie	3
	Ukraine	0
1er juillet - Gelsenkirchen	Angleterre	0 (1)
	Portugal	0 (3)
1er juillet - Francfort	Brésil	0
	France	1

Demi-finales

4 juillet - Dortmund	Allemagne	0
	Italie	2
5 juillet - Munich	Portugal	0
	France	1

Finale

9 juillet - Berlin	Italie	1 (5)
	France	1 (3)

Match pour la troisième place

8 juillet - Stuttgart	Allemagne	3
	Portugal	1

Irak : la guerre des religions

Bagdad, dimanche 9 • Les affrontements intercommunautaires en Irak ont atteint un pic de férocité d'autant plus inquiétant que ceux qui s'en sont rendus coupables ont agi à visage découvert, sans rencontrer d'opposition de la part des forces de sécurité. En réponse à l'attaque, hier, d'une mosquée chiite d'Al-Jihad, quartier résidentiel à l'ouest de Bagdad, des miliciens revêtus de l'uniforme noir de l'Armée du Mahdi du leader chiite Moqtada Al-Sadr sont revenus sur les lieux, ont dressé des barrages, arrêté la circulation et froidement assassiné 57 sunnites, dont des femmes et des enfants, au simple vu de leurs papiers d'identité. Le cycle des vengeances et des représailles semble avoir pris un tournant que le gouvernement irakien, pourtant multiconfessionnel, ne semble guère en mesure de stopper et dont les Américains ne sont plus que les spectateurs. (→ 18)

Les frères jumeaux se partagent la Pologne

Varsovie, lundi 10 • La Pologne est désormais entre quatre mains qui n'en font probablement que deux… Le président de la République Lech Kaczynski a nommé son frère jumeau Jaroslaw Kaczynski au poste de Premier ministre pour remplacer Kazimierz Marcinkiewicz, démissionnaire depuis vendredi soir. Entre le président et son Premier ministre, les dissensions se faisaient de plus en plus vives. Le premier reprochait au second une approche trop libérale des questions économiques et prenait de plus en plus ombrage de sa popularité. Dès sa nomination, Jaroslaw Kaczynski, qui est aussi le chef du très conservateur parti Droit et Justice (PiS) et l'homme fort du « couple », a annoncé une réorientation nationaliste de la politique polonaise. Sur la chaîne de télévision TVN24, Lech Walesa n'a pas caché sa préoccupation. (→ 3.8)

Le vendredi 14, Lech Kaczynski (à gauche) adoube Jaroslaw Kaczynski.

Le mystère Bassaev

Ingouchie, lundi 10 • Chamil Bassaev a reçu un « châtiment mérité ». Vladimir Poutine a ainsi salué la disparition du chef indépendantiste tchétchène, tué dans l'explosion d'une bombe au passage de son véhicule, dans la petite république d'Ingouchie, limitrophe de la Tchétchénie. Beaucoup de questions restent cependant sans réponse. La mort de Bassaev est-elle due à une action préparée des forces russes, comme l'affirme le Kremlin ? Ou a-t-elle été provoquée par une explosion accidentelle, selon la version des indépendantistes tchétchènes ? Par ailleurs, bien des zones d'ombre entourent la personnalité du responsable de la tuerie de l'école de Beslan, en Ossétie du Nord, en septembre 2004. Tuerie qui l'avait largement discrédité, même auprès de Tchétchènes peu suspects de sympathie pour Moscou. Né le 14 janvier 1965, Chamil Bassaev aurait en effet été recruté par la CIA en Afghanistan au début des années 1990, puis aurait lié un temps son sort aux services secrets russes, notamment en Géorgie pour aider les sécessionnistes d'Abkhazie, avant de se jeter dans la guerre contre la Fédération de Russie.

La tête de Chamil Bassaev avait été mise à prix 10 millions de dollars.

Les sages ont sauvé les gorges du Verdon

Paris, lundi 10 • Les amis de la nature exultent. Le Conseil d'État a annulé les décrets ministériels autorisant RTE, filiale de transport d'électricité d'EDF, à construire en plein air une ligne à très haute tension (400 000 volts) pour relier Boutre (Var) et Broc-Carros (Alpes-Maritimes). Cette ligne traversant le site protégé des gorges du Verdon, les sages ont jugé que « les atteintes qui seraient portées à la région par l'opération projetée sont telles qu'elles privent cette dernière d'utilité publique ». Le dossier des plaignants était plaidé par Me Corinne Lepage, ministre de l'Environnement de 1995 à 1997.

Terreur en série dans les trains de Bombay

Bombay, mardi 11 • C'est à l'heure de pointe, vers 18 h 30, que sept bombes ont explosé dans des gares et des trains de banlieue de Bombay, la capitale économique de l'Inde. Un premier bilan du carnage fait ce soir état de 186 morts et environ 700 blessés. Les autorités policières de l'État du Maharashtra ont mis immédiatement en cause le Lashkar-e-Taiba, un mouvement islamiste cachemiri basé au Pakistan où il bénéficierait de l'appui discret des services secrets (ISI) d'Islamabad, mais qui a officiellement condamné cette vague d'attentats.

Le Hezbollah

Zoom

Fondé en 1982 par des chiites à la suite de l'invasion du Liban par Israël, le Hezbollah (« Parti de Dieu ») est un parti libanais qui contraste avec la plupart des autres mouvements islamistes par son organisation. Son secrétaire général, Hassan Nasrallah, s'appuie sur trois instances principales : le conseil consultatif, la convention générale, le bureau politique. Les services de sécurité y jouent un rôle important, leur pouvoir s'étendant à tous les niveaux de la hiérarchie. Le Hezbollah agit dans trois directions : politique (il participe au gouvernement), social et militaire (contre l'occupation israélienne au Sud-Liban). L'Union européenne, contrairement aux États-Unis, ne l'a pas classé en tant qu'organisation terroriste.

Hommage national à Alfred Dreyfus

Paris, mercredi 12 • Il y a tout juste un siècle, le capitaine Alfred Dreyfus, victime d'une erreur judiciaire, était réhabilité, douze ans après avoir été arrêté, puis condamné pour haute trahison. Douze ans au cours desquels il connut deux procès, la prison puis le bagne. Douze ans, aussi, durant lesquels, sur fond d'antisémitisme, l'opinion française se déchira sur l'affaire. Cent ans après, si certains réclamaient la « panthéonisation » d'Alfred Dreyfus, c'est une « cérémonie nationale » qui a eu lieu à l'École militaire, là même où le capitaine avait connu l'humiliation d'une dégradation publique le 5 janvier 1895. En présence de nombreuses personnalités, Jacques Chirac, dans un hommage « à l'homme, au soldat et au patriote », a affirmé que sa tragédie, « après avoir divisé le pays [...], a contribué à fortifier la République ».

Plusieurs descendants de Dreyfus (ci-contre) assistaient à la cérémonie, tels ses petits-fils Jean-Louis Lévy et Charles Dreyfus, à gauche de Jacques Chirac (ci-dessus).

Les Israéliens bombardent le Liban

Beyrouth, mercredi 12 • Tandis que l'offensive israélienne se poursuit dans la bande de Gaza, notamment avec des attaques d'hélicoptères et de chasseurs F-16, le Premier ministre Ehoud Olmert a décidé d'ouvrir un deuxième front au Liban. Ce matin, deux soldats israéliens avaient été faits prisonniers dans la zone frontalière par le Hezbollah. Peu après, vers 10 heures, Israël déclenchait une vaste campagne de bombardement afin de « ramener le Liban trente ans en arrière », selon des officiers cités par le prestigieux quotidien de gauche *Haaretz*. Tandis que l'artillerie massée à la frontière pilonnait le Sud-Liban contrôlé par le Hezbollah, l'aviation et la marine procédaient à la destruction systématique des infrastructures du pays. Beyrouth n'a pas été épargnée : l'aéroport international a été bombardé et le siège d'Al-Manar, la chaîne de télévision du Hezbollah, a été touché. Le but de cette opération de grande ampleur est de toute évidence de « casser » le Hezbollah et d'affaiblir l'État libanais. Or, ce soir, les capacités du Parti de Dieu étaient loin d'être anéanties, ses milices ayant tiré en profondeur des salves de roquettes sur différentes localités israéliennes, tandis que la classe politique libanaise faisait front contre cette « agression ». (→ 30)

Leader du Hezbollah depuis 1992, Hassan Nasrallah, 45 ans, a proposé un échange de prisonniers avec Israël.

Annulation du mariage entre Sony et BMG

Bruxelles, jeudi 13 • Le Tribunal de première instance de l'Union européenne a décidé d'annuler la fusion entre Sony Music, une filiale du japonais Sony, et BMG, détenue par le conglomérat allemand des médias Bertelsmann. Une fusion pour laquelle, après l'avoir dans un premier temps jugée incompatible avec le droit de la concurrence, la Commission européenne avait donné son feu vert en 2004. De fait, la coentreprise Sony-BMG fonctionne depuis août 2004 et a ramené de cinq à quatre le nombre des grandes maisons de disques mondiales, quatre majors détentrices de pas moins de 80 % du marché européen. C'est ce qui avait fait réagir Impala, une association internationale regroupant 2 500 sociétés indépendantes de production musicale, qui avait demandé le jugement du Tribunal de première instance, dont la décision risque de compromettre aussi les projets de fusion d'EMI et Warner. (→ 6.9)

Jeudi 13, inauguration du 37e pont de Paris. Conçue par Dietmar Feichtinger, la passerelle Simone-de-Beauvoir relie les XIIe et XIIIe arrondissements.

Le jour J du brut de la Caspienne

Ceyhan (Turquie), jeudi 13 • Cérémonie au terminal de Ceyhan pour l'inauguration officielle de l'oléoduc Bakou-Tbilissi-Ceyhan (BTC) qui achemine le pétrole de la mer Caspienne en traversant l'Azerbaïdjan, la Géorgie et la Turquie. Contrôlé par British Petroleum et soutenu par les États-Unis, cet oléoduc de 1 765 km fera transiter 50 millions de tonnes de brut par an. Ses caractéristiques stratégiques sont doubles : d'une part, enlever à la Russie le contrôle du pétrole de la Caspienne, d'autre part, limiter la dépendance vis-à-vis des pays producteurs du Moyen-Orient. Le rôle du BTC sera d'autant plus important à cet égard qu'il transportera également le pétrole du Kazakhstan. L'oléoduc, en fait, est entré en service le 4 juin, avec le départ de Ceyhan du premier pétrolier chargé de pétrole azerbaïdjanais.

De g. à d. : les présidents turc Ahmed Necdet Sezer, géorgien Mikhaïl Saakachvili et azerbaïdjanais Ilkham Aliev, le Premier ministre turc Recep Tayyip Erdogan et le président de BP, lord John Brown.

La révolution d'été de TF1

Paris, lundi 17 • Pendant l'été, les habitués du journal télévisé de 20 heures de TF1 ne verront pas son présentateur vedette, Patrick Poivre d'Arvor. À partir d'aujourd'hui, il est en effet remplacé par Harry Roselmack, 33 ans : d'origine martiniquaise, il est le premier journaliste noir à présenter le JT le plus regardé de France (plus de 8 millions de spectateurs). L'annonce de son arrivée fait du bruit depuis le mois de mars dernier. Car, s'il y a déjà des journalistes noirs sur France 3 et LCI, il s'agit ici de TF1, la chaîne supposée la plus conservatrice. En outre, l'embauche de l'ex-journaliste de France Info et de i-Télé ayant été décidée peu après que Jacques Chirac avait invité à une meilleure représentativité de la diversité française dans les médias, certains avaient parlé de discrimination positive. Au-delà des polémiques, Harry Roselmack ne tardera pas à conquérir le public, comme le montreront bientôt les sondages.

Après l'été, Harry Roselmack présentera le magazine Sept à huit*, toujours sur TF1, ainsi que le journal télévisé de 18 heures sur LCI.*

Tempête dans le Calcio italien

Italie, vendredi 14 • La Commission fédérale d'appel du Tribunal arbitral du sport transalpin ne s'est pas laissée fléchir par l'euphorie suivant le sacre mondial de la Squadra Azzurra. Après sept jours de délibération, elle a décidé, malgré les pressions, de frapper fort dans l'affaire des matchs truqués qui secoue le football italien. Au cœur du système de corruption visant à influencer la désignation des arbitres et les décisions de ceux-ci durant les matchs, la Juventus de Turin a été le club le plus durement frappé : elle sera reléguée en série B et démarrera la saison avec 30 points de pénalité. En outre, ses titres 2005 et 2006 de champion d'Italie lui sont retirés et son ancien directeur, Luciano Moggi, est suspendu de toute activité sportive pendant cinq ans. Par ailleurs, la Fiorentina et la Lazio de Rome joueront également en série B, avec 12 et 7 points de pénalité. Le Milan AC, enfin, sera certes maintenu en série A, mais avec 15 points de débours. Ce verdict, naturellement, va beaucoup influencer le marché des transferts. (→ 25)

Le témoignage de Sarkozy

France, lundi 17 • C'est évidemment moins un ministre de l'Intérieur qu'un candidat à l'élection présidentielle de 2007 qui s'exprime dans *Témoignage*. Dans ce livre, Nicolas Sarkozy expose toutefois moins son programme que sa vision de la gouvernance : « La volonté est la qualité la plus nécessaire pour régénérer la politique française. » Cette idée de « régénération » est omniprésente dans *Témoignage*, notamment au sujet des institutions : « Nous restons handicapés par un régime politique qui aujourd'hui a besoin d'une modernisation. » Est-ce cette fameuse rupture que Nicolas Sarkozy a si souvent évoquée ? Il souligne aussi la nécessité de réviser le modèle social et de « rompre avec le retard français », tout en marquant ses distances avec le système américain, ce qui rassurera les gaullistes. Assumant son franc-parler, il répète que personne n'oblige ceux qui n'aiment pas la France à y rester, ne fait pas mystère de ses divergences avec Jacques Chirac et ne résiste pas au plaisir d'un petit coup de patte à Dominique de Villepin.

Redécollage de l'A350

Farnborough, lundi 17 • Alors que les turbulences nées du retard pris par la construction de l'A380 sont loin d'être calmées, Airbus fait un pari sur l'avenir en présentant au salon de Farnborough son projet d'A350 revu et corrigé. Le premier projet, présenté l'année dernière au Bourget, avait été très critiqué par les compagnies aériennes, qui le jugeaient très inférieur au Boeing 787 Dreamliner qu'il était destiné à concurrencer. Cette nouvelle version, désignée A350-XWB, est en revanche bien accueillie. Ce long-courrier biréacteur a été repensé de fond en comble, mais son coût a tout simplement doublé : alors que le premier projet nécessitait un investissement de 4 milliards d'euros, celui-ci devrait en requérir huit ! L'A350-XWB sera décliné en trois versions : l'A350-800 (270 passagers), l'A350-900 (314 passagers) et l'A350-1000 (350 passagers), avec une mise en service en 2012 pour l'A350-900, en 2013 pour l'A350-800 et en 2014 pour l'A350-1000. (→ 4.9)

Les deux coprésidents d'EADS (dont Airbus est la filiale), Thomas Enders (à gauche) et Louis Gallois, présentent au célèbre salon britannique de Farnborough le nouvel A350.

Dimanche 16, à Magny-Cours, on attendait la Renault de Fernando Alonso lors du centième Grand Prix de France. Mais c'est Michael Schumacher, sur Ferrari, qui a gagné, signant sa 88e victoire. (→ 10.9)

Tuerie ordinaire en Irak

Irak, mardi 18 • Pas un jour ne se passe en Irak sans son lot de massacres. Après les sunnites l'autre dimanche, ce sont les chiites qui ont été l'objet d'attaques sanglantes. Ce matin à 7 h 30, un kamikaze s'est fait sauter avec sa camionnette devant une mosquée chiite de Koufa, non sans y avoir, avant, fait monter des ouvriers qu'il prétendait embaucher… Bilan très provisoire : une soixantaine de tués et plus de 130 blessés. Hier, on a relevé 48 cadavres sur un marché de Mahmoudiya après l'explosion de plusieurs voitures, suivie de tirs. Avant-hier, un homme s'est fait exploser dans un café de Touz Khormatou après avoir demandé un verre d'eau : 23 morts et 22 blessés. Et ce ne sont là que les attentats les plus spectaculaires… Un rapport de l'ONU publié aujourd'hui donne une idée précise et effrayante de ce qui se passe en Irak. En mai et juin derniers, 5 818 civils ont été tués et 5 672 blessés, ce qui porte à 14 338 le nombre de victimes civiles du 1er janvier au 30 juin 2006, soit une moyenne de 80 morts par jour. Ce qui indiquerait une progression de la violence : la moyenne quotidienne des civils tués en 2004 et 2005 n'était, si l'on ose dire, que de 50 selon le ministère de l'Intérieur irakien. (→ 11.10)

Koufa après l'attentat suicide. C'est à Koufa, haut lieu du chiisme, que le gendre de Mahomet, Ali, fut assassiné en 661.

Des ouvriers polonais réduits en esclavage en Italie

Italie, mardi 18 • Dans la province de Foggia, dans le sud-est du pays, un raid des carabiniers a permis la libération de 113 Polonais retenus prisonniers dans de véritables camps de travail. Vivant dans des conditions confinant à l'esclavagisme, les malheureux présentaient de très visibles traces de sévices corporels. En Italie et en Pologne, la police a procédé à l'arrestation de 26 personnes impliquées dans cette filière de travaux forcés. Les victimes étaient venues en Italie, attirées par la promesse d'y trouver un travail. Ce sont leurs familles restées sans nouvelles en Pologne, et des diplomates polonais en Italie, qui avaient donné l'alerte.

La fragile indépendance du Liban

Né en 1920 au traité de Sèvres lors du démembrement de l'ancien Empire ottoman, le Liban fut placé comme la Syrie sous mandat français, en vertu de la protection que la France accordait traditionnellement à la communauté chrétienne maronite. Les origines historiques du Liban remontent à l'empire phénicien et son nom procède d'un mot cananéen signifiant « blanc », par référence aux neiges qui recouvrent certaines montagnes du pays. Érigé en république par la France en 1926, il acquit son indépendance en 1943 et adhéra à la Ligue arabe en 1945. Tous les problèmes et toutes les crises que le Liban a dû affronter depuis soixante années proviennent de sa difficulté à faire cohabiter des communautés religieuses souvent antagonistes et à maintenir une indépendance entre ces deux puissants voisins que sont la Syrie et Israël. Le pacte national qui, après l'indépendance, consista à répartir les pouvoirs entre les représentants des différentes communautés (le président de la République étant un chrétien et le Premier ministre un musulman) ne résista pas aux tensions intérieures, ces tensions dégénérant en guerres civiles entraînant elles-mêmes des interventions étrangères : les Américains en 1958, les Syriens en 1976, les Israéliens en 1982, une Force intérimaire des Nations unies au Liban (Finul) étant mise en place en 1978. Jouant les factions les unes contre les autres et jouissant du soutien incontestable d'une grande partie de la population musulmane, voire chrétienne, les Syriens se maintinrent dans le pays jusqu'en 2005. L'une des causes majeures de la déstabilisation du Liban fut la présence des réfugiés palestiniens et de leurs organisations, dont l'élimination fut l'objectif de l'invasion israélienne de 1982 : c'est une force internationale qui assura alors l'évacuation de l'OLP et de son chef, Yasser Arafat.

Un pays ravagé depuis 1958 par les guerres civiles et les interventions étrangères.

Les Israéliens continuèrent d'occuper le sud du Liban pour assurer la sécurité de leur frontière, mais ils s'en sont retirés en 2000 sous la pression du Hezbollah, gardant toutefois le contrôle d'une portion du territoire, les « fermes » de Chebaa. La population libanaise se répartit en musulmans (59 %) et en chrétiens (41 %). Les chiites constituent la plus forte communauté musulmane, suivie de près par les sunnites, tandis que les maronites sont de loin la communauté chrétienne la plus importante. Un consensus s'est formé en juillet 2005 autour du Premier ministre Fouad Siniora, qui a réussi à fédérer les différents courants politiques et confessionnels, à la notable exception du chrétien Michel Aoun, dont la position paraît de plus en plus marginale, sinon ambiguë.

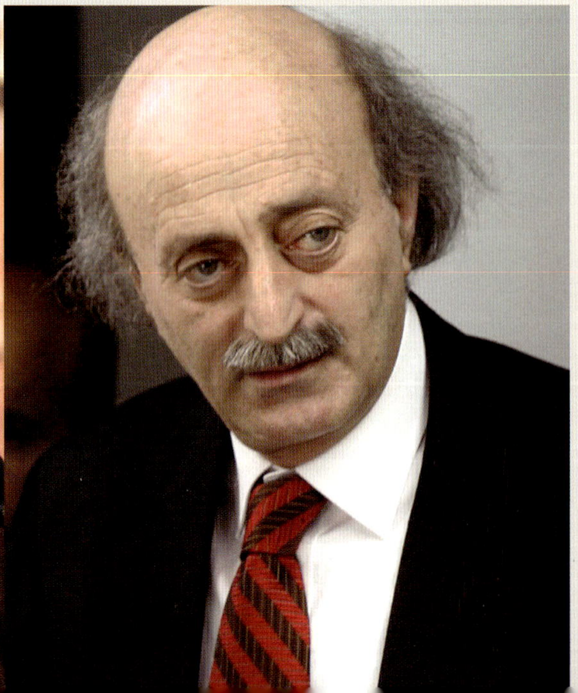

En haut : le général maronite Michel Aoun, qui s'opposa à la Syrie par les armes en 1989. Ci-dessus : le sunnite Fouad Siniora, Premier ministre. Ci-contre : Hassan Nasrallah, secrétaire général du Hezbollah. À droite : Walid Joumblatt, chef de la forte minorité druze, une secte musulmane dont il fit toujours prévaloir les intérêts au gré d'alliances successives.

Coup de boule de Zidane : les sanctions

Zurich, jeudi 20 • On en aurait presque oublié le résultat de la finale de la Coupe du monde, tant le coup de tête de Zidane occupe les médias. On ne compte plus sur Internet les parodies de la scène tandis qu'en France, la chanson *Coup de boule* (« Zidane il a tapé… ») du groupe La Plage est en passe de devenir le tube de l'été. Pour ce qui est de l'affaire à proprement parler, après avoir entendu les deux protagonistes le 13 et le 14, la commision de discipline de la Fifa a rendu aujourd'hui son verdict. Zinédine Zidane a écopé d'une amende de 7 500 francs suisses et de trois matchs de suspension (ce qui ne portera pas à conséquence, Zizou ayant pris sa retraite), le titre de meilleur joueur du Mondial ne lui étant pas retiré. Marco Materazzi, même si la commission a conclu que ses insultes n'étaient pas d'ordre raciste, devra quant à lui verser 5 000 francs suisses et a été suspendu pour deux matchs. (→ 6.9)

L'ultime vadrouille de Gérard Oury

Saint-Tropez, jeudi 20 • Le réalisateur qui avait réussi à faire rire la France entière s'est éteint ce matin à son domicile. Voulant d'abord être comédien, Gérard Oury (*29.4.1919) passe par le cours Simon et le Conservatoire, puis devient pensionnaire de la Comédie-Française. Poursuivant une carrière théâtrale, il multiplie après la guerre les seconds rôles au cinéma, comme dans *La Belle Espionne* de Raoul Walsh (1953), dans lequel il incarne Napoléon Bonaparte… Passé à l'écriture et derrière la caméra, il rencontre le succès avec *Le crime ne paie pas*, en 1961, avant de se lancer définitivement dans la comédie. Son premier triomphe, *Le Corniaud* (1964), avec Louis de Funès et Bourvil, attire 11 millions de spectateurs. En 1966, *La Grande Vadrouille*, avec le même duo, fera 17 millions d'entrées, un record qui ne sera battu qu'en 1998 par *Titanic* de James Cameron. Suivront de nombreuses comédies, souvent couronnées de succès. Gérard Oury, qui avait reçu un César d'honneur en 1993, avait été élu membre de l'Académie des beaux-arts en 1998.

En 1968, Gérard Oury, qui collabora très souvent avec sa fille Danièle Thompson, tournait Le Cerveau, *avec Bourvil et Jean-Paul Belmondo.*

Mercredi 19, les 600 soldats japonais déployés à Samawa, dans le sud de l'Irak, rentrent au pays. C'est la première fois depuis 1945 que le Japon envoyait des hommes hors de son territoire, mais ils ne pouvaient prendre part à des combats.

L'incroyable victoire de Floyd Landis

Paris, dimanche 23 • Un drôle de Tour de France, certes, que celui qui s'est achevé sur les Champs-Élysées avec la victoire finale de l'Américain Floyd Landis. Longtemps la course a été indécise, avec un Floyd Landis se laissant dépouiller bêtement du maillot jaune le 15 juillet par le valeureux Espagnol Oscar Pereiro, s'effondrant littéralement le 19 dans les Alpes et ressuscitant dès le lendemain entre Saint-Jean-de-Maurienne et Morzine, remportant l'étape et refaisant la plus grosse partie de son retard. Un miracle comme il s'en produit rarement sur le Tour de France ! Il ne restait plus au leader de la Phonak qu'à parfaire sa remontée, ce qu'il fera dans le contre-la-montre du 22 : il aura à Paris 57 secondes d'avance sur Pereiro. Au tableau d'honneur, trois victoires d'étape françaises : Jimmy Casper, Sylvain Calzati et Pierrick Fédrigo, et un jour en jaune pour Cyril Dessel dans les Pyrénées. (→ 27)

Floyd Landis, rageur, arrive en vainqueur à Morzine. Il était la veille en complète perdition…

L'égoïsme des pays riches

Genève, lundi 24 • Le coup est très dur pour les pays du Sud les plus pauvres. Ouvertes en 2001 par l'OMC (Organisation mondiale du commerce) dans la capitale du Qatar, les négociations sur la libéralisation du commerce, appelées « cycle de Doha », ont tourné court. Le but de cette opération à moyen terme était de permettre aux agriculteurs des pays pauvres d'exporter leurs produits dans les pays riches sans se heurter au protectionnisme de ces derniers, pourtant tous ardents défenseurs du libéralisme économique… Mais les États-Unis n'ont pas voulu renoncer aux subventions dont bénéficie leur agriculture, et les efforts de l'Union européenne pour baisser ses droits de douane n'ont pas été suffisants. Le multilatéralisme cher à l'OMC risque de faire place à des accords bilatéraux, favorables aux seuls pays développés ou émergents.

Dimanche 23, à Los Angeles, Zuleyka Rivera est élue Miss Univers. Cette Portoricaine de 18 ans a coiffé au poteau la favorite, la Japonaise Kurara Chibana. Ceci explique-t-il cela ? L'élection de Zuleyka Rivera apporte du baume au cœur de la communauté hispanique des États-Unis, où était organisée la finale… C'est la cinquième couronne que remporte Porto Rico, colonie américaine des Caraïbes. La France a eu moins de chance, avec un seul titre en 1953 !

Un plan social qui avait trop bien marché…

France, mercredi 26 • Étrange situation dans l'Hexagone pour le géant américain de l'informatique Hewlett-Packard. Il y a un an, le groupe annonçait 14 500 suppressions d'emplois dans le monde. 1 240 d'entre elles devaient survenir en France. Ce chiffre avait été ramené à 857 en mai, un plan de départs ayant été négocié. Or, il se trouve que les très intéressantes conditions de celui-ci ont séduit beaucoup plus que prévu les salariés, le nombre de candidats au départ s'élevant à 1 393 ! La solution au problème que pose cet écart a été trouvée pour l'une des deux filiales françaises du groupe, HP France : 60 personnes seront embauchées ! Mais la situation semble plus tendue dans la filiale industrielle, HP Centre de compétences France. Si des syndicats exigent un engagement précis portant sur au moins 84 recrutements, la direction, prudente, s'en tient pour l'heure à souligner que les départs s'étaleront jusqu'à la fin 2007 et qu'« il y aura des embauches et des solutions proposées pour la mobilité interne ».

Un bilan de la canicule

France, jeudi 27 • Le 20, lors d'une réunion sur les fortes chaleurs frappant la France depuis dix jours, le gouvernement, qui a activé pour la première fois le plan canicule élaboré après le terrible été 2003, avait demandé à Météo France et à l'Institut de veille sanitaire (InVS) de faire chaque jeudi un point de la situation. Météo France l'a annoncé aujourd'hui, tandis que la canicule s'achève : ce mois de juillet aura été le plus chaud enregistré en France depuis une cinquantaine d'années, avec des températures moyennes de 3 à 4° C supérieures à la normale. Pour sa part, l'InVS a fait état de soixante-quatre décès. Ceux-ci concernent précisément quarante personnes âgées, un enfant, dix personnes de santé fragile, deux SDF, trois sportifs et huit ouvriers de chantier, ces derniers décès, par ailleurs, ayant conduit le ministère du Travail à déclarer qu'il faudrait réfléchir à une adaptation du monde professionnel à la canicule. Ce bilan n'est certes que provisoire. Mais il est sans commune mesure avec celui de l'été 2003, qui avait fait 15 000 morts.

Le 20, à Matignon, le ministre de la Santé Xavier Bertrand déclarait : « Nous avons besoin de rester totalement mobilisés. »

Floyd Landis s'était dopé !

Paris, jeudi 27 • C'est son équipe qui le confirme. La stupéfiante résurrection du coureur américain Floyd Landis dans la 17e étape du Tour de France avait une explication que bon nombre de suiveurs redoutaient : le dopage. Les échantillons d'urine prélevés au soir de cette étape par l'Union cycliste internationale (UCI) et analysés par le Laboratoire national de dépistage du dopage de Châtenay-Malabry ont en effet révélé un taux anormal de testostérone, une hormone mâle agissant sur la puissance et la résistance musculaires. Hier, la formation suisse Phonak à laquelle appartient Landis avait été prévenue par l'UCI. Aujourd'hui, c'est donc elle qui rend la nouvelle publique. En annonçant qu'elle licenciera immédiatement le vainqueur du Tour de France si le dopage est confirmé par une contre-expertise. Landis affirme quant à lui son innocence : « Je n'ai pas d'explication, mais ce n'est pas lié à une source exogène de testostérone. » Il risque une suspension de deux ans et la perte de son maillot jaune. (→ 5.8)

Les Stones enflamment le Stade de France

Saint-Denis, vendredi 28 • Ils devaient se produire au Stade de France le 3 juin et le 2 juillet. Mais les Rolling Stones avaient dû bouleverser leur programme et fusionner les dates de leur tournée « A bigger bang tour » du fait de l'hospitalisation de leur toujours imprévisible guitariste, Keith Richards, lequel, en avril dernier, s'était blessé à la tête, aux îles Fidji, en tombant d'un cocotier. Selon la version officielle, en tout cas… Toujours est-il que les deux dates prévues se sont transformées en un concert unique que le légendaire groupe britannique a donné ce soir devant 89 000 personnes. Débordant d'énergie, les célèbres rockeurs sexagénaires ont enchaîné quelques-uns de leurs plus grands succès, de *Jumpin' Jack Flash* à *Satisfaction*. Un second concert en France de ceux que d'aucuns surnomment, plus ou moins affectueusement, les « papys du rock » est prévu le 8 août à Nice.

C'est en 1962 que les Rolling Stones (ici, Mick Jagger et Keith Richards) ont donné leur premier concert.

La Finul

Zoom

Aujourd'hui placée sous le commandement d'un général français, Alain Pellegrini, la Force intérimaire des Nations unies au Liban (Finul) a été créée par le Conseil de sécurité en mars 1978, à la suite de l'invasion du Sud-Liban par l'armée israélienne en réplique à une opération menée par un commando de l'OLP. Renouvelé tous les six mois, son mandat consistait à sécuriser la frontière en attendant le déploiement de forces libanaises et le retrait des Israéliens. Le retrait israélien ne sera jamais total, et c'est le Hezbollah qui assurera en fait le rôle dévolu à l'armée nationale libanaise. Forte de 4 000 à 5 000 hommes selon les périodes et constituée de contingents de plusieurs pays, la Finul n'a pu jusqu'à présent jouer qu'un rôle d'observation et d'assistance aux populations. Son QG est basé à Naqoura, village côtier à la frontière israélienne.

La résistance du Hezbollah surprend Israël

New York, dimanche 30 • Sous la pression des États-Unis, le Conseil de sécurité s'est borné à « déplorer » le bombardement par l'aviation israélienne de Cana, au sud du Liban, qui aurait fait plusieurs dizaines de victimes civiles. Mais l'ampleur des protestations internationales a contraint le gouvernement d'Ehoud Olmert à décider une suspension de 48 heures des raids aériens afin de permettre aux habitants du Sud-Liban de fuir. Le bilan militaire de l'offensive paraît toutefois assez mitigé du point de vue israélien : un navire de guerre a été gravement touché par le Hezbollah le 14 juillet et les bombardements n'ont pas empêché le Parti de Dieu de tirer des missiles d'une puissance inattendue au-delà même d'Haïfa, le 28. Quant aux combats terrestres, qui se sont développés depuis le 23, ils n'ont pas permis à l'armée israélienne de prendre un avantage décisif. Mais, plus que la résistance imprévue du Hezbollah, c'est le sort de la population libanaise qui met Ehoud Olmert dans une position difficile, malgré l'appui de Washington : plusieurs centaines de civils tués, près d'un million de personnes déplacées, plus quatre hommes de la Finul tués dans l'attaque de leur poste, le 25. (→ 4.8)

Le 17, Dominique de Villepin était à Beyrouth pour veiller à l'évacuation par mer des Français du Liban. Le 26, Jacques Chirac dira qu'« il n'existe pas de solution militaire ».

Le 27, une marée noire souille les côtes du Liban : 10 000 tonnes de pétrole échappées de la centrale électrique de Jiyyeh, bombardée par Israël le 13 et le 15.

Castro remplace Castro

La Havane, lundi 31 • Carlos Valenciaga, secrétaire particulier de Fidel Castro, a fait sensation en lisant sur les chaînes nationales une « proclamation du commandant en chef du peuple de Cuba ». Celui-ci y informe ses compatriotes avoir été victime d'une « crise intestinale aiguë avec un saignement permanent qui m'a obligé à affronter une opération chirurgicale compliquée ». Contraint à se reposer durant plusieurs semaines, le *Lider Maximo* déclare également que, « notre pays se [trouvant] menacé dans des circonstances comme celle-ci par le gouvernement des États-Unis », il a décidé de confier le pouvoir, le temps de sa convalescence, à son frère Raúl. Lequel devient donc, à titre provisoire, président du Conseil d'État et du gouvernement, premier secrétaire du Comité central du Parti communiste et commandant en chef des forces armées révolutionnaires. Déjà, les interrogations vont bon train sur le véritable état de santé de Fidel Castro qui, à bientôt 80 ans, n'avait encore jamais cédé le pouvoir depuis 1959. Quant à Raúl, il reste tout aussi invisible que son frère… (→ 14.8)

Fidel Castro et son frère Raúl, de cinq ans son cadet, qui occupe également la fonction de ministre de la Défense.

L'Otan déployée en Afghanistan

Kandahar, lundi 31 • Le général britannique David Richards se veut optimiste. Commandant en chef des forces de l'Otan en Afghanistan, il se voit pourtant chargé d'une mission difficile, sinon impossible : réussir dans le sud du pays là où les troupes de l'opération « Liberté immuable » (OEF), sous commandement américain, ont échoué, à savoir pacifier des provinces infestées de talibans et livrées aux trafiquants de drogue. Les unités de l'OEF sont en effet transférées aujourd'hui à la Force internationale d'assistance à la sécurité (Isaf) créée par l'Otan, qui a déjà jusqu'à présent en charge la sécurité de Kaboul et du nord de l'Afghanistan. Les quelque 8 000 hommes dont l'Isaf va disposer dans le Sud sont principalement britanniques (pour moitié environ), canadiens et néerlandais. Cela sera-t-il toutefois suffisant ? Selon Sean Kay, un spécialiste américain des questions de sécurité internationale cité par RFI, « l'Otan avait déployé 60 000 hommes en Bosnie pour assurer la paix après la guerre des Balkans »… L'extension du champ d'action de l'Isaf ne fait pas pour autant disparaître l'OEF, qui poursuit notamment ses opérations à l'est, dans les provinces frontalières du Pakistan. Mais d'ores et déjà, la relève dans ces provinces de l'OEF par l'Isaf est envisagée pour la fin de cette année. Rappelons que l'Isaf regroupe actuellement 37 nations différentes. (→ 20.9)

Déjà traduite en plusieurs langues, la chanson de La Plage,** Coup de boule, **évoquant le geste de Zidane sur Materazzi, passe dans la semaine du 22 au 29 en tête des ventes de singles en France. Ses créateurs, (de g. à d.) Franck Lascombes, Sébastien et Emmanuel Lipszyc, ont parodié le tube de Cauet,** Zidane y va marquer, **numéro 2 la même semaine !

En bref Juillet

France

France, samedi 1er
Entrée en vigueur de la taxe additionnelle sur la carte grise pour les voitures les plus polluantes, à savoir celles dont les émissions de gaz carbonique sont supérieures à 200 grammes par kilomètre.

Paris, lundi 3
La conférence de la famille décide de favoriser les solidarités entre les générations en instaurant un congé de soutien familial de trois mois – sans solde – pour les aidants familiaux.

Paris, mardi 4
Dominique Perben signe la charte sur le service minimum garanti dans les transports publics en cas de grève.

Grenoble, mercredi 5
La justice française rend les enfants Gettliffe à leur père canadien. Nathalie Gettliffe est détenue depuis avril au Canada pour les avoir soustraits à son ex-mari. (→ 26.9)

Marseille, jeudi 6
La mairie de Marseille et la communauté musulmane signent un bail emphytéotique pour la construction d'une grande mosquée, pouvant accueillir 5 000 fidèles, sur les anciens terrains des abattoirs dans les quartiers nord.

Paris, mardi 11
Le gouvernement annonce la mise en place pour les ménages à revenus modestes, à compter de 2007, d'une formule ordinateur-ADSL-formation à domicile pour 1 euro par jour sur trois ans, afin de réduire la « fracture numérique ».

Bussy-en-Othe (Yonne), mardi 11
Découverte dans un puits des ossements d'Isabelle Laville, 17 ans, première victime de Michel Fourniret, que le tueur en série présumé a avoué avoir tuée en 1987.

Paris, mercredi 12 • Le ministre de l'Intérieur et président de l'UMP Nicolas Sarkozy inaugure son double de cire au musée Grévin.

Paris, mercredi 12
Gilles de Robien dément les soupçons de « bac au rabais » après le record historique de réussite à la session 2006 : 81,9 % des candidats reçus, soit 0,6 point de mieux qu'en 1968, malgré la forte mobilisation anti-CPE.

France, vendredi 14
Les auteurs de violences conjugales et les auteurs de violences anti-CPE s'ajoutent à la liste des condamnés exclus du décret de grâce présidentiel du 14-Juillet.

Carpentras, vendredi 14
Romane Serda, compagne du chanteur Renaud, donne naissance à un petit garçon prénommé Malone.

Paris, mardi 18
Le vote des militants désigne Dominique Voynet comme candidate des Verts à la présidentielle de 2007. Elle a obtenu 57 voix d'avance sur son rival Yves Cochet.

Casabianda (Haute-Corse), mardi 18
Libération conditionnelle du vétérinaire niçois Jean-Louis Turquin, condamné en 1997 à 20 ans de réclusion pour l'assassinat de son fils de 8 ans, Charles-Édouard, dont le corps n'a jamais été retrouvé.

Paris, jeudi 20
Michèle Alliot-Marie (Défense) transmet à la justice les documents déclassifiés concernant la position des sous-marins de l'Otan dans la zone du naufrage du chalutier breton *Bugaled Breizh*, le 15 janvier 2004. (→ 1.9)

Paris, lundi 24
Le ministère de l'Intérieur ferme neuf salles de prières musulmanes illégales, répertoriées dans les aéroports d'Orly et de Roissy.

Paris, mercredi 26
Le Conseil des ministres prononce la dissolution de la Tribu Ka, un groupuscule noir radical et antisémite.

Les Baux-de-Provence, samedi 29
L'acteur Jean Reno, 58 ans, épouse la comédienne de 35 ans Zofia Borucka, avec pour témoins Nicolas Sarkozy et Johnny Hallyday.

Union européenne

Helsinki, samedi 1er
La Finlande prend pour six mois la présidence tournante de l'Union européenne.

Luxembourg, mardi 11
La Cour européenne de justice juge l'ex-Premier ministre français Édith Cresson coupable de favoritisme quand elle était commissaire de l'UE mais ne prononce aucune sanction financière à son encontre. L'affaire Cresson avait entraîné la chute de la Commission Santer en 1999.

Bruxelles, mercredi 12
La Commission européenne inflige une nouvelle amende de 280,5 millions d'euros à Microsoft pour avoir maintenu ses pratiques d'abus de position dominante condamnées par la Commission en 2004. Le géant informatique américain fait appel.

International

Irak, samedi 1er
Un attentat à la voiture piégée fait 66 morts et près de 120 blessés sur un marché bondé de Sadr City, un quartier chiite déshérité de Bagdad.

La Paz, dimanche 2
Le parti Mouvement vers le socialisme du président bolivien Morales remporte 51 % des sièges à l'Assemblée constituante, sans toutefois obtenir la majorité des 2/3 requise pour réformer la Constitution. (→ 6.8)

Banjul (Gambie), dimanche 2
Le président sénégalais Abdoulaye Wade annonce, lors du sommet de l'Union africaine, que l'ex-président tchadien Hissène Habré, dont la Belgique réclame l'extradition pour crimes contre l'humanité, sera jugé au Sénégal, pays où il est réfugié depuis 1990.

Espagne, lundi 3
42 morts et 39 blessés dans le déraillement d'une rame de métro à Valence. La vitesse excessive est en cause.

Charlotte (Caroline du Nord), lundi 3
Inculpation de Steve Green, un ancien GI de 21 ans, soupçonné d'avoir violé une Irakienne et de l'avoir tuée ainsi que trois membres de sa famille en mars près de Mahmoudiya.

Bratislava, mardi 4
Entrée en fonctions du gouvernement slovaque de coalition alliant les socialistes de « Smer », victorieux aux législatives du 17 juin, les populistes et l'extrême droite.

Caracas, mardi 4
Le Venezuela devient officiellement le 5e membre du Mercosur (marché commun latino-américain) qui réunit le Brésil, l'Argentine, l'Uruguay et le Paraguay.

Gangtok, jeudi 6
Après 44 ans de fermeture, la Chine et l'Inde rouvrent la Route de la soie passant par le col frontalier himalayen de Nathu La, permettant la reprise sur cette frontière des échanges commerciaux terrestres entre les deux pays.

Irkoutsk (Sibérie), dimanche 9
128 morts dans le crash d'un Airbus A310 russe de la compagnie Air Sibir lors de sa manœuvre d'atterrissage.

Rome, mardi 11
Le père Federico Lombardi, directeur de Radio-Vatican, succède à l'Espagnol Joaquin Navarro Valls, membre de l'Opus Dei, comme porte-parole du Vatican.

Mexico, dimanche 16
Répondant à l'appel à la « résistance civile pacifique » lancé par le candidat de la gauche Andrés Manuel López Obrador, près d'un million de manifestants réclament un nouveau décompte des bulletins de vote de la présidentielle mexicaine du 2 juillet. (→ 5.9)

Bruxelles, lundi 17
Inculpation d'Abdallah Ait Oud, meurtrier présumé des fillettes Stacy et Nathalie, retrouvées fin juin à Liège.

Pangandaran, lundi 17
Un tsunami, causé par un séisme sous-marin de magnitude 7,7, frappe la côte sud-ouest de l'île indonésienne de Java, faisant 547 morts et 465 blessés. 323 personnes sont portées disparues.

Washington, mercredi 19
La fondation Bill et Melinda Gates annonce un don de 287 millions de dollars afin d'aider 165 chercheurs de 19 pays à collaborer pour trouver un vaccin anti-sida.

Rome, vendredi 21
Le gouvernement Prodi décide de régulariser 517 000 travailleurs immigrés non communautaires au lieu des 170 000 prévus par Silvio Berlusconi.

Madrid, vendredi 28
Le Conseil des ministres espagnol approuve un projet de loi élargissant la reconnaissance et les droits des victimes du franquisme (1939-1975). Le texte prévoit notamment des indemnisations pour les républicains condamnés de façon expéditive sous la dictature.

New York, lundi 31
Le Conseil de sécurité des Nations unies adopte la résolution 1696 qui impose à l'Iran l'arrêt de toutes ses activités liées à l'enrichissement d'uranium d'ici au 31 août, sous peine de sanctions. (→ 31.8)

Économie

France, samedi 1er
Revalorisation du SMIC de 3,05 %, à 1 254,28 euros brut mensuel, ce qui permet au SMIC brut annuel de franchir la barre symbolique des 15 000 euros.

Barcelone, lundi 3
Le groupe de confiseries italien Perfetti Van Melli rachète la multinationale catalane Chupa Chups, célèbre pour ses sucettes rondes.

Aspen (Colorado), mercredi 5
Décès de Kenneth Lay (*15.4.1942), fondateur et ex-président du courtier en énergie Enron, récemment reconnu coupable de la faillite retentissante du groupe. (→ 23.10)

Mérignac (Gironde), jeudi 13
Louis Gallois, nouveau coprésident exécutif d'EADS, annonce la sauvegarde de 650 des 1 050 emplois de la filiale de maintenance aéronautique Sogerma.

New York, jeudi 13
Le géant de l'informatique Microsoft et celui de l'Internet Yahoo! rendent compatibles leurs messageries instantanées MSN Messenger et Yahoo! Messenger afin de créer une vaste communauté d'internautes estimée à 350 millions de personnes.

Lyon, vendredi 14
Christophe Mérieux, 39 ans, vice-président du groupe pharmaceutique français BioMérieux, est retrouvé mort dans sa piscine, victime d'un malaise cardiaque.

Paris, mercredi 26
PSA Peugeot Citroën perd 10,11 % de sa valeur en Bourse après l'annonce d'une chute de 60 % de ses profits au premier semestre. (→ 26.9)

Sports

Londres, samedi 8
Amélie Mauresmo remporte pour la première fois de sa carrière le tournoi de tennis de Wimbledon en battant en finale la Belge Justine Henin-Hardenne.

Lausanne, mardi 11
Le Chinois Liu Xiang bat le record du monde du 110 m haies en 12 s 88/10.

Berlin, vendredi 21
L'équipe cycliste allemande T-Mobile licencie Jan Ullrich, exclu du Tour de France 2006 pour son implication présumée dans l'affaire espagnole de dopage sanguin.

Rome, mardi 25
Peines plus clémentes en appel dans le scandale du Calcio. Seule la Juventus de Turin reste reléguée en série B mais avec seulement 17 points de pénalité.

Évian, samedi 29
L'Australienne Karrie Webb remporte le Masters de golf d'Évian devant la Britannique Laura Davies et l'Américaine Michelle Wie, deuxièmes ex aequo.

New York, samedi 29
L'athlète Justin Gatlin, champion olympique et du monde du 100 m, révèle avoir été contrôlé positif à la testostérone. Il risque la radiation à vie. (→ 22.8)

Décès

Tokyo, samedi 1er
Ryutaro Hashimoto (*29.7.1937), Premier ministre japonais de 1996 à 1998.

Santa Fe (Nouveau-Mexique), lundi 3
Lorraine Hunt (*1.3.1954), mezzo-soprano américaine.

Cambridge, vendredi 7
Syd Barrett (*6.1.1946), cofondateur en 1965 du groupe de rock britannique Pink Floyd.

Beyrouth, vendredi 7
Elias Hraoui (*4.9.1925), président du Liban de 1989 à 1998.

Murrells Inlet (Caroline du Sud), lundi 17
Mickey Spillane (*9.3.1918), écrivain américain de romans noirs. Créateur du détective privé Mike Hammer.

Phnom Penh (Cambodge), vendredi 21
Ta Mok (*1926), ancien commandant militaire des Khmers rouges. Surnommé « le Boucher ».

Nice, vendredi 28
Pierre Vidal-Naquet (*23.7.1930), historien français.

Août

Lu	Ma	Me	Je	Ve	Sa	Di
	1	2	3	4	5	6
7	8	9	10	11	12	13
14	15	16	17	18	19	20
21	22	23	24	25	26	27
28	29	30	31			

La prière sur un char israélien à la frontière libanaise, le 8 août. La guerre qui a opposé cet été Israël au Hezbollah libanais a fait du pays du Cèdre un champ de ruines, avec un bilan politique et stratégique mitigé pour le gouvernement israélien d'Ehoud Olmert.

Unir les deux rives du Dniepr

Kiev, mercredi 2 • Le mariage de la carpe et du lapin est-il un mariage de raison ? C'est ce qu'espèrent, en Ukraine, les déçus de la révolution orange. Depuis les législatives du 26 mars, le pays était en crise, le président Viktor Iouchtchenko n'ayant pu réunir une majorité pro-occidentale. Il ne lui restait que deux solutions : soit, comme le demandait son ancienne alliée Ioulia Timochenko, dissoudre la Rada et renvoyer les électeurs aux urnes, soit proposer comme Premier ministre son adversaire prorusse Viktor Ianoukovitch, dont le Parti des régions avait été le grand vainqueur du 26 mars. C'est à la deuxième solution que s'est rallié Viktor Iouchtchenko, après qu'un accord sur un programme commun eut été négocié entre son parti Notre Ukraine et le Parti des régions. C'est « une chance unique d'unir les deux rives du Dniepr », a déclaré le président, faisant allusion à la division géographique et culturelle du pays entre deux Ukraines : l'Ukraine « ukrainienne » et l'Ukraine russophone.

Viktor Ianoukovitch s'adresse à ses partisans ce mercredi, devant la Rada (parlement). Le leader prorusse n'a pas remis officiellement en cause l'orientation pro-occidentale de Viktor Iouchtchenko.

Peine de mort en Pologne ?

Strasbourg, jeudi 3 • Dans une lettre au président polonais Lech Kaczynski, le président de l'Assemblée parlementaire du Conseil de l'Europe, René Van der Linden, écrit que la peine de mort « n'a pas sa place dans le système de justice pénale d'un pays moderne et civilisé ». L'émotion est effectivement très vive en Europe depuis le 28 juillet. Ce jour-là, Lech Kaczynski avait demandé sur une radio publique le rétablissement de la peine capitale, estimant que « les pays qui renoncent à cette peine accordent un avantage inimaginable au criminel par rapport à sa victime, l'avantage de la vie sur la mort ». Et hier, la Ligue des familles polonaises, un parti d'extrême droite membre de la coalition au pouvoir, a lancé une campagne en faveur du rétablissement. Son vice-président, Wojcieh Wierzejewski, a déclaré que l'interdiction en Union européenne de la peine de mort était « anachronique »… La Pologne l'avait abolie en 1997 pour entrer dans l'Union.

Le point

Le combat de l'abolitionnisme

Adoptée en 2000, la Charte des droits fondamentaux de l'Union européenne rappelle que « nul ne peut être condamné à mort et exécuté ». L'abolition de la peine capitale est donc une condition impérative pour tout État candidat à l'adhésion à l'UE, ce à quoi s'est conformée la Turquie en 2004. C'est au XVIIIe siècle que l'abolitionnisme a pris son essor, notamment sous la plume de Condorcet, de Voltaire et surtout du juriste milanais Cesare Beccaria, auteur en 1764 d'un traité fondateur, *Des délits et des peines*. Son influence sera telle qu'en 1786, le grand-duché de Toscane sera le tout premier État à abolir la peine de mort. La cause abolitionniste trouvera au siècle suivant des défenseurs passionnés tels que Lamartine et Victor Hugo. Ainsi en 1862, l'auteur des *Misérables* écrivait : « Une Constitution qui, au XIXe siècle, contient une quantité quelconque de peine de mort, n'est pas digne d'une république. » En fait, cinq pays seulement adopteront au XIXe siècle une législation abolitionniste : Saint-Marin en 1848, le Venezuela en 1863, le Portugal en 1867, les Pays-Bas en 1870 et le Costa Rica en 1877. Mais ce n'est qu'après la Seconde Guerre mondiale que la plupart des pays de l'Europe occidentale et de l'Amérique latine renonceront à la peine de mort, après Panama en 1903, la Norvège en 1905, l'Équateur en 1906, l'Uruguay en 1907, la Colombie en 1910, la Suède en 1921, l'Islande en 1928, le Danemark en 1933, le Mexique en 1937 et la Suisse en 1942. C'est Albert Camus qui, dans ses *Réflexions sur la guillotine* (1957), aura le plus solidement argumenté pour l'abolition : « Beaucoup de législations considèrent comme plus grave le crime prémédité que le crime de pure violence. Mais qu'est-ce donc que l'exécution capitale, sinon le plus prémédité des meurtres auquel aucun forfait de criminel, si calculé soit-il, ne peut être comparé ? » Alors que la peine capitale a été abolie en Italie dès 1947, elle ne le sera en France qu'en 1981, la dernière exécution ayant eu lieu le 10 septembre 1977 à Marseille, à la prison des Baumettes. En 2006, la peine de mort est appliquée dans 68 pays (dont la Biélorussie, seul État d'Europe à ne l'avoir pas abolie). En 2005, le « record » des exécutions était détenu par la Chine (officiellement 1 770), suivie de l'Iran (94), de l'Arabie saoudite (86), du Vietnam (69) et des États-Unis (60).

Pour Albert Camus, la peine capitale est le plus prémédité des meurtres.

Un sursis pour Eurotunnel

Lille, jeudi 3 • Vice-présidente de la région Nord-Pas-de-Calais, la socialiste Marie-Noëlle Lienemann a émis dans *Le Parisien* une idée pour sauver Eurotunnel. Elle propose que l'État rachète les actions des petits porteurs : « C'est à la fois une œuvre de solidarité avec les 800 000 personnes qui ont cru à ce projet en y mettant leurs économies, mais aussi une décision d'intérêt général. Le tunnel sous la Manche est un ouvrage public stratégique. » Hier, le tribunal de commerce de Paris avait lancé une procédure de sauvegarde en ouvrant une période d'observation de six mois, qui a l'avantage de maintenir l'activité en gelant les créances. Mais pour renégocier sa dette (9,1 milliards d'euros) et éviter la cessation de paiement, Eurotunnel pourra-t-il compter sur l'aide de l'État ? Ce dernier n'avait pas mis un centime dans le projet.

*Jeudi 3, à Schruns (Autriche), décès de la grande soprano anglaise (d'origine allemande) Dame Elisabeth Schwarzkopf (*9.12.1915). Avec une grâce et une émotion inégalées, elle a notamment brillé dans le rôle d'Elvira du* Don Giovanni *de Mozart ou dans celui de la Maréchale du* Chevalier à la rose *de Richard Strauss (ci-contre en 1959), souvent sous la direction d'Herbert von Karajan. Parmi ses enregistrements légendaires figure* La Chauve-Souris *de Johann Strauss.*

Gaz : l'Europe est inquiète

Moscou, vendredi 4 • Est-ce un cartel du gaz qui est né avec l'accord conclu entre le géant russe Gazprom et son homologue algérien Sonatrach ? Telle est l'inquiétude que cet accord suscite en Europe, et notamment en Italie. Les Italiens importent en effet 93 % du gaz qu'ils consomment, dont 37,7 % fournis par Sonatrach et 31,7 % par Gazprom. Si la concurrence cesse entre les deux fournisseurs, ces derniers pourront de concert faire monter les prix en jouant sur leur position dominante. Ce qui n'est pas exclu, l'accord portant non seulement sur l'exploitation et le transport du gaz, mais aussi sur la vente. D'où la préoccupation qu'a immédiatement manifestée la Commission européenne devant ce qui pourrait être l'amorce d'une « Opep du gaz ». Globalement, le gaz consommé dans l'UE provient à 24 % de la Russie et à 11 % de l'Algérie.

L'aide alimentaire au Liban coupée

Liban, vendredi 4 • Tandis que de difficiles négociations se poursuivent au Conseil de sécurité, notamment entre les États-Unis et la France, sur la constitution d'une future force internationale d'interposition aux frontières d'Israël et du Liban, le Hezbollah fait une nouvelle démonstration de sa capacité de réaction en lançant un missile sur Hadera, à 75 km à l'intérieur d'Israël. Au sol, quelque 10 000 soldats israéliens tentent depuis mardi de repousser les combattants du Hezbollah au-delà d'une bande de sécurité de 3 à 7 km, tandis que leur aviation pilonne la banlieue chiite de Beyrouth et coupe toutes les voies d'accès à la Syrie afin de verrouiller le blocus du Liban. Une catastrophe humanitaire se profile, les ONG n'ayant plus que deux ou trois jours de réserves pour apporter à la population une aide alimentaire. Aujourd'hui, une zone chrétienne a été bombardée. (→ 14)

Au Sud-Liban, un char israélien Merkava est immobilisé par un engin tiré par un combattant du Hezbollah.

Barrage turc contesté

Ilisu (Turquie), samedi 5 • Les travaux pour la construction du barrage d'Ilisu, sur le Tigre, ont commencé officiellement en présence du Premier ministre turc Recep Tayyip Erdogan. Ce dernier a déclaré que l'ouvrage, dont la mise en service est prévue en 2013, sera un bienfait pour le sud-est de l'Anatolie, économiquement sous-développé. Le Premier ministre a assuré qu'il créera 10 000 emplois et favorisera l'agriculture avec l'irrigation de 121 000 hectares de terres. Le barrage d'Ilisu ne fait cependant pas l'unanimité. Construit par des entreprises allemandes, autrichiennes et suisses, il entraînera la disparition de deux cents communes peuplées de Kurdes et d'Arabes, dont le site historique d'Hasankeyf, riche en vestiges archéologiques. Pour le maire d'Hasankeyf, Abdulvahap Kusen, c'est un véritable « génocide culturel ». Les travaux devraient entraîner le déplacement de 54 000 habitants au total. Vingt et un autres barrages doivent voir le jour dans la région, principalement sur le Tigre et l'Euphrate.

La pêche aux médailles de Laure Manaudou

Budapest, dimanche 6 • S'il subsistait le moindre doute à ce sujet, les championnats d'Europe qui s'achèvent aujourd'hui l'ont définitivement levé : avec quatre médailles d'or remportées et trois de bronze, Laure Manaudou est véritablement une nageuse hors pair. A-t-elle au moins douté quand elle a été éliminée lors des séries du 400 m quatre nages, le 31 juillet ? Il n'en est en tout cas rien paru, car dès le mercredi 2, elle gagnait le 800 m nage libre en battant le record d'Europe. Le 3, elle s'adjugeait le 200 m quatre nages et le 100 m dos, puis, avec ses partenaires du relais, remportait le bronze du 4 x 200 m nage libre, une médaille qu'elle obtenait aussi hier à l'issue du 200 m nage libre. Aujourd'hui enfin, elle s'est imposée au 400 m nage libre, en pulvérisant au passage son propre record du monde, avant de finir troisième avec l'équipe du relais 4 x 100 m quatre nages.

Laure Manaudou après sa victoire au 200 m, le 3. Au total, l'équipe de France aura remporté quinze médailles, un excellent résultat.

Les assassins visaient Action contre la faim

Sri Lanka, lundi 7 • Dix-sept employés (dont quatre femmes) de l'ONG Action contre la faim ont été retrouvés morts, tués d'une balle dans la tête, dans leurs locaux de Muttur, ville située au sud de Trincomalee. Le fait qu'ils portaient tous un tee-shirt de l'organisation démontre que c'est bien celle-ci, en tant que telle, qui était visée. L'identité des assassins n'a pas été établie, l'armée sri lankaise et les rebelles des Tigres de libération de l'Eelam tamoul (LTTE) se renvoyant la responsabilité du massacre. Muttur et sa région sont depuis la fin du mois de juillet le théâtre de violents affrontements entre le LTTE et les forces de Colombo, l'enjeu étant le contrôle du canal d'irrigation de Maavilaru. Alors qu'une trêve avait été établie en 2002 entre le gouvernement et les séparatistes tamouls, la reprise des combats aurait déjà fait 440 victimes. Le LTTE exerce une autorité de fait sur le nord et une grande partie de l'est du pays, c'est-à-dire les régions majoritairement tamoulophones et hindouistes dont il réclame l'indépendance. (→ 30)

Les Tamouls

Zoom

Représentant 18 % de la population du Sri Lanka, les Tamouls parlent une langue dravidienne et pratiquent l'hindouisme. Ils furent victimes d'une ségrégation et de vexations de la part de la majorité de langue cingalaise et de religion bouddhiste après l'indépendance en 1948 de l'île de Ceylan (rebaptisée Sri Lanka en 1972). La création d'un État tamoul indépendant au nord et à l'est du pays fut caressée dès 1976 par le Front uni de libération tamoul (TULF), mais les sanglants pogroms qui frappèrent la communauté tamoule en 1983 entraînèrent une guerre civile conduite par les Tigres de libération de l'Eelam tamoul (LTTE), que l'armée sri lankaise n'a pu vaincre à ce jour. Cette guerre, où le rôle de l'Inde toute proche a souvent été ambigu, aurait fait près de 70 000 morts.

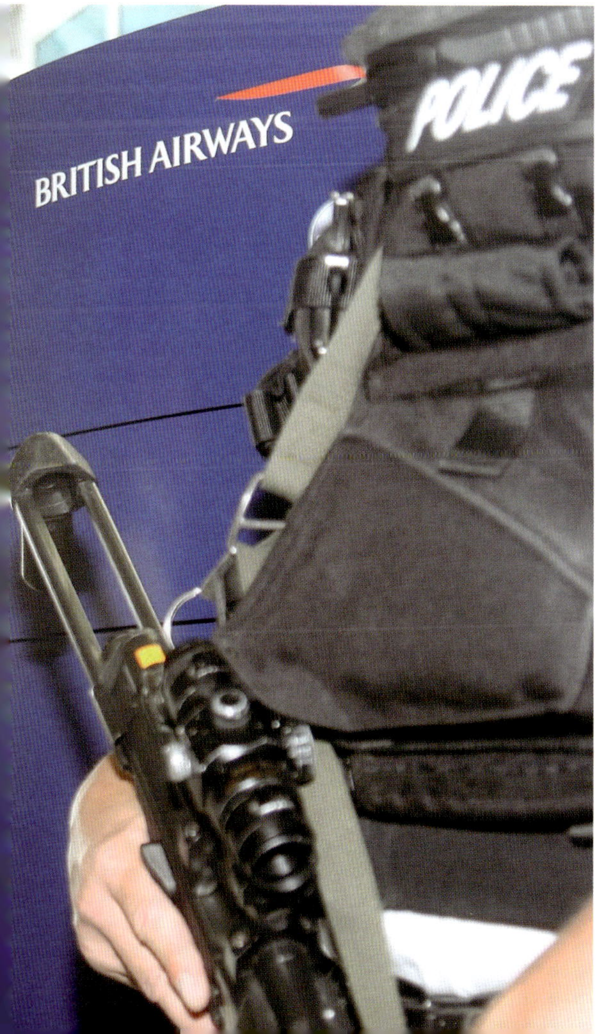

Alerte rouge à Londres

Londres, jeudi 10 • La police, selon le ministre de l'Intérieur britannique John Reid, a déjoué un complot qui visait dans les prochains jours à « abattre plusieurs avions en vol, causant la perte d'un nombre considérable de vies ». Ce sont des avions assurant la liaison entre la Grande-Bretagne et les États-Unis qui auraient été visés, les terroristes prévoyant d'utiliser des explosifs liquides embarqués dans leurs bagages à main. Vingt et un suspects, presque tous originaires du Pakistan, ont été arrêtés à Londres et à Birmingham. Des experts britanniques évoquent un lien possible avec Al-Qaida, ce qu'indiquent également les services de renseignement pakistanais et américains qui ont aussi œuvré pour déjouer le complot. Tandis que l'état d'alerte maximale est décrété et que, la majorité des vols ayant été annulés et les mesures de sécurité renforcées, une indescriptible pagaille règne à l'aéroport londonien d'Heathrow, Nicolas Sarkozy annonce le renforcement en France du plan Vigipirate, ainsi que des « fouilles à 100 % sur tous les bagages à main des vols en direction des États-Unis, de la Grande-Bretagne et d'Israël ».

Des dizaines de policiers avec gilets pare-balles et fusils MP5 sont déployés dans les aéroports britanniques.

Mercredi 9, lors des Championnats d'Europe d'athlétisme de Göteborg, en Suède, le Strasbourgeois Mehdi Baala, 27 ans, a remporté de main de maître la finale du 1 500 mètres, conservant ainsi le titre qu'il avait conquis il y a quatre ans à Munich. Quelques minutes plus tard, Marc Raquil obtiendra lui aussi une médaille d'or en gagnant le 400 mètres après un finish de rêve. L'équipe de France finira quatrième de ces championnats qui s'achèveront le 13, avec huit médailles, dont quatre en or. Un bilan mitigé, en deçà des dix à quinze médailles escomptées avant la compétition.

Pesticide dans les boissons

Inde, mercredi 9 • Les boissons produites en Inde par Coca-Cola et PepsiCo ont été interdites à la vente dans les établissements scolaires, les hôpitaux et les administrations de six États du sous-continent : le Gujarat, le Madhya Pradesh, le Rajasthan, le Karnataka, le Panjab et le Kerala. La mesure est plus radicale encore au Kerala, puisque la vente de ces produits y est totalement interdite. Ces mesures font suite à une publication d'un institut indépendant, le Centre for Science and Environment (CSE) de New Delhi, qui a révélé que 57 échantillons prélevés sur onze des boissons produites par les deux géants américains contenaient des résidus de pesticide à un niveau parfois 200 fois supérieur à la norme acceptable. Coca-Cola et PepsiCo, qui fournissent 95 % des boissons non alcoolisées consommées en Inde, ont récusé en bloc les conclusions de l'étude du CSE.

Zoom

Le Yasukuni

Comme dans la religion romaine, le culte des ancêtres est l'un des fondements du shinto, la religion nationale japonaise. Fondé par le prince Arisugawa Taruhito en 1868, à Tokyo, pour honorer les soldats morts pour l'empereur, ce sanctuaire est d'autant plus cher aux Japonais qu'il a échappé au terrible tremblement de terre de Tokyo de 1923 et aux bombardements américains durant la Seconde Guerre mondiale. Ce sont plus de 8 millions de visiteurs qui viennent chaque année y saluer la mémoire des quelque 2,4 millions de combattants japonais tués à la guerre entre 1853 et 1945. Parmi ceux-ci figurent les militaires de haut rang jugés comme criminels de guerre par les Américains et pendus, tel le général Hideki Tojo, qui décida l'attaque de Pearl Harbor.

L'Union européenne au large de l'Afrique

Bruxelles, vendredi 11 • Alors qu'hier la police mauritanienne annonçait la mort de seize nouveaux émigrants tentant, à bord d'embarcations de fortune, d'atteindre les Canaries, l'agence européenne des frontières Frontex a autorisé le déploiement de la première mission de surveillance maritime, qui vise à patrouiller au large des côtes mauritaniennes et sénégalaises pour empêcher les clandestins d'entrer dans les eaux territoriales espagnoles. Élaborée depuis trois mois et baptisée Hera II, l'opération a été qualifiée par Franco Frattini, commissaire européen en charge de la Justice et des Affaires intérieures, de « pas historique dans la politique européenne de l'immigration ». La mission, dirigée par l'Espagne, devrait impliquer quatre navires, un hélicoptère et un avion, et pourrait durer deux mois. À la demande de Malte et de l'Italie, l'Union européenne souhaiterait mettre en place une opération du même type en mer Méditerranée mais se heurte, pour l'heure, au veto de la Libye. (→ 14.9)

L'espoir est revenu au Liban

Liban, lundi 14 • La trêve entre Israël et le Hezbollah était à peine entrée en vigueur, ce matin, que les Libanais qui avaient fui sous les bombes le sud du pays reprenaient la route pour revenir chez eux… C'est vendredi dernier que, suite à un accord enfin trouvé entre les États-Unis et la France, le Conseil de sécurité a voté la résolution 1701 appelant à la « cessation des hostilités » et prévoyant le déploiement dans la zone des combats de la Finul, dont les effectifs seront portés à 15 000 hommes. Plutôt que cette Finul « renforcée », Israël aurait préféré une force de l'Otan sous contrôle américain, mais, hier, le gouvernement d'Ehoud Olmert s'est résigné à accepter la résolution, à l'instar du Liban avant-hier. Cette trêve est plutôt mal vécue par beaucoup d'Israéliens, qui estiment que le « travail » était loin d'être terminé. D'ailleurs, mercredi dernier, Ehoud Olmert avait donné son feu vert pour que l'armée pousse son offensive terrestre jusqu'au Litani, un fleuve considéré depuis la création d'Israël comme une « frontière » stratégique. Quant au Hezbollah, sa résistance a singulièrement grandi son prestige dans un pays ravagé où, selon un bilan provisoire, les raids israéliens ont fait 667 morts dans la population civile et plus de 3 700 blessés. (→ 28)

Mardi 15, embouteillage monstre à Damour, à 15 km au sud de Beyrouth, pour franchir un pont endommagé par les Israéliens.

Le Premier ministre japonais fait scandale

Tokyo, mardi 15 • La Chine et la Corée du Sud ont vivement protesté contre la visite effectuée aujourd'hui, pour l'anniversaire de la capitulation du Japon en 1945, par le Premier ministre japonais Junichiro Koizumi au Yasukuni, un sanctuaire de Tokyo considéré comme un haut lieu du nationalisme. Il n'est pas rare, en effet, d'y rencontrer des extrémistes de droite vêtus d'uniformes de la Seconde Guerre mondiale, mêlés à de simples Japonais venus prier pour un proche mort au combat. Alors qu'il quittera le pouvoir dans un peu plus d'un mois, le Premier ministre, dont c'est la sixième visite au Yasukuni, a tempéré ensuite le caractère nationaliste et religieux de son geste en présentant, en présence de l'empereur Akihito, ses regrets pour les « énormes souffrances » causées par son pays aux populations des pays asiatiques pendant la Seconde Guerre mondiale. (→ 26.9)

Conduit par un prêtre shintoïste, Junichiro Koizumi pénètre dans le sanctuaire, où il présentera ses condoléances aux soldats morts.

SEB met un pied en Chine

France, mercredi 16 • Par le biais d'un communiqué publié avant l'ouverture de la Bourse de Paris, SEB, leader mondial du petit électroménager, a fait part de son intention de racheter Zhejiang Supor Cookware, numéro 1 chinois des articles culinaires (sauteuses, autocuiseurs, poêles, etc.). « Principale opération stratégique depuis la reprise de Moulinex, en 2001 », cette acquisition, qui doit encore recevoir l'aval des autorités chinoises et des actionnaires de Supor, fait suite à des rachats réalisés depuis deux ans au Brésil, aux États-Unis ou en Italie. Il y a peu toutefois, évoquant ses difficultés face à la concurrence chinoise, SEB, dont les ventes sont en recul dans l'UE, avait annoncé la suppression de près de 900 emplois et la fermeture de trois sites en France. Selon la CGT, qui craint de nouveaux plans de restructuration, le rachat de Supor va permettre au groupe de « voler le travail » des salariés français.

Günter Grass

Né le 16 octobre 1927 à Dantzig (aujourd'hui la ville polonaise de Gdansk), l'écrivain allemand Günter Grass a été révélé en 1959 par Le Tambour, *roman porté en 1979 à l'écran par Volker Schlöndorff. Auteur également du* Turbot *(1977) et de* En crabe *(2002), prix Nobel de littérature en 1999 « pour avoir dépeint le visage oublié de l'histoire dans des fables d'une gaieté noire », il a longtemps milité au SPD et s'est récemment signalé par son antiaméricanisme.*

L'aveu de Günter Grass

Allemagne, jeudi 17 • Les 130 000 exemplaires de *Beim Haüten der Zweibel* (« En épluchant les oignons ») mis en vente hier dans les librairies d'Allemagne se sont arrachés. Il faut dire que depuis la publication samedi 12 de sa « confession » dans un grand quotidien, la *Frankfurter Allgemeine Zeitung*, personne ne pouvait plus ignorer les révélations que le prix Nobel de littérature Günter Grass fait dans cette autobiographie : l'écrivain, qui fut le contempteur de l'amnésie allemande par rapport au nazisme, s'était lui-même engagé en 1944, à l'âge de 17 ans, dans les Waffen SS. Pourquoi un aveu si tardif ? Les intellectuels sont divisés. Ses adversaires se réjouissent de voir cette figure de la gauche allemande « disqualifiée », d'autres saluent son courage, tels son compatriote Martin Walser ou l'écrivain américain John Irving. Daniel Cohn-Bendit, lui, invite à la prudence : ceux qui le condamnent sont-ils sûrs qu'ils auraient été des résistants au nazisme s'ils avaient eu 17 ans 1944 ?

Günter Grass dans un débat public à Berlin, le 4 septembre.

Mystérieuse mort en mer

Portugal, vendredi 18 • Mais que s'est-il donc passé à bord de l'*Intermezzo* ? Hier, pris dans une tempête non loin du cap Saint-Vincent, le trimaran avait chaviré sans que sa balise de détresse ne soit déclenchée. Deux de ses occupants, montés à bord d'un canot de sauvetage puis repêchés par un cargo, ont signalé qu'à bord de l'*Intermezzo* se trouvait encore son skipper français, André Le Floc'h. La Marine portugaise s'est alors lancée à la recherche du navigateur. Lequel a été retrouvé mort ce matin dans l'épave, attaché aux pieds et aux mains et lesté d'une ceinture de plomb. Interrogés par la police, les deux rescapés, Thierry Beille et Corinne Caspar, des Français qui se disent demi-frère et sœur, affirment que le skipper, qui les avait embarqués pour une croisière, a essayé de violer la femme, mais qu'ils l'ont maîtrisé puis ligoté pour le livrer à la police. Une version des faits qui n'explique ni la ceinture de plomb, ni le fait, l'autopsie le révélera le 22, que le skipper n'est pas mort noyé, mais avant le naufrage, des suites de lésions à la tête et au cou…

Les squatteurs relogés dans un gymnase

Cachan (Val-de-Marne), vendredi 18 • La sécurité n'était plus assurée et les risques d'incendie de plus en plus grands, notamment en raison de branchements électriques « sauvages ». C'est pourquoi, hier, conformément à une décision de justice, les forces de police ont expulsé les quelque 500 personnes, originaires d'Afrique de l'Ouest pour la plupart, qui squattaient le bâtiment F du campus universitaire de Cachan depuis août 2003. Les militants d'associations telles que Droit au logement (DAL) ou de partis politiques de gauche n'ont pu s'y opposer. La police a interpellé 49 squatteurs soupçonnés d'être en situation irrégulière et 25 sans-papiers. Les autres se sont vus proposer un relogement provisoire à l'hôtel, mais une grosse centaine d'entre eux a préféré camper sur place, jusqu'à ce qu'on leur offre un logement définitif, assorti d'une régularisation pour les sans-papiers. Mais aujourd'hui, leur « camping » a été dispersé par la force. Le maire de Cachan, le socialiste Jean-Yves Le Bouillonnec, a décidé d'accueillir les « évacués » dans le gymnase du groupe scolaire Belle-Image. (→ 11.10)

Le campement des squatteurs avant leur évacuation, en fin d'après-midi.

Joseph Kabila en ballottage

Kinshasa, dimanche 20 • Les électeurs congolais avaient voté dans le calme, le 30 juillet, pour désigner le nouveau président de la République démocratique du Congo (RDC). Mais le dépouillement des urnes, rendu difficile sinon problématique du fait de la situation chaotique du pays, laissait redouter des affrontements violents entre les partisans des deux principaux candidats, à savoir Joseph Kabila, président sortant soutenu par l'Alliance pour la majorité présidentielle (AMP), et le candidat du Mouvement de libération du Congo (MLC), Jean-Pierre Bemba. D'autant que ce dernier, donné largement perdant dans les sondages, ne manquerait pas de dénoncer de bien réelles irrégularités. Ces inquiétudes étaient fondées. C'est dans un climat de peur, entretenu par des tirs d'armes à feu, que le président de la Commission électorale indépendante a annoncé ce soir les résultats à la télévision : 44,81 % des voix pour Kabila et 20,03 % pour Bemba. Il y aura un second tour, fixé au 29 octobre prochain. (→ 29.10)

Lundi 21, à la résidence royale de Turangawaewae, près d'Hamilton en Nouvelle-Zélande, les Maoris se sont choisi un nouveau roi en la personne de Tuheitia Paki, fils aîné de la reine Te Arikinui, plus connue sous le nom de Dame Te Atairangikaahu, décédée le 15. Ainsi que le veut la tradition, la cérémonie a eu lieu lors des funérailles de la reine qui, en quarante ans de règne, a beaucoup œuvré pour la promotion de la culture maorie. Sa dépouille, transportée en canoë, a ensuite été inhumée au sommet de la montagne sacrée Taupiri.

Saddam Hussein face au génocide

Bagdad, lundi 21 • Alors que le verdict du premier procès de Saddam Hussein n'est pas encore prononcé, l'ancien président de la République d'Irak comparaît cette fois pour crimes de guerre, crimes contre l'humanité et génocide contre la population kurde du nord du pays, de février à août 1988. Saddam Hussein et six coïnculpés (dont son cousin Ali Hassan Al-Majid, dit « Ali le chimique ») sont accusés d'avoir alors massacré des dizaines de milliers de Kurdes, voire plus de 100 000, dans le cadre de l'opération Al-Anfal. Le tout premier témoin cité aujourd'hui à la barre a raconté comment son village avait été gazé et détruit, tout en reconnaissant que ses habitants portaient assistance à la rébellion kurde. Laquelle s'était développée en marge de la guerre qui opposait l'Irak à l'Iran depuis huit ans. L'Irak était à l'époque soutenu et armé par les puissances occidentales, qui voyaient en lui un rempart contre le terrorisme islamique.

L'uranium enrichi

Zoom

L'uranium est composé à l'état naturel de deux isotopes : l'uranium 238 et l'uranium 235. Seul l'uranium 235 est fissible et utilisable dans les réacteurs pour produire de l'électricité. Mais l'uranium naturel ne contenant que 0,7 % d'uranium 235, taux insuffisant pour la réactivité du combustible nécessaire au fonctionnement des réacteurs, on procède à son enrichissement. Lequel consiste à augmenter la teneur en uranium 235 de l'uranium naturel à un niveau compris entre 3 et 5 %. Basé sur la différence de masse entre les deux isotopes, l'enrichissement peut être effectué selon le procédé de la diffusion gazeuse ou selon celui de l'ultracentrifugation, plus performant. 90 % des réacteurs nucléaires fonctionnent avec de l'uranium enrichi.

L'Argentine et le nucléaire

Buenos Aires, mardi 22 • Le président argentin Néstor Kirchner a annoncé un investissement de 2,8 milliards d'euros pour développer la capacité nucléaire de son pays. En prévision du tarissement de ses ressources pétrolières et face au coût élevé de l'uranium enrichi à l'importation, l'Argentine achèvera en 2010 la construction de la centrale Atucha II (interrompue en 1994) et se dotera d'une quatrième centrale. Avec ses deux premières centrales (Embalse et Atucha I) et Atucha II terminée, ce sont 16 % des besoins en électricité qui seront couverts par le nucléaire. Néstor Kirchner a aussi précisé que l'Argentine reprendrait ses activités d'enrichissement d'uranium, abandonnées en 1983. Bien que l'enrichissement permette de déboucher sur la production d'armes atomiques, les États-Unis ne s'en sont pas formalisés, l'Argentine ne constituant pas une « menace » à leurs yeux. Sauf si elle exportait sa technologie au Venezuela d'Hugo Chávez…

Mardi 22, les trois « Robinsons de la mer », comme on les appelle déjà au Mexique, ont enfin, après neuf mois passés dans le Pacifique, retrouvé la terre ferme en débarquant aux îles Marshall, à 8 000 km de leur pays. Le 28 octobre dernier, ils étaient cinq chasseurs de requins mexicains à quitter le petit port de San Blas dans un bateau de huit mètres qui, bientôt à cours d'essence, allait partir à la dérive. Deux des pêcheurs sont morts en janvier et février, les autres ont survécu en buvant de l'eau de mer et en mangeant crus des poissons et des oiseaux venus se poser sur leur embarcation. Les trois miraculés avaient été sauvés le 9 par un paquebot taïwanais.

Natascha retrouvée huit ans après

Strasshof (Autriche), mercredi 23 • C'est dans cette bourgade située à proximité de Vienne que vient d'être résolue, de la plus incroyable des manières, une affaire de disparition qui, en 1998, avait ému l'Autriche. Le 2 mars de cette année-là, Natascha Kampusch, 10 ans, avait été enlevée sur le chemin de l'école. En dépit des moyens mis en place par la police, l'enquête était restée vaine et Natascha introuvable… Jusqu'à aujourd'hui, lorsque la jeune fille, âgée maintenant de 18 ans, a sonné à une maison pour demander de l'aide. Après huit ans de captivité, elle venait de s'échapper. Huit ans au cours desquels Natascha, qui a été identifiée grâce à une cicatrice, ce que confirmeront des analyses ADN, a été retenue prisonnière à quelques kilomètres de chez elle dans une pièce cachée sous le garage de son ravisseur, Wolfgang Prikopil. Ce technicien de télécommunication, qui avait été interrogé au cours de l'enquête en 1998, s'est suicidé ce soir en se jetant sous un train de banlieue. Natascha paraît en bonne santé, même si elle semble souffrir du syndrome de Stockholm (qui se manifeste par la tendance d'ex-otages à s'identifier à leur ravisseur), et si l'on ignore si elle a subi des violences sexuelles.

Le 6 septembre, Natascha racontera ses huit années de captivité dans une interview à la chaîne autrichienne ORF.

L'Insee épluche l'immigration

France, mercredi 23 • L'Institut national de la statistique et des études économiques a rendu publique une étude sur l'immigration en France, fondée sur les données fournies par l'exploitation des enquêtes annuelles de recensement 2004 et 2005. Il en ressort que les immigrés sont désormais au nombre de 4,9 millions (ce qui représente 8,1 % de la population française), soit 760 000 de plus qu'en 1990. Comparativement aux chiffres du recensement de 1999 (dans lequel, toutefois, selon l'aveu même d'un responsable de l'Insee, le nombre des immigrés avait été quelque peu sous-estimé), la plus forte hausse enregistrée, avec 45 %, concerne les personnes venues d'Afrique et d'Asie, Turquie incluse. De même, les immigrés natifs d'Europe de l'Est, hors Union européenne, seraient en augmentation de 37 %, les Polonais, Italiens et Espagnols étant, quant à eux, moins nombreux qu'auparavant. Cette étude révèle en outre que depuis 1982 « le niveau de formation des immigrants a fortement progressé ».

Des cellules souches enfin éthiques ?

Londres, mercredi 23 • La revue britannique *Nature* publie une importante expérience scientifique effectuée par une équipe de biologistes américains dirigée par le professeur Robert Lanza au sein de l'Advanced Cell Technology (Massachusetts). Ils sont parvenus à créer deux lignées de cellules souches humaines à partir d'embryons sans les détruire. Cette avancée pourrait constituer un tournant dans la recherche en matière de thérapie régénérative. En effet, dès lors que l'embryon n'est pas détruit, l'obtention de cellules souches ne se heurte plus en théorie aux objections éthiques qui, jusqu'à présent, ont bridé les travaux des biologistes. Et en particulier aux États-Unis où le président Bush, le 19 juillet, avait opposé son veto à une loi autorisant le financement fédéral des recherches sur les cellules souches. Le président de l'Académie pontificale pour la vie, Mgr Elio Sgreccia, a rappelé l'hostilité de l'Église à toute « manipulation » de l'embryon.

Les Français engagés à fond au Liban

Paris, jeudi 24 • En ne se pressant pas d'envoyer des troupes au Liban pour renforcer la Finul, la France avait quelque peu surpris. Mais on sait ce soir pourquoi. Jacques Chirac s'est en effet adressé aux Français pour leur expliquer qu'il avait demandé au secrétaire général des Nations unies « de placer la force dans des conditions d'efficacité et de sécurité optimales ». Le président de la République a alors précisé qu'il avait obtenu les « clarifications nécessaires » sur les règles « qui doivent garantir la liberté de circulation de la force et sa capacité d'action face à d'éventuelles situations hostiles ». C'est là le point capital : pour la première fois depuis sa création, la Finul pourra faire en cas de besoin usage de ses armes. Cette incontestable victoire diplomatique de la France, Jacques Chirac l'a immédiatement traduite en actes : il annonce que la contribution de la France à la Finul sera portée à 2 000 hommes avec l'envoi au Liban de deux bataillons (1 600 hommes), et qu'elle est prête à en assumer le commandement. Ce que l'ONU confirmera dès demain. (→ 12.9)

Débarquement d'un VAB français au Liban, près de la frontière israélienne, le 19 août dernier.

Vendredi 25, en présence de milliers de personnes venues assister au passage de l'impressionnant convoi motorisé, une statue de Ramsès II a été transportée du centre-ville du Caire vers le site du futur grand musée égyptien, près des pyramides. Assez controversé, ce voyage de 30 km parcourus à 5 km/h avait été décidé en raison des dommages que causait à la statue, un colosse de granit rouge de 11 m de haut et de près de 100 t découvert en 1882, la très forte pollution de la capitale égyptienne, où elle avait été installée par Nasser.

Pluton n'était pas une vraie planète !

Prague, jeudi 24 • L'astronome américain Clyde Tombaugh (1906-1997) n'aura pas eu la tristesse d'assister à la disqualification de Pluton. C'est lui en effet qui, le 18 février 1930, avait découvert cette planète sur des photos prises par l'observatoire de Lowell, en Arizona. Une découverte qui confirmait l'hypothèse émise une vingtaine d'années plus tôt par Percival Lowell. Or Pluton n'est pas une planète. C'est ce qu'ont conclu les astronomes venus à Prague assister à l'assemblée générale de l'Union astronomique internationale (UAI). Les motifs : Pluton est trop petite (son diamètre est inférieur de plus de 1000 km à celui de la Lune), trop elliptique (la trajectoire des planètes est quasi circulaire), et elle n'a pas « éliminé tout corps susceptible de se déplacer sur une orbite proche ». Il faudra s'y faire : il n'y a plus que huit planètes dans le système solaire.

L'université d'été du PS

La Rochelle, dimanche 27 • Une atmosphère particulière a régné lors des trois jours de l'université d'été du PS, où la question du choix du candidat à l'Élysée est loin d'être réglée. Une atmosphère assez palpable dans le discours prononcé aujourd'hui par le premier secrétaire François Hollande qui, par ailleurs compagnon de Ségolène Royal, s'est efforcé de ne pas laisser transparaître la moindre inclination pour l'un ou l'autre candidat et de garder le jeu ouvert au sein du parti. Le moment fort de ces journées aura toutefois sans nul doute été l'intervention de Lionel Jospin, hier après-midi : s'exprimant devant les jeunes socialistes, c'est les larmes aux yeux et la voix brisée que l'ex-Premier ministre a évoqué les élections d'avril 2002.

Lionel Jospin a qualifié de « choc brutal » sa défaite au premier tour en 2002.

Main tendue en Algérie

Béchar (Algérie), lundi 28 • « Il n'y a pas de baguette magique pour pouvoir changer, du jour au lendemain, le cours des événements. » C'est à Béchar, au nord-ouest du Sahara, que le président algérien Abdelaziz Bouteflika a fait ce commentaire à propos de l'opération Paix et Réconciliation qui prend officiellement fin aujourd'hui. Approuvée le 29 septembre 2005 par référendum, cette opération avait pour but de solder les années de terrorisme en proposant aux maquisards islamistes de déposer les armes en échange d'un abandon des poursuites judiciaires à leur égard. Ils avaient jusqu'à aujourd'hui pour le faire, mais la presse algérienne laisse entendre que le délai pourrait être prolongé. Selon les autorités, 250 hommes auraient répondu à l'appel. Chiffre des plus décevants selon le journal francophone *El Watan* et selon différents sites indépendants, kabyles notamment : il resterait des centaines de terroristes en activité. Par ailleurs, toujours dans le cadre de l'opération, 2 200 islamistes emprisonnés ont retrouvé la liberté.

Dimanche 27, à l'occasion des Jeux équestres mondiaux qui ont lieu à Aix-la-Chapelle, en Allemagne, la Britannique Zara Phillips, qui n'est autre que la petite-fille de la reine Élisabeth II, a remporté la médaille d'or du concours complet avec Toy Town. Âgée de 25 ans, la jeune femme perpétue en fait une tradition familiale. La princesse Anne, sa mère, avait été en effet championne d'Europe par équipe en 1971. Et Mark Phillips, son père, avait gagné le titre olympique en 1972 et été quatre fois vainqueur à Badminton, temple du concours complet.

Les Israéliens demandent des comptes

Jérusalem, lundi 28 • L'armée israélienne a-t-elle sous-estimé la capacité du Hezbollah ? S'est-elle engagée dans la guerre du Liban sans y être suffisamment préparée ? A-t-elle beaucoup trop compté sur les frappes aériennes pour faire la décision ? Le commandement s'est-il montré insuffisamment à la hauteur ? Autant de questions auxquelles devra répondre la commission d'enquête publique dont Ehoud Olmert a aujourd'hui décidé la création, sous la pression de l'opinion publique, des médias et des réservistes envoyés au feu dans des conditions chaotiques. Le sentiment de gâchis qui prévaut en Israël est justifié par les chiffres officiels. Jusqu'à l'arrêt des combats, le Hezbollah a tiré 3 970 roquettes sur le territoire israélien et détruit ou endommagé 54 chars Merkava, ainsi qu'un navire de guerre, un drone et quelque 12 000 habitations. Et pour Israël, le bilan humain s'élève à 159 morts (dont 43 civils) et 4 262 blessés.

L'ouragan Katrina, c'était il y a un an

La Nouvelle-Orléans, mardi 29 • C'était une ville de 484 000 habitants, il n'y en a plus que 217 000 aujourd'hui. Un an jour pour jour après le passage de l'ouragan Katrina, George W. Bush est venu dans la vieille capitale du jazz pour tenter de redresser sa popularité : son administration avait été incapable de faire face à cette catastrophe qui a fait 1 800 morts et entraîné le déplacement de 800 000 personnes, dont la moitié n'a pu encore revenir. En assistant à une messe commémorative à la cathédrale Saint-Louis, à La Nouvelle-Orléans, le président américain n'a pu faire oublier que sur les 110 milliards de dollars d'aide aux sinistrés votés par le Congrès, seulement 44 milliards ont été débloqués… Résultat, la moitié de la ville n'a toujours pas l'électricité. Ce soir, le trompettiste Wynton Marsalis et d'autres musiciens se produiront dans un grand concert de charité.

Mort d'un grand de la littérature

Le Caire, mercredi 30 • Hospitalisé depuis le 16 juillet pour une insuffisance rénale et une pneumonie, l'écrivain égyptien Naguib Mahfouz s'est éteint aujourd'hui. Né le 11 décembre 1911 au Caire, il avait publié son premier recueil de nouvelles en 1938. Le succès viendra dans les années 1950 avec la trilogie *Impasse des deux palais*, *Le Palais du désir* et *Le Jardin du passé*. Auteur au total d'une cinquantaine de romans et d'une trentaine de scénarios, ce chantre de la tolérance et de la modération qui puisait son inspiration dans les rues du Caire avait accédé dans son œuvre à l'universalité. Ce qui lui avait valu, en 1988, le premier prix Nobel de littérature attribué à un écrivain de langue arabe. Déjà pris à parti par des islamistes à la parution en 1959 de son roman *Les Fils de la Medina*, jugé blasphématoire, Mahfouz, l'un des rares intellectuels arabes à avoir approuvé les accords de paix entre l'Égypte et Israël en 1979, avait été victime en 1994 d'une tentative d'assassinat qui lui avait laissé la main droite paralysée.

Jusqu'à sa retraite, en 1971, il avait aussi occupé diverses fonctions dans les appareils culturels de l'État.

James Ellroy

*Après une jeunesse aux marges de la délinquance et de la drogue, James Ellroy (*4.3.1948) se lance dans la littérature et publie en 1981 son premier roman,* Brown's Requiem. *Influencé par Raymond Chandler, il s'impose rapidement comme un maître du roman noir américain, dont il renouvelle la vision traditionnellement pessimiste par une documentation encyclopédique, comme dans* Le Dahlia noir *(1987) ou* L.A. Confidential *(1990).*

Mercredi 30, présentation à la Mostra de Venise du Dahlia noir, *le nouveau film très attendu de Brian De Palma, d'après l'un des romans les plus célèbres de James Ellroy. Dans les années 1940, à Los Angeles, deux inspecteurs enquêtent sur la mort d'une starlette dont le corps a été retrouvé atrocement mutilé… Une plongée dans les abysses de l'Amérique, inspirée de faits réels, et une évocation d'un Hollywood aujourd'hui totalement disparu, mais que les décorateurs du* Dahlia noir *sont allés reconstituer à Sofia, en Bulgarie ! Ci-dessus : Josh Hartnett et Hilary Swank.*

Villepin dévoile ses recettes pour l'emploi

Troyes, jeudi 31 • C'est avec plusieurs ministres et en autocar que Dominique de Villepin s'est rendu au chef-lieu de l'Aube pour y tenir sa conférence de presse mensuelle. Saluant la baisse du taux de chômage, tombé à 8,9 % en juillet, le Premier ministre a réaffirmé sa volonté d'agir en faveur de l'emploi, l'objectif étant de passer au-dessous de la barre des deux millions de chômeurs. Il a aussi confirmé son désir de supprimer les charges patronales pesant au niveau du smic pour les petites entreprises, des négociations devant être engagées à l'occasion du projet de loi de finances 2007. Pour sa part, le ministre de l'Emploi Jean-Louis Borloo a dit que les 220 000 jeunes en contrat d'insertion bénéficieront d'une formation de trois mois qui devrait déboucher sur un emploi, et qu'une « opération de suivi personnalisé très renforcée » sera lancée avant la fin de cette année en faveur de 15 000 jeunes diplômés des zones urbaines sensibles.

L'ONU prend le Darfour en main

New York, jeudi 31 • Pour œuvrer au retour de la paix au Darfour, cette région de l'ouest du Soudan ravagée par la guerre civile et théâtre d'une crise humanitaire d'une extrême gravité, le Conseil de sécurité de l'ONU a adopté la résolution 1706 basée sur un projet présenté par les États-Unis et la Grande-Bretagne. Une résolution votée à la majorité et non pas à l'unanimité : en effet, la Chine, la Russie et le Qatar se sont abstenus, arguant que le gouvernement soudanais, qui avait proposé d'envoyer sur le terrain quelque 10 500 de ses soldats, s'oppose à ce projet qu'il considère comme une « violation de sa souveraineté ». La résolution 1706 prévoit de faire passer le nombre de casques bleus déjà présents dans le cadre de la Mission des Nations unies au Soudan (Minus) de 12 300 à 17 300, sans compter 3 300 policiers en civil. Grâce à ce nouveau déploiement, les forces de l'ONU pourvoiront au remplacement des 7 000 hommes de la Mission de l'Union africaine au Soudan (MUAS) qui, présente au Darfour depuis 2004 mais sous-équipée et privée de moyens financiers suffisants, peine à y imposer la paix. (→ 20.9)

Deux millions de personnes déplacées du fait de la guerre civile soudanaise vivent dans des camps (ici, des enfants du camp de Kalma, dans le sud du Darfour).

Le palmarès de la violence scolaire

France, jeudi 31 • Depuis la rentrée de 2001, l'Education nationale recense sur la base de données Signa les actes de violence commis dans les établissements scolaires. Mais elle répugnait à les communiquer alors qu'il s'agit d'un document public. L'hebdomadaire *Le Point* a fini par les obtenir. Il en publie l'essentiel aujourd'hui, sous la forme d'un « classement des lycées et collèges les plus dangereux ». On apprend que pour 2005-2006, 82 007 actes de violence ont été répertoriés sur 7 924 établissements, que les lycées professionnels sont les plus touchés et que le collège Condorcet de Nîmes affiche un triste « record » de 285 voies de fait. L'hebdomadaire nuance les chiffres en rappelant que certains établissements « chauds » (notamment en Seine-Saint-Denis) n'ont pas rempli la base de données et que d'autres, dans les beaux quartiers, l'ont dédaignée. (→ 4.9)

France

France, mardi 1er
Entrée en service du bracelet électronique mobile, mesure phare de la loi antirécidive votée en décembre 2005. Ce dispositif permet la surveillance 24 h sur 24, par GPS, des déplacements d'un détenu en liberté conditionnelle mais jugé dangereux.

Paris, mardi 1er
La comédienne Murielle Mayette devient la première femme administrateur général de la Comédie-Française depuis sa création en 1680.

France, mardi 1er
Hausse du tarif de la consultation chez un médecin généraliste, qui passe de 20 à 21 euros. (→ 15.10)

Aix-en-Provence, mercredi 2
Suspension du permis de construire de l'incinérateur de Fos-sur-Mer en raison de la présence sur le site d'une espèce protégée de fleur, le lys maritime.

Tours, mardi 8
Ouverture d'une enquête préliminaire sur la découverte, fin juillet à Séoul (Corée du Sud), de deux bébés congelés au domicile d'un couple d'expatriés français. Jean-Louis Courjault et son épouse Véronique dénoncent une « machination ». (→ 12.10)

Paris, mercredi 9
Denis Jeambar quitte la direction de la rédaction de l'hebdomadaire *L'Express* pour prendre la présidence des Éditions du Seuil. Christophe Barbier le remplace.

France, vendredi 11
Fin du délai pour le dépôt en préfecture des dossiers de régularisation des familles sans papiers d'enfants scolarisés, dans le cadre de la circulaire du 13 juin. 30 000 demandes auraient été enregistrées. (→ 18.9)

La Garde-Freinet (Var), mardi 15
Trois pompiers meurent dans la chute de leur véhicule dans un ravin après un incendie à Ramatuelle.

France, mardi 15
Hausse de 1,7 % des tarifs EDF pour les particuliers.

Enghien (Belgique), vendredi 18
La chanteuse française Anne-Laure Sibon (*Star Ac 2*) épouse civilement sa compagne flamande Vanessa.

Paris, lundi 21
La société américaine Taser remporte l'appel d'offres pour fournir à la police française 2 000 pistolets paralysants X26. L'arme, qui ne pèse que 175 g, envoie une décharge électrique de 50 000 volts.

Lille, mardi 22
Mise en examen du propriétaire de l'immeuble insalubre de Roubaix dont l'incendie a fait six morts et huit blessés dimanche 20.

Paris, mardi 22
Retour des quelque 500 touristes français bloqués depuis trois jours en Turquie, suite à un différend financier entre le tour-opérateur français Élégance et la compagnie aérienne turque Atlas Jet.

Cannes, mardi 22
Marie-Simone Capony, 112 ans (*14.3.1894), devient la nouvelle doyenne des Français après le décès, le 12 août dernier, de Camille Loiseau, 114 ans (*13.2.1892).

Paris, jeudi 24
Création d'une allocation pour l'installation étudiante (Aline) d'un montant de 300 euros pour les étudiants boursiers qui quittent le domicile de leurs parents.

Loudenvielle (Hautes-Pyrénées), samedi 26
Mort accidentelle de Palouma, premier des cinq ours slovènes réintroduits dans les Pyrénées depuis avril. Le 5e et dernier lâcher a eu lieu mardi 22 à Arbas.

Hyères, jeudi 24 • Jeannie Longo Ciprelli remporte la course aux points des Championnats de France de cyclisme sur piste, décrochant à 47 ans son 52e titre national.

Bordeaux, lundi 28
Démission de la majorité municipale UMP-UDF-DVD pour provoquer des élections anticipées et permettre le retour d'Alain Juppé au poste de maire. (→ 13.10)

France, lundi 28
Sortie dans les bacs de *5.55'*, 2e album de Charlotte Gainsbourg, vingt ans après *Charlotte Forever* réalisé sous la direction de son père Serge.

Union européenne

Bruxelles, mercredi 2
Feu vert de l'exécutif européen à la commercialisation du premier médicament transgénique : l'ATryn, un anticoagulant issu du lait de chèvres génétiquement modifiées.

Bruxelles, samedi 5
La Commission européenne estime qu'une offre d'emploi écartant les fumeurs n'enfreint pas la législation antidiscrimination de l'UE.

International

Moscou, mardi 1er
Le tribunal d'arbitrage de Mosou met fin à la procédure contre Ioukos en prononçant la liquidation judiciaire de l'ancien numéro 1 du pétrole russe.

Sucre, dimanche 6
Ouverture des travaux de l'Assemblée constituante bolivienne qui aura pour tâche la rédaction d'un texte fondamental pour le pays d'ici à un an.

N'Djamena, mardi 8
Réconciliation entre le Tchad et le Soudan en marge de l'investiture du président tchadien Idriss Déby. Les deux pays rétablissent leurs relations diplomatiques et économiques, rompues depuis avril.

Italie, jeudi 10
Polémique après que la ville de Padoue (Nord) a érigé en quelques heures un mur d'acier de 84 m de long sur 3 m de hauteur pour isoler et contrôler un quartier sensible réputé abriter un vaste trafic de drogues.

Moscou, jeudi 10
Vladimir Poutine ordonne une grande inspection de tous les musées russes suite au vol de 221 objets à l'Ermitage (Saint-Pétersbourg). La dernière inspection remonte à 1976.

La Havane, lundi 14
La télévision publique cubaine diffuse les premières images de Fidel Castro convalescent, au lendemain du 80e anniversaire du Lider Maximo.

Téhéran, lundi 14
Ouverture, au musée d'Art contemporain palestinien, d'une exposition de caricatures sur l'Holocauste, en réponse aux caricatures occidentales de Mahomet.

Beyrouth, lundi 14
Dès l'entrée en vigueur de la trêve au Liban, le Hezbollah indemnise les propriétaires et locataires des immeubles ravagés par les raids israéliens sur le sud de la capitale : 12 000 $ en espèces pour le propriétaire d'un appartement, 8 000 $ pour un locataire. (→ 31)

Genève, mercredi 16
Naissance de Luisa, 2e enfant de l'actrice Clotilde Courau et du prince Emmanuel-Philibert de Savoie.

Los Angeles, mardi 22
Le studio Paramount ne renouvelle pas le contrat qui le liait depuis 14 ans à l'acteur vedette Tom Cruise.

Washington, jeudi 24
Les autorités sanitaires américaines autorisent la vente libre de la pilule du lendemain aux femmes de plus de 18 ans, malgré l'opposition de la droite chrétienne.

Boulder (Colorado), lundi 28
Abandon des poursuites contre John Mark Karr, un enseignant qui s'est accusé pendant 12 jours d'un crime qu'il n'a pas commis : le meurtre, en 1996, de la mini-Miss JohnBenet Ramsey. L'ADN ne correspond pas.

Colombo, mercredi 30
La mission scandinave d'observation du cessez-le-feu au Sri Lanka accuse l'armée d'être responsable du meurtre de 17 employés locaux de l'ONG française Action contre la faim dans le nord-est du pays.

Vienne, jeudi 31
L'AIEA transmet au Conseil de sécurité son rapport indiquant que l'Iran n'a pas respecté l'ultimatum de l'ONU pour mettre fin à ses activités d'enrichissement d'uranium, ce qui ouvre la voie à d'éventuelles sanctions internationales. (→ 3.10)

Oslo, jeudi 31
La police norvégienne retrouve *Le Cri* et *La Madone*, les deux célèbres tableaux du peintre Edvard Munch, dérobés en plein jour il y a deux ans au musée Munch d'Oslo. Les voleurs courent toujours.

Stockholm, jeudi 31
La conférence internationale des pays donateurs recueille 940 millions de dollars de promesses de dons en faveur du Liban, dévasté par 34 jours de guerre entre Israël et le Hezbollah.

Économie

Londres, vendredi 4
Le Luxembourgeois Roland Junck est nommé p-dg du nouveau groupe Arcelor-Mittal.

New York, lundi 7
Les cours du pétrole battent un nouveau record, à 78,64 dollars le baril, après que la compagnie BP (British Petroleum) a annoncé l'arrêt de sa production, pour travaux, sur le champ de Prudhoe Bay en Alaska, le plus gros gisement pétrolier américain.

Toronto, mardi 15
Le groupe minier anglo-suisse Xstrata prend le contrôle de 92,1 % du canadien Falconbridge, 4e producteur mondial de cuivre et de nickel.

Londres, vendredi 18
L'Arabie saoudite commande 72 avions de chasse Eurofighter pour près de 15 milliards d'euros.

Rome, samedi 26
Les conseils d'administration de SanPaolo IMI et Banca Intesa appouvent la fusion des deux groupes, créant la plus grande banque italienne et la 6e en Europe.

Paris, mardi 29
L'action EADS gagne 3,32 %, à 23,41 €, après l'annonce du rachat de 5 % des parts du groupe européen par la banque publique russe Vneshtorgbank.

Paris, jeudi 31
Bercy donne son feu vert, sous conditions, à la fusion des deux bouquets satellites CanalSat et TPS.

Sciences

Greenbelt (Maryland), mardi 15
La Nasa reconnaît avoir égaré les bandes originales des premiers pas sur la Lune datant du 21 juillet 1969.

Madrid, mardi 22
Remise de la médaille Fields, le « Nobel des maths », au Français Wendelin Werner, à l'Australien Terence Tao et au Russe Andreï Okounkov. Le Russe Grigori Perelman refuse cette récompense, la jugeant « sans intérêt ».

Sports

Paris, samedi 5
L'équipe suisse Phonak licencie l'Américain Floyd Landis après la confirmation du contrôle positif à la testostérone du vainqueur du Tour de France 2006.

Tokyo, vendredi 18
Blessé à la main droite, Tony Parker déclare forfait à la veille de l'ouverture du Mondial de basket.(→ 3.9)

Washington, mardi 22
L'athlète Justin Gatlin est suspendu de toute compétition pour 8 ans et déchu de son record du monde du 100 m. Il échappe à la radiation à vie en échange de sa coopération avec l'Agence anti-dopage américaine.

Concarneau, lundi 28
Le Finistérien Nicolas Troussel gagne, sur *Financo*, la 37e édition de la Solitaire Afflelou-Le Figaro à la voile.

Décès

Paris, mercredi 2
Maurice Kriegel-Valrimont (*14.5.1914), grand résistant et ancien dirigeant du PCF.

Anvers, samedi 5
Hugo Schiltz (*27.10.1927), homme politique flamand.

La Havane, mardi 8
Gustavo Arcos (*19.12.1926), ancien partisan de Fidel Castro et pionnier de la dissidence cubaine.

Iowa City, mercredi 9
James Alfred Van Allen (*7.9.1914), physicien et astronome américain.

Paris, jeudi 17
Bernard Rapp (*17.2.1945), journaliste et cinéaste.

Paris, samedi 19
Jacqueline Beytout (*20.2.1918), ex-propriétaire et p-dg du quotidien économique français *Les Échos*.

Novato (Californie), dimanche 20
Joe Rosenthal (*9.10.1911), photoreporter américain, prix Pulitzer 1945.

Beverly Hills, mercredi 30
Glenn Ford (*1.5.1916), comédien, figure de l'âge d'or du cinéma hollywoodien.

Septembre

Lu	Ma	Me	Je	Ve	Sa	Di
				1	2	3
4	5	6	7	8	9	10
11	12	13	14	15	16	17
18	19	20	21	22	23	24
25	26	27	28	29	30	

Mercredi 20, à Bobigny : en reprochant aux juges d'avoir démissionné face à la délinquance, Nicolas Sarkozy va déclencher dans la magistrature une véritable tempête. Le ministre de l'Intérieur réagira en déclarant : « Les Français savent que je dis la vérité. »

L'empire de l'opium s'étend en Afghanistan

Kaboul, samedi 2 • Le directeur de l'Office des Nations unies contre la drogue et le crime (ONUDC), l'Italien Antonio Maria Costa, est catastrophé : en 2006, la production d'opium en Afghanistan devrait s'élever à 6 100 tonnes, soit une augmentation de 49 % par rapport à l'année dernière et 92 % de la production mondiale… Le rapport de l'ONUDC précise également que la culture du pavot occupe désormais 165 000 hectares des terres cultivables du pays et que seules six provinces sur trente-quatre ne sont pas concernées. La tentative, amorcée en 2004, de promouvoir des cultures de substitution (comme celle du rosier, destinée à la production d'huile de parfum) a donc totalement échoué. Le *Washington Post*, qui rappelle que les États-Unis ont fourni à Kaboul une aide de 10,3 milliards de dollars de 2001 à 2003, met en cause l'incurie du président Hamid Karzai.

La culture du pavot et le trafic d'opium alimenteraient les caisses des talibans.

***Dimanche 3,** Bertrand Delanoë et l'archevêque de Paris, Mgr André Vingt-Trois, ont inauguré la place Jean-Paul II, le nouveau nom du parvis de Notre-Dame. Louant sa « clairvoyance active, érigée […] contre toutes les dérives intégristes », le maire de Paris a qualifié le défunt pape de « sentinelle majeure des temps modernes ». Très controversée, la cérémonie s'est déroulée en présence de plus de trois mille spectateurs, dont plusieurs dizaines de personnes opposées à cet hommage rendu à un pape dont elles jugent « criminelles » et réactionnaires les positions sur l'usage du préservatif et sur les homosexuels.*

Andre Agassi quitte les courts

New York, dimanche 3 • C'est finalement le modeste Allemand Benjamin Becker qui aura eu l'honneur de mettre fin à la carrière d'Andre Agassi en le battant en quatre sets au troisième tour de l'US Open. L'émotion était à son comble à la fin de la partie, celui qu'on avait qualifié à ses débuts de Kid de Las Vegas pleurant sur le court et recevant une ovation pendant de longues minutes. Âgé de 36 ans, Andre Agassi avait annoncé qu'il quitterait après ce tournoi un circuit professionnel qu'il écumait depuis plus de vingt et un ans. Un record, accompagné d'un palmarès exceptionnel. Vainqueur de 60 tournois en simple, celui qui, contre son grand rival Pete Sampras, a livré certains des plus grands matchs de l'histoire, est un des rares tennismen à s'être imposé dans les quatre tournois du Grand Chelem.

Andre Agassi, numéro 1 mondial en 1995 pour la première fois et en 2003 pour la dernière, a aussi remporté le titre olympique à Atlanta en 1996, ainsi que trois Coupes Davis avec l'équipe des États-Unis en 1990, 1992 et 1995.

Haro sur la carte scolaire

Versailles, lundi 4 • C'est au lycée Hoche de Versailles que le ministre de l'Éducation nationale Gilles de Robien a fait l'ouverture de la rentrée des classes. Il en a profité pour apporter sa voix au débat sur la carte scolaire qui a, selon lui, « un petit côté privatif de liberté qu'il faut, le cas échéant, assouplir ». En quoi il était plus prudent que Nicolas Sarkozy qui, lui, s'était déclaré dès le mois de février favorable à sa suppression pure et simple. La prise de position la plus remarquée a toutefois été celle de Ségolène Royal. Hier, devant les militants du PS rassemblés à Florac (Lozère), elle n'a pas hésité à affirmer que « l'idéal » serait de « supprimer la carte scolaire ». La candidate à la candidature socialiste a préconisé « une forme de choix entre deux ou trois établissements ». Et pointé l'« hypocrisie » de ceux qui refusent d'admettre que la carte scolaire n'est plus, désormais, un facteur de mixité sociale, mais bien au contraire de ségrégation.

On avait beau clamer que les circonstances étaient tout autres et que les Italiens resteraient champions du monde quoi qu'il arrive, le match France-Italie disputé le mercredi 6 au Stade de France avait une saveur de revanche, deux mois après la finale du 9 juillet. En l'absence des deux « héros » de Berlin (Materazzi étant suspendu et Zidane, suspendu et retraité), la rencontre a tourné à l'avantage des Bleus qui l'ont emporté 3-1, avec deux buts de Sidney Govou et un de Thierry Henry (ci-dessus entre Gattuso et Cannavaro), contre un d'Alberto Gilardino.

La justice veut se réformer

Paris, mardi 5 • Pourrait mieux faire. Telle est en substance la réaction des professionnels du barreau après que la chancellerie leur a exposé le projet de réforme de la justice validé en réunion interministérielle hier. Qu'en est-il de la grande réforme annoncée après le procès d'Outreau par le ministre de la Justice Pascal Clément ? Trois mesures sont principalement envisagées. Les gardes à vue feront l'objet d'un enregistrement audiovisuel, de même que les interrogatoires des mis en examen par le juge d'instruction, mais dans ce cas seulement à la discrétion du juge ou « sur réquisition du procureur de la République ou à la demande des parties ». Concernant la responsabilité des juges, le ministre en a limité la portée en proposant qu'ils ne soient poursuivis qu'en cas de « violation délibérée des principes directeurs de la procédure civile ou pénale ». Enfin, les dossiers de détention provisoire seront revus tous les six mois. (→ 24.10)

Scandale sanitaire en Côte d'Ivoire

Abidjan, mercredi 6 • Le président ivoirien Laurent Gbagbo a accepté dans la soirée la démission du gouvernement de Charles Konan Banny, qui est toutefois chargé d'en former un nouveau demain. Cette valse ministérielle est la conséquence de la grave crise sanitaire à laquelle le pays doit faire face. Dans la nuit du 19 au 20 août derniers, en effet, le *Probo Koala*, un navire armé par une compagnie grecque et battant pavillon panaméen, avait fait déverser à ciel ouvert dans le secteur d'Abidjan, légalement d'après la compagnie, des déchets hautement toxiques. Lesquels ont depuis, selon un bilan provisoire, rendu malades 1 500 personnes et fait trois morts. Aujourd'hui, des groupes de jeunes avaient manifesté contre ces déversements dont les responsabilités ne sont pas encore établies. (→ 27)

Le 8, la ministre française de la Coopération Brigitte Girardin se rendra avec Charles Konan Banny dans le secteur infesté.

Guantanamo dans le droit

Washington, mercredi 6 • Le président des États-Unis a fait une marche arrière spectaculaire sur le traitement réservé jusqu'ici aux présumés terroristes qualifiés d'« ennemis combattants ». Ainsi les détenus de la base de Guantanamo pourront bénéficier de la protection de la convention de Genève, et les conditions dans lesquelles se déroulent leurs interrogatoires seront désormais soumises à des règles précises : les actes de torture (usage de chiens, décharges électriques, hypothermie, humiliations sexuelles, etc.) sont interdits. Ce revirement est la conséquence directe d'un avis de la Cour suprême qui, le 29 juin dernier, avait jugé illégaux les tribunaux militaires d'exception créés par la Maison-Blanche après le 11 septembre 2001. D'autre part, le président a dû reconnaître que des présumés terroristes ont été détenus dans des prisons secrètes de la CIA. (→ 28)

Les huîtres d'Arcachon suspectées

Arcachon, mercredi 6 • Certaines coïncidences sont malheureuses. Cet après-midi, tandis que Dominique Bussereau, ministre de l'Agriculture et de la Pêche, recevait des professionnels venus lui demander que soit levée l'interdiction, décrétée le 31 août après des tests biologiques défavorables, de manger des huîtres du bassin, un millier d'ostréiculteurs défilaient dans Arcachon dans une marche funèbre en hommage à leur profession, menacée selon eux d'extinction. Or, on apprenait alors que la mort mystérieuse, les 3 et 5, de deux personnes au centre hospitalier pourrait être liée à une consommation d'huîtres du cru. En vertu du principe de précaution, la mesure d'interdiction a donc été maintenue, deux informations judiciaires étant en outre ouvertes. (→ 21)

Les célèbres parcs à huîtres du bassin d'Arcachon couvrent une surface d'environ 800 hectares.

Marie Stuart alias Adjani

Paris, vendredi 8 • C'est aujourd'hui le grand retour d'Isabelle Adjani sur les planches. L'événement a lieu ce soir au Théâtre Marigny, où elle interprète la malheureuse reine d'Écosse décapitée dans *La Dernière Nuit de Marie Stuart*, une pièce d'un dramaturge allemand assez peu connu en France, Wolfgang Hildesheimer (1916-1991). Adaptée et mise en scène par Didier Long, la pièce ne joue pas sur un registre facile. Elle est même plutôt austère, et exige de la part du spectateur concentration et attention. Mais le public en est largement récompensé. De l'avis unanime des spectateurs et des critiques, Isabelle Adjani fait dans cette *Dernière Nuit de Marie Stuart* l'une de ses plus grandes créations. Fabienne Darge écrira dans *Le Monde* du 17 septembre qu'elle a été ovationnée ce soir « avec une ferveur digne de celle qui salue d'habitude les rockers ou les chanteuses ».

Cédant à la forte adversité qu'il rencontre au sein de son propre parti, le Premier ministre britannique Tony Blair, au pouvoir depuis 1997, a annoncé jeudi 7 son départ d'ici un an, sans toutefois fournir une date précise. Depuis plusieurs jours, des députés travaillistes réclamaient ce départ dans les médias et, hier, sept membres du gouvernement avaient démissionné. Artisan de cette rébellion, le chancelier de l'Échiquier Gordon Brown, ici avec Tony Blair, devrait lui succéder.

Le Vatican réintègre des intégristes

Rome, vendredi 8 • Par un décret canonique, la commission Ecclesia Dei a créé à Bordeaux le Bon Pasteur, un nouvel institut de droit pontifical, c'est-à-dire relevant directement de l'autorité du Vatican. Mais le Bon Pasteur n'est pas un institut tout à fait comme les autres : il est en effet confié à cinq prêtres « intégristes », les abbés Philippe Laguérie (supérieur en titre), Paul Aulagnier, Guillaume de Tanouärn, Christophe Héry et Henri Forestier. Tous les cinq, il est vrai, sont des dissidents de la Fraternité saint Pie X fondée par Mgr Marcel Lefebvre en 1970 et demeurée hostile au Saint-Siège, malgré une tentative de rapprochement opérée en août de l'année dernière entre Benoît XVI et l'évêque excommunié Bernard Fellay, supérieur de la « Frat », comme l'appellent familièrement ses adeptes. La fondation du Bon Pasteur traduit néanmoins, de la part du pape, une persévérance dans sa volonté d'apaisement entre Rome et les traditionalistes. Une volonté partagée par Mgr Jean-Pierre Ricard, évêque de Bordeaux, qui permettra à la minorité de ceux qui veulent « exercer leur sacerdoce dans la tradition doctrinale et liturgique de la Sainte Église » de la réintégrer sans renier leurs convictions.

Isabelle Adjani

Née le 27 juin 1955 à Paris, Isabelle Adjani a été révélée en 1972 à la Comédie-Française dans le rôle d'Agnès de L'École des femmes. *Mais c'est au cinéma, avec* La Gifle *(1974), qu'elle est devenue une star, récoltant quatre Césars et tournant des œuvres prestigieuses comme* L'Histoire d'Adèle H *(1975),* Les Sœurs Brontë *(1979) ou* Camille Claudel *(1988). Elle a fait un retour éclatant au théâtre dans* La Dame aux camélias, *en 2000.*

Nicolas Sarkozy, un ministre candidat en tournée américaine

Washington, mardi 12 • C'est en tant que ministre de l'Intérieur, numéro 2 du gouvernement, que Nicolas Sarkozy est en visite aux États-Unis. Un ministre derrière lequel pointe clairement le candidat à la présidentielle faisant son entrée sur la scène internationale et qui, dès samedi, alors qu'il remettait la Légion d'honneur au chef de la police de New York, a assuré à ses « amis » d'outre-Atlantique qu'ils « peuvent compter sur la France en cas d'épreuve comme la France a toujours compté sur les États-Unis dans les situations dramatiques ». Il faut dire que l'hostilité de la France à l'attaque de l'Irak, en 2003, est encore dans tous les esprits. Après avoir représenté le gouvernement français aux commémorations du 11 septembre 2001 et été reçu par le secrétaire général de l'ONU Kofi Annan, Nicolas Sarkozy, aujourd'hui à Washington, a pu s'entretenir à la Maison-Blanche avec George W. Bush, venu se joindre à une discussion avec le conseiller à la Sécurité nationale Stephen Hadley. Pendant quarante minutes, selon Nicolas Sarkozy, vingt-cinq selon les Américains.

La photo de la rencontre entre Bush et Sarkozy a été très largement diffusée par les médias.

Les jeunes s'enivrent plus souvent

France, mardi 12 • Depuis désormais cinq ans, l'enquête nationale Esacapad étudie, par le biais de sondages réalisés à l'occasion des journées d'appel de préparation à la Défense, les comportements des Français âgés de 17 ans à l'égard de l'alcool et des drogues. Il ressort de l'exercice 2005 que si la consommation d'alcool régulière est en légère baisse depuis deux ans, 9,6 % des jeunes déclarent avoir été saouls au moins dix fois dans l'année, contre 6,6 % en 2003. La consommation de cannabis, pour sa part, est stable depuis 2003, après avoir connu une augmentation constante au cours des années 1990. Quant au tabac, son expérimentation et son usage sont en régression, avec 72,2 % en 2005 contre 77 % il y a deux ans.

Mardi 12, débarquement dans le port de Beyrouth de quatorze chars français Leclerc. Ces blindés seront répartis entre la force de réaction rapide de la Finul basée au PC du bataillon français, à Dayr Kifa, et une compagnie d'infanterie établie à Bint Jbail, où ils seront en appui. Quarante-cinq blindés légers et quatre canons automoteurs AUF1 de 155 mm ont été aussi débarqués.

Des sons tout nouveaux pour la salle Pleyel

Paris, mercredi 13 • « La salle Pleyel n'écoutait plus », chantait en 1955 Charles Trenet dans sa désopilante *Java du diable*… Et, de fait, depuis quatre ans, plus personne n'écoutait à Pleyel, et pour une très bonne raison : la célèbre salle de concerts parisienne était en pleine rénovation. Des travaux destinés en particulier à lui donner une acoustique digne de son rang international et à offrir au public des conditions de confort optimales. Au prix toutefois d'une réduction du nombre de places : 1 913 au lieu de 2 370. Pour ceux qui ont pu assister au concert de réouverture, ce soir, le changement était spectaculaire : ce n'était plus la vieille salle Pleyel ouverte en 1927 ! Le programme était des plus alléchants, avec la sublime *Symphonie n° 2 « Résurrection »* de Gustav Mahler et l'Orchestre de Paris dirigé par Christoph Eschenbach.

La modernisation de Pleyel a été confiée à l'architecte François Céria et à Artec Consultants. Coût : 27 millions d'euros.

Faisant appel à de nombreux artistes, Thierry Ehrmann, un habitant de Saint-Romain-au-Mont-d'Or (Rhône), près de Lyon, a peu à peu transformé sa propriété, un relais de poste du XVIIe siècle, en « demeure du chaos » inspirée par le 11 septembre 2001. Cette œuvre n'a pas que des adeptes dans la commune. En 2004, le maire, reprochant notamment à Ehrmann d'agir sans autorisation de travaux, avait porté plainte. Le mercredi 13, la cour d'appel de Lyon a condamné celui-ci à 200 000 euros d'amende, mais sans exiger la remise en l'état de la maison.

La France est dans la ligne de mire d'Al-Qaida

Amiens, jeudi 14 • « Il y a bien une situation de crise », a déclaré Dominique de Villepin lors d'un déplacement à Amiens. En effet, les dernières informations concernant les menaces terroristes sont inquiétantes. Lundi 11, le jour du cinquième anniversaire des attentats de New York de 2001, le second d'Oussama Ben Laden, l'Égyptien Ayman Al-Zawahiri, annonçait dans un message vidéo que le Groupe salafiste pour la prédication et le combat (GSPC) avait rejoint Al-Qaida et que cette union ferait « naître la peur dans le cœur des traîtres et des fils mécréants de France ». Et dès aujourd'hui, le réseau islamiste algérien confirmait son allégeance à Ben Laden sur Internet : « Nos soldats sont à ses ordres pour qu'il frappe par notre entremise qui il voudra et partout où il voudra. » Ces nouvelles doivent être prises d'autant plus au sérieux que, jusqu'à présent, Al-Qaida avait fait la sourde oreille aux offres de ralliement du réseau islamiste algérien. Ce tournant laisse supposer que le GSPC, fondé en 1988 par des dissidents du Groupe islamique armé (GIA), a résisté aux coups de la police algérienne et s'est suffisamment structuré pour être admis par Al-Zawahiri. Dirigé par Abdel Kader Droukel, alias Abou Moussab Abdelouahoud, le GSPC disposerait en France d'une cinquantaine d'hommes prêts à agir.

Benoît XVI a fait bondir l'Islam

Rome, jeudi 14 • Benoît XVI rentre à Rome plus soucieux que lorsqu'il en était parti… Lors de son voyage de six jours en Allemagne, il a déchaîné une tempête de protestations dans le monde musulman. C'était mardi, à l'université de Ratisbonne. Dans un discours sur les rapports entre la foi et la religion, il a fait écho à une controverse qui, au XIVe siècle, opposa l'empereur byzantin Manuel II Paléologue à un lettré persan. À propos de la guerre sainte, l'empereur objectait à son interlocuteur, en se référant aux dispositions fixées dans le Coran : « Montre-moi donc ce que Mahomet a apporté de nouveau, et tu y trouveras seulement des choses mauvaises et inhumaines, comme son mandat de diffuser par l'épée la foi qu'il prêchait. » À quoi l'empereur opposait la conversion par la raison : « Pour convaincre une âme raisonnable, il n'est pas besoin de disposer ni de son bras, ni d'instrument pour frapper, ni de quelque autre moyen que ce soit avec lequel on pourrait menacer une personne de mort… » Bien que le pape ait pris soin de souligner la « rudesse assez surprenante » du propos de Manuel II Paléologue, cette citation et son commentaire pourtant très mesuré ont été interprétés comme une « offense » dans les médias des pays musulmans. Plusieurs États ont convoqué l'ambassadeur du Vatican, des manifestations violentes ont éclaté, notamment en Palestine, et une religieuse italienne, sœur Leonella, sera même assassinée à Mogadiscio (Somalie) dimanche. Le jour même où Benoît XVI se déclarera « profondément attristé » par les réactions qu'il a suscitées.

Licenciements massifs chez Ford

New York, vendredi 15 • Devant faire face à de fortes baisses de ses ventes, le public délaissant de plus en plus les gros modèles, trop gourmands en carburant, Ford avait annoncé au mois de janvier dernier, la réduction de 25 % de ses effectifs d'ici 2012. Mais depuis, le deuxième constructeur automobile américain derrière General Motors a accusé au premier semestre une perte de pas moins de 1,45 milliard de dollars. Aussi, arrivé la semaine dernière à la tête de l'entreprise, Alan Mullally n'a pas perdu de temps pour durcir le plan de restructuration. Ainsi, ce ne sont plus 30 000 mais 40 000 postes en Amérique du Nord qui seront supprimés, soit un tiers des effectifs de l'entreprise, l'échéance étant, quant à elle, avancée à 2008. Ces dégraissages seront accompagnés d'une réduction de 26 % de la production et de nombreuses fermetures d'usines.

Arrivé le 5 à la tête de Ford, Alan Mullally, 61 ans, était auparavant le numéro 2 de Boeing, responsable du secteur de l'aviation civile.

La Suède a viré à droite

Stockholm, dimanche 17 • Les sondages l'avaient prédit : la lutte promettait d'être extrêmement serrée. Et elle l'a été. Avec 48,1 % contre 46, c'est la coalition des quatre partis de centre-droit emmenée par Fredrik Reinfeld qui l'a emporté sur les sociaux-démocrates du Premier ministre sortant Göran Persson, alliés aux Verts et au Parti de la gauche. Une victoire historique, le Parti social-démocrate ayant été au pouvoir pendant six des sept dernières décennies et Göran Persson étant lui-même Premier ministre depuis 1996. Fredrik Reinfeld, leader du parti des Modérés depuis trois ans, menait là sa première campagne nationale et va donc accéder au pouvoir, à 41 ans seulement. « Ce qui s'est passé est fantastique », dira-t-il demain tout à sa joie, au moment de commencer les discussions pour la formation de son futur gouvernement. Reconnaissant sa défaite dès ce soir, Göran Persson, qui avait basé sa campagne sur un bon bilan économique, a fait savoir qu'il allait démissionner de la direction de son parti.

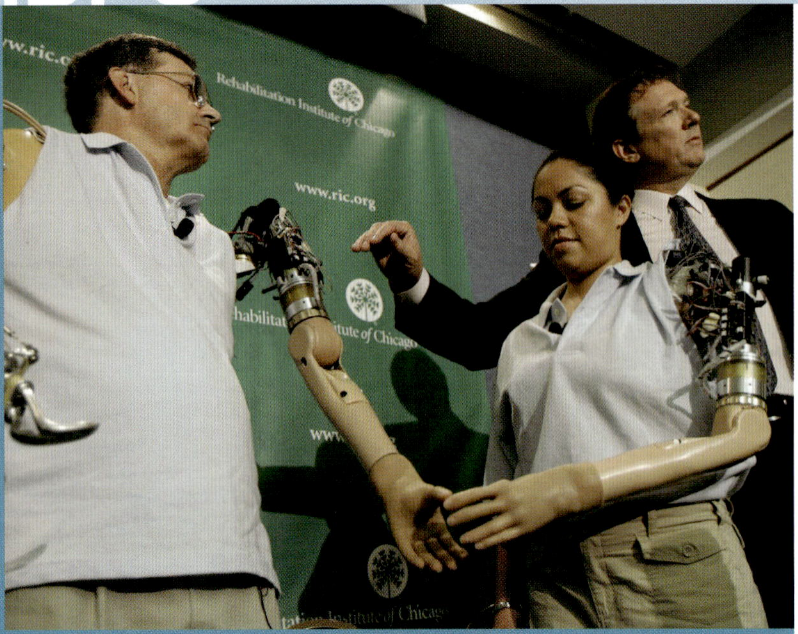

Jeudi 14, à Washington, le docteur Todd Kuiken, du Rehabilitation Institute de Chicago, présente la première femme « bionique » du monde. Le bras gauche de l'Américaine Claudia Mitchell, amputé à la suite d'un accident de moto, a été remplacé par un bras artificiel répondant directement aux instructions du cerveau. Claudia Mitchell était accompagnée de Jesse Sullivan, le premier homme « bionique » qui avait été, quant à lui, doté de deux bras artificiels.

Non aux filles squelettiques !

Madrid, lundi 18 • Coup de tonnerre dans le monde de la mode. Cinq mannequins devant défiler lors de la Pasarela Cibeles, la grande fête de la mode madrilène qui débute aujourd'hui, ont été privées de podium. Le motif ? Elles sont trop maigres, selon le gouvernement régional de Madrid, qui cofinance l'événement et qui, en accord avec la Société espagnole d'endocrinologie et de nutrition, a imposé un critère strict, basé sur une norme de l'OMS : toute mannequin qui présente un indice de masse corporelle inférieur à 18 (56 kg pour 1,75 m) est exclue. Cette décision, prise au nom de la lutte contre l'anorexie (des mannequins elles-mêmes et de celles qui veulent leur ressembler), fait également suite à la mort par épuisement après un défilé, le 2 août, d'une jeune mannequin uruguayenne âgée de 22 ans qui, dit-on, avait arrêté de manger deux semaines auparavant.

Le Kremlin a coupé le gaz à Shell

Moscou, lundi 18 • Destiné à exploiter les gisements de pétrole et de gaz de l'île de Sakhaline, dans l'extrême est de la Russie, Sakhaline 2 est menacé. Ce projet, contrôlé à 55 % par Shell et à 25 et 20 % par les Japonais Mitsui et Mitsubishi, a été bloqué par le ministère russe des Ressources naturelles, au motif que le volet gaz n'offrirait pas de garanties écologiques suffisantes. En fait, l'explication pourrait bien être plutôt économique et politique. En effet, Shell a annoncé que le coût du projet, évalué d'abord à 10 milliards de dollars, serait tout simplement doublé, ce dont la Russie était fondée à se formaliser : son contrat avec Shell stipule qu'elle ne touchera des royalties qu'après amortissement par l'opérateur de ses investissements. Par ailleurs, le groupe russe Gazprom souhaiterait racheter 20 % des parts de Shell...

L'émeute embrase Budapest

Budapest, mardi 19 • « J'ai demandé à la police de rétablir l'ordre par tous les moyens », a déclaré à la télévision hongroise le Premier ministre, le socialiste (et ex-communiste) Ferenc Gyurcsany. Il refuse de céder à la pression de la rue et exclut de démissionner. La crise a éclaté dimanche, lorsque la radio publique a diffusé un enregistrement datant de mai dernier, dans lequel le Premier ministre reconnaissait qu'il avait délibérément trompé l'électorat hongrois pour remporter les législatives du 23 avril dernier : « Nous avons merdé. [...] Il est évident que nous avons menti tout au long des derniers dix-huit mois. » Ferenc Gyurcsany, qui était alors déjà Premier ministre, avait dissimulé le plan d'austérité drastique qu'il comptait infliger à ses compatriotes pour respecter les critères d'entrée de la Hongrie dans l'Union européenne. Toute la nuit dernière, à Budapest, les forces de l'ordre se sont durement opposées aux manifestants qui exigeaient sa démission. (→ 6.10)

Dans la nuit de mardi à mercredi, l'émeute reprenait à Budapest, attisée par des militants d'extrême droite.

Putsch en Thaïlande

Les chars de l'armée thaïlandaise déployés dans Bangkok ne semblent guère inspirer autre chose que de la curiosité...

Bangkok, mardi 19 • Pas une seule goutte de sang versée, pas de réaction dans la population. Le climat délétère qui régnait en Thaïlande a été balayé par un putsch militaire en bonne et due forme... Profitant de l'absence du Premier ministre Thaksin Shinawatra, à New York pour l'Assemblée générale des Nations unies, le chef de l'armée de terre, le général Sonthi Boonyaratglin, s'est emparé du pouvoir. Il a suspendu la Constitution et établi un Conseil de réforme politique. Après que les militaires ont pris le contrôle des stations de télévision et de radio et que des chars se sont déployés dans la capitale, le général Sonthi a été reçu par le roi Bhumibol Adulyadej, très respecté en raison de son action caritative. Personne, à l'exception de ses « clients », ne paraît regretter le milliardaire Thaksin Shinawatra et son système d'enrichissement personnel et de corruption. (→ 1.10)

La Californie s'en prend aux constructeurs pollueurs

Sacramento, mercredi 20 • Paradoxe à l'américaine? L'État de Californie, qui compte quelque 32 millions de véhicules en circulation pour 35 millions d'habitants, a porté plainte pour « nuisance publique » contre les six principaux constructeurs automobiles (General Motors, Toyota, Ford, Honda, Chrysler et Nissan). Certes, la Californie, le premier État à avoir notamment imposé le pot catalytique et l'essence sans plomb, est une pionnière dans la lutte contre la pollution. Mais certains n'hésitent pas à voir là une manœuvre politique, à quelques semaines des élections parlementaires de novembre...

Les talibans ne sont pas "totalement vaincus"

Washington, mercredi 20 • Le général américain James Jones, commandant en chef des forces de l'Otan, fait le bilan de l'opération Medusa conduite par l'Isaf sous le commandement du général canadien David Fraser dans le sud de l'Afghanistan, du 2 au 17 septembre. Selon le général Jones, au moins 1 000 talibans auraient été tués, les pertes de l'Isaf s'élevant à cinq soldats canadiens et à treize militaires britanniques, ces derniers morts dans un accident d'avion. Le général Jones a toutefois concédé qu'il ne pensait pas que les talibans « soient totalement vaincus ». Lundi, quatre autres soldats canadiens ont été tués dans un attentat suicide près de Kandahar.

Mercredi 20, à l'Assemblée générale de l'ONU, le président vénézuélien Hugo Chávez fait sensation en se livrant à une violente diatribe contre les États-Unis : « Les prétentions hégémoniques de l'empire américain mettent en danger la survie même de l'espèce humaine. » Il a aussi fait la publicité de Hegemony or Survival, *récent ouvrage du linguiste et philosophe américain Noam Chomsky dont l'hostilité à la politique étrangère de George W. Bush est radicale.*

Hugo Chávez

Né le 28 juillet 1954, le colonel Hugo Rafael Chávez Frias a été élu en 1998 président du Venezuela sur un programme axé sur la redistribution des revenus du pétrole, sur le développement de la démocratie par l'institution du référendum d'initiative populaire et sur l'indépendance de l'Amérique latine vis-à-vis des États-Unis. Il a échappé en 2002 à une tentative de putsch et est sorti en 2004 vainqueur d'un référendum suscité par la droite pour le destituer.

L'opérette est de retour au Châtelet

Le 20 septembre 2006 pourrait bien demeurer une date marquée d'une pierre blanche dans les annales de l'art lyrique français ! Ce soir-là, à Paris, le Théâtre du Châtelet a ouvert sa saison en reprenant dans une version remise au goût du jour et habilement « décalée » le grand succès populaire des années 1950, *Le Chanteur de Mexico* de Francis Lopez. Ainsi l'opérette, que l'on croyait à jamais enterrée, ressuscitait pour le plus grand plaisir du public et à la surprise admirative de critiques musicaux aussi sourcilleux que Renaud Machart dans *Le Monde*. Enfant naturel du vieil opéra-comique du XVIIIe siècle, l'opérette a fait depuis ses origines l'objet de très vives controverses dans le milieu musical « sérieux ». L'historien et musicologue Jules Combarieux (1859-1915) la qualifiait d'« herbe folle » que l'on pourrait « sans grand dommage fouler en passant », alors que le grand compositeur Camille Saint-Saëns (1835-1921) écrivait : « L'opérette est fille de l'opéra-comique, une fille qui a mal tourné ; mais les filles qui tournent mal ne sont pas toujours sans agrément. » C'est sous le Second Empire que l'opérette prit véritablement son essor, notamment grâce à la libéralisation des entreprises de théâtre (1864). Le créateur de ce théâtre musical fut sans conteste Hervé, de son vrai nom Florimond Ronger (1825-1892), à qui l'on doit des œuvres pleines d'esprit comme *Le Petit Faust* (1869) ou *Mam'zelle Nitouche* (1883). Toutefois, le grand nom reste Jacques Offenbach (1819-1880), qui voulut renouer avec le « filon inépuisable de la vieille gaîté française » et qui y parvint avec ces purs chefs-d'œuvre de créativité que sont *La Belle Hélène* (1864) ou *La Vie parisienne* (1866). Mais alors qu'Offenbach fait toujours recette, on ne joue plus guère Hervé aujourd'hui, ni Charles Lecocq (1832-1918), à qui la musique française est redevable de *La Fille de Madame Angot* (1872), pourtant si savoureuse. Il est vrai, à la décharge des mélomanes ingrats, que ces œuvres tout en finesse et en légèreté exigent une exécution parfaite, ce qui ne fut malheureusement pas toujours le cas. Trop de mauvais chanteurs et d'orchestres approximatifs ont fait du tort aux *Cloches de Corneville* de Robert Planquette (1877), aux *Mousquetaires au couvent* de Louis Varney (1880) ou à la délicate *Véronique* d'André Messager (1898). Il y aura un tournant dès la fin de la Première Guerre mondiale avec l'hilarante *Phi-Phi* d'Henri Christiné (1918), qui introduisit le swing dans l'opérette. Mais, du coup, celle-ci se fit encore plus légère qu'elle ne l'était. Le genre connaît alors un réel déclin, malgré quelques vraies petites merveilles comme *Ciboulette* de Reynaldo Hahn (1923) ou certaines œuvres de Vincent Scotto (*Un de la Canebière*, 1935). Francis Lopez en sera, au lendemain de la Seconde Guerre mondiale, le grand rénovateur, mais sans véritable postérité : dans *La Belle de Cadix* (1945) et *Le Chanteur de Mexico* (1951), il y a selon Renaud Machart des mélodies dignes de Gounod ou de Massenet. Lopez avait aussi trouvé le ténor capable de les bien chanter, un certain Luis Mariano…

Une fille de l'opéra-comique qui aurait mal tourné ?

Carmen Sevilla et Luis Mariano dans la version cinématographique de La Belle de Cadix *(1953).*

La reprise du Chanteur de Mexico *au Châtelet, avec Mathieu Abelli (en alternance avec Ismaël Jordi) et l'Orchestre philharmonique de Radio France dirigé par Fayçal Karoui.*

Selon Sarkozy, les juges ont démissionné

Bobigny, mercredi 20 • Après la publication d'une lettre de Jean-François Cordet, préfet de Seine-Saint-Denis, et au lendemain de l'agression de deux CRS par une vingtaine d'individus dans la cité des Tarterêts, à Corbeil-Essonne, le ministre de l'Intérieur, comme en juin dernier, s'en est pris aux juges. « La police et les gendarmes ne peuvent pas faire tout, tout seuls », a-t-il déclaré en arrivant à la préfecture. Et Nicolas Sarkozy, déplorant le recul du nombre de personnes écrouées dans le département, de reprocher à la justice « une forme de démission devant des délinquants chaque jour plus violents ». Ces déclarations ne vont pas tarder à provoquer une immense levée de boucliers de la magistrature. Demain, fait sans précédent, Guy Canivet, premier président de la Cour de cassation et donc plus haut magistrat de France, dénoncera publiquement les propos du ministre et demandera à être reçu à l'Élysée par Jacques Chirac. (→ 22)

Jeudi 21, la revue britannique Nature *publie la découverte en Éthiopie, en décembre 2000, du squelette complet du plus vieil australopithèque connu. Baptisée Selam (« Paix » en langue amharique) par l'équipe du paléontologue éthiopien Zeresenay Alemseged, c'était une enfant de 3 ans environ. À la fois bipède et arboricole, Selam a vécu au bord du fleuve Awash 100 000 ans avant sa « cousine » Lucy qui, elle, avait été découverte à une dizaine de kilomètres de là (sur l'autre rive de l'Awash) par l'étudiant américain Tom Gray, en 1974.*

Autocensure dans un opéra

Berlin, lundi 25 • Kirsten Harms, la directrice du Deutsche Oper, a décidé de déprogrammer quatre représentations prévues en novembre d'*Idoménée* de Mozart, dans une mise en scène d'Hans Neuenfels déjà présentée en 2003. Ceci car, selon des experts de la police alertés par un coup de téléphone anonyme, la scène finale est susceptible de provoquer des « troubles », à l'instar de la récente affaire des caricatures de Mahomet. La scène en question montre Poséidon, Bouddha, Mahomet et Jésus décapités, symbole pour Neuenfels que la mort des dieux peut permettre à l'homme d'être libre. Loin d'apaiser une potentielle polémique, la déprogrammation de cette œuvre qui, selon Neuenfels, « ne blesse aucun sentiment religieux », va susciter un grand tollé, la chancelière Angela Merkel, notamment, jugeant « insupportable » l'idée d'une « autocensure par peur » et les participants du premier « sommet sur l'islam » en Allemagne, qui s'ouvrira le 27, invitant eux-mêmes l'Opéra de Berlin à reprogrammer *Idoménée*.

Feu vert pour une Union à 27 membres

Bruxelles, mardi 26 • Certes, les deux pays présentent encore de nombreuses lacunes du point de vue de la législation communautaire, mais la Commission européenne a pris sur elle de les minimiser pour permettre à la Bulgarie et à la Roumanie de rejoindre l'Union dès le 1er janvier 2007. Des « mesures d'accompagnement » seront toutefois mises en place, les deux États se voyant imposer des restrictions et des obligations dans les trois domaines où ils accusent le plus de retard, à savoir la sécurité alimentaire, la justice et la gestion des fonds communautaires. L'Europe, qui comptera donc en 2007 vingt-sept États membres, ne devrait plus, selon le président de la Commission européenne José Manuel Barroso, s'agrandir avant 2009, car « l'élargissement de l'Union [...] ne peut se poursuivre tant que les institutions ne seront pas adaptées ».

Shinzo Abe veut réarmer le Japon

Tokyo, mardi 26 • Il n'y avait aucun suspens. Le mandat du Premier ministre japonais Junichiro Koizumi étant arrivé à expiration, le Parlement dominé par le Parti libéral démocrate (PLD) a élu son successeur en la personne de Shinzo Abe, qui a fêté jeudi son 52e anniversaire. Président du PLD depuis le 1er septembre et porte-parole du gouvernement de Koizumi, Shinzo Abe est réputé vouloir relancer la diplomatie japonaise dans le monde et réchauffer les relations de son pays avec la Chine, très détériorées depuis les visites controversées de son prédécesseur au Yasukuni. Cependant, le nouveau Premier ministre, que les plus radicaux de ses adversaires de gauche n'hésitent pas à taxer d'extrémisme, entend bien redonner au Japon une stature internationale forte, en particulier sur le plan militaire. Ce qui pourrait l'amener, comme il l'a promis, à une révision de la Constitution « pacifiste » de 1947 imposée par les Américains. Selon de récents sondages, la majorité des Japonais y serait favorable.

Le conservateur Shinzo Abe est le fils de Shintaro Abe, figure clé du PLD et ancien ministre des Affaires étrangères.

Les pompes bio arrivent

Paris, mardi 26 • Alain Prost lui ayant remis le rapport « Flexfuel 2010 » qu'il lui avait commandé en juin, le ministre de l'Économie et des Finances Thierry Breton a suivi les recommandations de l'ancien champion de formule 1. Il a annoncé que le pays disposera d'ici la fin de 2007 de 500 « pompes vertes ». Le biocarburant distribué sera l'E85, composé de 85 % d'éthanol et 15 % d'essence. « Je souhaite que le gouvernement soutienne sans réserve [ce] lancement dans l'intérêt du pouvoir d'achat des Français, de notre indépendance énergétique et de nos filières industrielles », a ajouté le ministre. L'E85, qui sera vendu à un prix « assez proche [de celui] du gazole », nécessitera des véhicules flexfuel, une technologie déjà utilisée sur quelque 75 % des voitures neuves vendues au Brésil. Bon moyen pour aider la filière agricole, cette initiative bénéficie du soutien de Dominique Bussereau, ministre de l'Agriculture, qui a rappelé que « les biocarburants permettent de lutter efficacement contre l'effet de serre ». Côté écologistes, si l'annonce a de quoi séduire, on n'en est pas moins inquiet des effets pervers que pourrait entraîner une culture plus intensive du blé, des betteraves ou du colza. (→ 9.10)

Selon Alain Prost, ici aux côtés de Thierry Breton lors de la conférence de presse, la généralisation du flexfuel sera « d'une facilité déconcertante ».

PSA supprime 10 000 emplois

France, mardi 26 • Jean-Martin Folz qui, en janvier 2007, quittera la direction de PSA Peugeot-Citroën, a dévoilé un plan d'action destiné à accroître rapidement la rentabilité du deuxième groupe automobile européen. Avec une marge opérationnelle de 2,7 % au premier semestre, bien loin de l'objectif fixé à 6 %, le déclin de ses ventes en Europe et la perte d'un demi-point de parts de marché lors des huit premiers mois par rapport à la même période de 2005, la situation est délicate. Le plan présenté aujourd'hui implique des réductions de coûts, le gel des embauches en Europe de l'Ouest, une coupe de 20 % des investissements annuels et le lancement de nouveaux modèles. Mais il prévoit aussi la suppression de 10 000 postes cette année, plus de 2 000 d'entre eux étant liés à la fermeture du site britannique de Ryton. Jeudi 28, Jean-Martin Folz annoncera que 7 000 à 8 000 des postes restant à supprimer le seront en France.

Justice aux anciens combattants indigènes

Paris, mercredi 27 • *Indigènes* avait été l'un des moments d'émotion les plus forts du Festival de Cannes. Il sort aujourd'hui accompagné de la nouvelle qu'attendaient ceux dont le film de Rachid Bouchareb célèbre le sacrifice : tous les anciens combattants, quelle que soit leur nationalité, recevront la même pension à partir du 1er janvier 2007. La mesure, décidée par Jacques Chirac après une projection d'*Indigènes*, a été annoncée par Hamlaoui Mékachéra, ministre des Anciens Combattants. Elle touche environ 80 000 anciens combattants de l'ancien empire colonial français, dont les pensions avaient été gelées en 1959. De criantes inégalités en étaient résultées, malgré une indexation sur le coût de la vie du pays de résidence des anciens « coloniaux » : un Cambodgien recevait ainsi dix fois moins qu'un Centrafricain, lequel n'avait droit qu'à la moitié de ce que percevait un Français…

Sami Bouajila, Samy Naceri, Roschdy Zem et Jamel Debbouze dans Indigènes, *le film qui a fait enfin « bouger » les pensions.*

L'Estonie séquestre le *Probo Koala*

Paldiski (Estonie), mercredi 27 • Les autorités estoniennes ont finalement décidé, sous la pression, d'immobiliser le pétrolier *Probo Koala*, à l'origine de la crise écologique que traverse la Côte d'Ivoire et qui a provoqué la mort de sept personnes. Depuis lundi, le navire était bloqué dans ce port situé à une cinquantaine de kilomètres de la capitale Tallinn par l'organisation Greenpeace, qui avait dépêché sur place son bateau *Artic Sunrise* pour empêcher le *Probo Koala* de prendre le large et réclamé « la saisie de tous les documents à [son] bord pour les besoins d'une enquête judiciaire ». Critiquée par les autorités estoniennes, l'action de Greenpeace avait valu, hier, à quatre de ses membres d'être interpellés durant quelques heures. Mais aujourd'hui, l'organisation a reçu l'appui de la Côte d'Ivoire, son ministre de l'Environnement Daniel Aka Ahizi ayant demandé officiellement à son homologue estonien de mettre le pétrolier panaméen sous séquestre. La police criminelle a donc été envoyée au port de Paldiski afin d'empêcher celui-ci de prendre la mer, alors que le parquet faisait savoir que « les résultats des analyses reçus aujourd'hui montrent des similitudes entre les déchets à bord du *Probo Koala* en Estonie et les déchets déchargés par le *Probo Koala* en Côte d'Ivoire ». (→ 27.10)

Le lundi 25, les militants de Greenpeace ont bloqué le pétrolier pollueur et inscrit un slogan éloquent sur sa coque. L'association écologiste a également porté plainte contre la société néerlandaise Trafigura qui a affrété le bâtiment.

Les prisons de la CIA sont légalisées

Washington, jeudi 28 • Le Congrès a adopté la loi établissant les conditions de détention et de jugement des personnes soupçonnées de terrorisme ou de soutien au terrorisme. Certes, ainsi que George W. Bush s'y était engagé, les actes de torture seront poursuivis, mais les aveux obtenus par la force avant le 30 décembre 2005 pourront être utilisés comme preuves. Et pour la première fois dans l'histoire du droit américain, des civils seront jugés par des tribunaux militaires. Autre innovation, les étrangers résidant aux États-Unis ne pourront plus, contrairement aux citoyens américains, faire prévaloir l'*habeas corpus* pour contester les détentions arbitraires. Cette loi, que les démocrates ont votée à la surprise des militants des droits de l'homme, légalise l'institution de prisons parallèles par la CIA, pourtant très décriées par la communauté internationale.

La première femme touriste de l'espace

Kazakhstan, vendredi 29 • Première femme touriste de l'espace, l'Américaine d'origine iranienne Anousheh Ansari est revenue sur terre à 1 h 13 GMT à bord du vaisseau russe Soyouz TMA-8, en compagnie du cosmonaute russe Pavel Vinogradov et de l'astronaute américain Jeff Williams. Cette femme d'affaires de 40 ans aura déboursé quelque 25 millions de dollars pour passer 11 jours dans la station spatiale internationale (ISS) et y tenir régulièrement son blogue – autre première ! Ce voyage très médiatisé est toutefois controversé parmi les exilés iraniens. Proche de John Kerry, l'ancien adversaire démocrate de George W. Bush à l'élection présidentielle, Anousheh Ansari est accusée de travailler à un rapprochement entre les États-Unis et le régime islamique iranien. Ses « vacances » spatiales ont été d'ailleurs couvertes avantageusement par la télévision d'État de Téhéran et la presse « people ».

Le retour d'Anousheh Ansari dans les steppes du Kazakhstan, près de la ville d'Arkalyk.

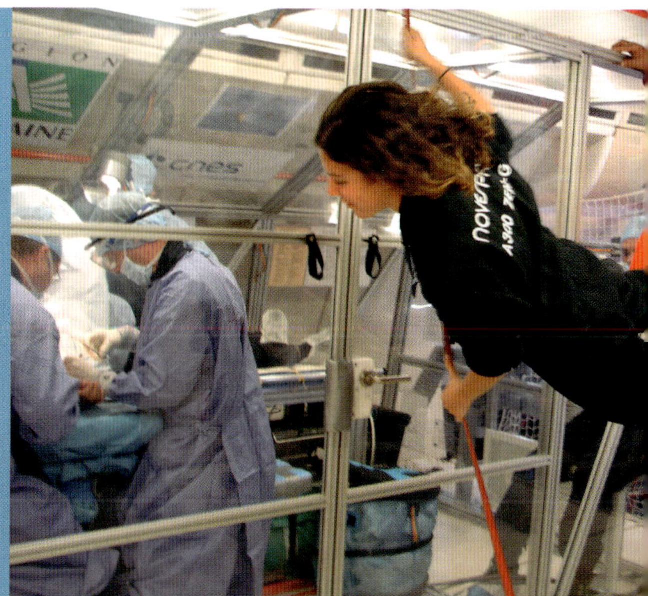

Mercredi 27, à 9 h 30, l'Airbus A300 Zéro-G de la société Novespace a décollé de Bordeaux-Mérignac. Avec un bloc opératoire installé dans la cabine. Le professeur Dominique Martin et son équipe du CHU de Bordeaux vont y réussir une première mondiale : l'ablation en apesanteur d'une tumeur graisseuse sur un patient volontaire âgé de 46 ans, Philippe Sanchot. Une expérience réalisée dans le cadre du projet de construction d'une base sur la Lune.

L'Arménie notre amie

Erevan, samedi 30 • Arrivé hier à Erevan pour une visite officielle de trois jours en Arménie, Jacques Chirac a prononcé ce matin une allocution à l'occasion de l'inauguration de la place de France. Rappelant les liens qui unissent la France à l'Arménie « depuis le temps lointain où Baudoin de Boulogne, roi de Jérusalem, épousa Arda, princesse arménienne », le président de la République a plaidé pour une résolution pacifique du conflit qui, depuis 1988, oppose l'Arménie et l'Azerbaïdjan à propos du Haut-Karabakh. Au journaliste qui lui demandait si la reconnaissance du génocide arménien par la Turquie était une condition préalable à son adhésion à l'Union européenne, Jacques Chirac a répondu : « Honnêtement, je le crois. » Ce soir, il assistera au concert donné à Erevan par l'un des quelque 400 000 Français d'origine arménienne : Charles Aznavour. (→ 12.10)

Hier, Jacques Chirac et son épouse se sont rendus au mémorial de Tsitserna-Kaberd, dédié aux victimes du génocide arménien.

Zoom

Les maladies de l'amiante

Aussi appelée asbeste, l'amiante est un minéral fibreux et cristallin dont l'inhalation expose à des affections des voies respiratoires. Certaines ont été observées dès 1906. Les principales sont : l'asbestose, qui peut apparaître 10 à 20 ans après l'exposition ; les complications de l'asbestose (dont les pneumopathies aiguës, pleurésies, cancers bronchiques, etc.) ; le mésothéliome pleural, péritonal ou péricardique, particulièrement dangereux et dont le temps de latence est de 20 à 40 années ; le cancer broncho-pulmonaire sans aucun antécédent d'asbestose. Classé cancérogène en 1973 par le Centre international de recherche sur le cancer (CIRC), l'amiante est un danger mortel lorsque ses fibres s'effritent et se répandent en poussière dans l'air.

Pour un procès de l'amiante

Paris, samedi 30 • « L'amiante abrège nos vies. » C'était l'un des slogans que l'on pouvait lire sur les pancartes brandies par les milliers de manifestants (entre 3 000 et 7 000 selon les sources) qui, venus de toute la France, avaient répondu à l'appel lancé par l'Association nationale des victimes de l'amiante (Andeva). Le parcours choisi par les organisateurs était hautement symbolique : départ à la tour Montparnasse, connue pour contenir beaucoup d'amiante, arrivée place de Fontenoy, à proximité du ministère de la Santé. Des ballons blancs ont été lâchés dans le ciel de Paris à la mémoire des ouvriers décédés des suites de leur contact avec la « fibre tueuse ». Alors que sa dangerosité est établie depuis le début du XXe siècle, l'amiante n'a été interdite en France que le 24 décembre 1996. Le bilan de la contamination serait de 35 000 morts, et l'on peut s'attendre à plusieurs dizaines de milliers de décès d'ici 2025 : le temps de latence entre la contamination et la déclaration des maladies qui lui sont liées peut aller jusqu'à quarante années. Cette lenteur explique aussi la difficulté que rencontre l'Andeva à obtenir « un grand procès pénal de l'amiante ». Toutefois, le 19 septembre dernier, trois anciens directeurs de l'usine Ferodo-Valeo de Condé-sur-Noireau, dans le Calvados, ont été mis en examen pour « homicides et blessures involontaires » et « non-assistance à personne en danger ».

Samedi 30, à Varsovie, la Tchèque Tatana Kucharova est élue Miss Monde, devant la brune Roumaine Ioana Valentina Boitor et l'Australienne Sabrina Houssami.

France

Quimper, vendredi 1er
Deux ans et demi après le naufrage du *Bugaled Breizh*, l'instruction relance l'hypothèse d'un sous-marin qui aurait croché le train de pêche du chalutier breton, entraînant le bateau par le fond.

France, vendredi 1er
La marque Wonderbra lance la culotte « push-up » qui permet d'avoir, sans effort, des fesses rebondies.

Marseille, dimanche 3
Johnny Hallyday et le chanteur de rap Doc Gynéco apportent leur soutien à Nicolas Sarkozy à l'occasion de l'université d'été de l'UMP.

Lille, lundi 4
La société Alstom Power Boilers est condamnée à une amende de 75 000 euros et à verser 10 000 euros à chacun de ses 150 salariés de Lys-lez-Lannoy (Nord) pour les avoir exposés à l'amiante. (→ 30)

Deauville, dimanche 10
Grand prix du 32e Festival du film américain à *Little Miss Sunshine* de Jonathan Dayton et Valerie Faris.

Paris, mercredi 13
Le Conseil des ministres nomme Laurent Le Mesle procureur général de Paris, en remplacement d'Yves Bot. Il prendra ses fonctions le 9 octobre.

Bobigny, mercredi 13
Mise en examen de cinq CRS, soupçonnés de racketter des chauffeurs de taxi en Seine-Saint-Denis.

Paris, lundi 18
Nicolas Sarkozy annonce que 6 924 personnes, parents sans-papiers d'enfants scolarisés, ont été régularisées au titre de la circulaire du 13 juin.

Paris, mardi 19
Selon l'enquête Obépi 2006, l'obésité concerne 12,4 % de la population française (5,9 millions de personnes) contre 8,2 % en 1997. La France compte au total 19,81 millions de personnes en surpoids.

France, jeudi 21
Pour fêter les 25 ans du TGV, la SNCF écoule en une heure 200 000 billets à 5 euros pour des allers simples en seconde classe sur toutes ses destinations en France, utilisables entre le 5 octobre et le 9 décembre.

Arcachon, jeudi 21
Reprise de la vente des huîtres du bassin d'Arcachon suite à des analyses biologiques favorables.

Paris, vendredi 22
Jacques Chirac désavoue Nicolas Sarkozy en rappelant sa « très grande exigence quant au respect de l'indépendance des magistrats ».

Vancouver, mardi 26
La Française Nathalie Gettliffe, détenue au Canada pour avoir soustrait ses enfants à l'influence de leur père, accouche d'un petit garçon prénommé Martin. Son procès doit s'ouvrir en novembre.

Paris, jeudi 28
Lionel Jospin confirme qu'il ne sera pas candidat à l'investiture socialiste pour la présidentielle de 2007. Il ne soutiendra pas Ségolène Royal. (→ 3.10)

International

Stockholm, vendredi 1er
La conférence internationale des pays donateurs s'engage à verser 500 millions de dollars aux Palestiniens, dont 114 millions pour l'aide humanitaire d'urgence, le reste allant à la reconstruction.

Bagdad, dimanche 3
Capture du numéro 2 d'Al-Qaida en Irak, Hamed Al-Souaïdi, à l'origine notamment de l'attentat du 22 février contre la Mosquée d'or de Samarra.

Mexico, mardi 5
Le Tribunal fédéral électoral mexicain valide la présidentielle du 2 juillet et proclame la victoire du candidat conservateur Felipe Calderón : après recomptage de 9 % des suffrages, ce dernier s'impose avec une avance de 0,58 % sur son rival de gauche, Andrés Manuel López Obrador.

Washington, mardi 5
Katie Couric, 49 ans, devient la première femme à présenter en solo un grand journal du soir sur une chaîne nationale américaine, le *CBS Evening News*.

Tokyo, mercredi 6
La princesse Kiko donne naissance à un garçon, premier héritier mâle au sein de la famille impériale japonaise depuis 40 ans. Hisahito occupe le 3e rang dans l'ordre d'accession au trône après son oncle, le prince héritier Naruhito, et son père, Akishino.

Bruxelles, jeudi 7
Démantèlement, au sein de l'armée belge, d'un réseau néonazi soupçonné de préparer des attentats afin de déstabiliser le pays.

Beyrouth, vendredi 8
Au lendemain de la fin de l'embargo aérien, Israël lève le blocus maritime imposé au Liban depuis la mi-juillet, après le déploiement le long des côtes libanaises d'une force navale transitoire dirigée par l'Italie. (→ 20)

Pereira (ouest de la Colombie), lundi 11
Les petites amies et épouses de délinquants et tueurs à gage colombiens décrètent une grève du sexe afin de contraindre leurs partenaires à moins de violence.

Los Angeles, mardi 12
Naissance de Sutton Pierce, second fils du couple Britney Spears-Kevin Federline en l'espace d'un an.

Montréal, mercredi 13
Une fusillade au collège Dawson fait deux morts, dont le tireur, et 19 blessés. (→ 2.10)

Canaries, jeudi 14
Premier vol espagnol rapatriant des sans-papiers sénégalais. Les Canaries ont déjà accueilli plus de 20 000 immigrants depuis le début de l'année, et Madrid a décidé de ne plus régulariser en masse.

Tokyo, vendredi 15
La Cour suprême du Japon rejette l'ultime appel de l'ancien gourou de la secte Aum, Shoko Asahara, condamnant définitivement ce dernier à la peine de mort par pendaison pour l'attentat meurtrier au gaz sarin dans le métro de Tokyo en 1995.

Ramallah, dimanche 17
Face aux hésitations du Hamas à reconnaître l'État d'Israël, le président palestinien Mahmoud Abbas gèle les négociations avec les islamistes en vue de la formation d'un gouvernement d'union nationale.

Liban, mercredi 20
Le général français Alain Pellegrini annonce que la Finul renforcée compte désormais 5 000 hommes, un seuil exigé par Israël pour achever le retrait complet de ses troupes du sud du pays. (→ 1.10)

New York, mercredi 20
L'Union africaine décide de prolonger de trois mois le mandat de ses troupes au Darfour, le Soudan refusant le déploiement, dans cette région, de casques bleus en remplacement de la force africaine.

Genève, dimanche 24
68 % des Suisses approuvent par référendum des mesures limitant l'immigration des travailleurs hors UE et durcissant les conditions d'accès au droit d'asile.

Sanaa, lundi 25
Libération de quatre touristes français, retenus en otage pendant 15 jours dans le sud-est du Yémen.

Genève, mardi 26
Selon l'Unicef, 4 200 enfants de moins de 5 ans meurent chaque jour dans le monde par manque d'eau potable.

Vatican, mardi 26
L'ancien archevêque zambien Emmanuel Milingo, rendu célèbre par son mariage en 2001 avec une Coréenne adepte de la secte Moon, est excommunié pour avoir ordonné aux États-Unis quatre évêques mariés.

New York, mercredi 27
À l'instar des agences de renseignements américaines, les Nations unies estiment que la guerre en Irak a accru la menace terroriste dans le monde en renforçant l'islamisme radical.

Thaïlande, jeudi 28
Entrée en service de l'aéroport Suvarnabhumi, le nouvel aéroport international de Bangkok qui a pour ambition de concurrencer Singapour et Hong Kong.

Gilsdorf (Luxembourg), vendredi 29
Le prince Louis de Luxembourg, 20 ans, épouse la jeune roturière Tessy Antony, engagée volontaire dans l'armée grand-ducale et mère de son fils Gabriel.

Washington, vendredi 29
Adoption d'une loi en faveur de la construction d'un mur courant sur 1 200 km des 3 200 km de frontière avec le Mexique, pour freiner l'immigration illégale.

Économie

Paris, mardi 5
La Compagnie générale de géophysique (CGG) rachète l'américain Veritas DGC pour 2,4 milliards d'euros, une opération qui va créer le numéro 1 mondial de l'exploration sous-marine des gisements pétroliers.

Berlin, mercredi 6
Universal Music (Vivendi) rachète BMG Music Publishing, le catalogue musical du groupe de médias allemand Bertelsmann, et se hisse au 1er rang mondial de l'édition musicale devant EMI et Warner.

Saint-Nazaire, jeudi 7
Les chantiers navals de Saint-Nazaire obtiennent une commande de l'armateur NCL (Norwegian Cruise Line) portant sur la construction de deux paquebots de croisière pour un montant de 1,47 milliard d'euros.

Paris/Wilmington, jeudi 7
Les actionnaires des équipementiers français Alcatel et américain Lucent approuvent la fusion des deux groupes qui donne naissance à un géant mondial des télécoms, basé à Paris. L'Américaine Pat Russo (Lucent) devient la première femme à diriger une entreprise cotée au CAC 40.

Paris, mardi 26
NetJets Europe passe commande à Dassault Aviation de 24 Falcon 7X pour 1,1 milliard d'euros.

Sciences

Darmstadt (Allemagne), dimanche 3
La sonde européenne *Smart-1* s'écrase comme prévu sur la Lune, mettant fin à une mission de trois ans destinée à mieux comprendre le satellite naturel de la Terre et à envisager de futures explorations.

Sports

Saitama (Japon), dimanche 3
L'Espagne devient championne du monde de basket-ball en battant la Grèce en finale (70-47).

Obihiro (Japon), dimanche 3
Le Français Sébastien Loeb (Citroën Xsara) entre dans l'histoire du rallye automobile en remportant sa 27e victoire en championnat du monde. Il bat ainsi le record jusque-là détenu par l'Espagnol Carlos Sainz.

Tokyo, mardi 5 • Le Havrais Serge Girard réussit l'exploit de relier Paris à Tokyo (19 097 km) en courant et sans jour de repos, en 260 jours 17 heures et 52 minutes.

Monza, dimanche 10
Michael Schumacher (Ferrari) remporte le GP d'Italie, sa 90e victoire en F1, et annonce qu'il mettra un terme à sa carrière à l'issue de la saison. (→ 22.10)

New York, dimanche 10
Le Suisse Roger Federer bat l'Américain Andy Roddick en finale de l'US Open de tennis. Hier, la Russe Maria Sharapova s'est imposée chez les dames.

Magny-Cours, dimanche 17
La Suzuki n° 1, pilotée par les Français Vincent Philippe, Matthieu Lagrive et le Japonais Keiichi Kitagawa, remporte le 70e Bol d'or et un 2e titre mondial d'endurance motocycliste.

Salzbourg (Autriche), dimanche 24
L'Italien Paolo Bettini devient champion du monde de cyclisme sur route.

Straffan (Irlande), dimanche 24
L'Europe conserve la Ryder Cup de golf en battant les États-Unis 18,5 à 9,5.

Décès

Montauriol (Pyrénées-Orientales), dimanche 3
Françoise Claustre (*8.2.1937), ethnologue et archéologue française. Elle avait été enlevée en 1974 et détenue pendant 33 mois par des rebelles au Tchad.

Florence, vendredi 15
Oriana Fallaci (*29.6.1929), journaliste et romancière italienne.

Viroflay (Yvelines), vendredi 22
François Jaffré (*28.5.1901), le plus jeune des derniers poilus de la Première Guerre mondiale.

Pointe-à-Pitre, samedi 30
André Schwarz-Bart (*23.5.1928), écrivain français, prix Goncourt 1959 pour *Le Dernier des justes*.

Octobre

Lu	Ma	Me	Je	Ve	Sa	Di
						1
2	3	4	5	6	7	8
9	10	11	12	13	14	15
16	17	18	19	20	21	22
23	24	25	26	27	28	29
30	31					

La « gazelle » prendra-t-elle le dessus sur les « éléphants » ? Dans la course à l'investiture socialiste qui l'oppose à Dominique Strauss-Kahn et à Laurent Fabius, Ségolène Royal reste la favorite des sondages. En dépit – ou à cause ! – de ses vues « hérétiques »…

Pression russe sur la Géorgie

Moscou, vendredi 6 • Arrêtés dans la capitale russe pour cause de « situation irrégulière », 143 Géorgiens ont été renvoyés dans leur pays d'origine à bord d'un avion du ministère des Situations d'urgence. Et les arrestations d'« irréguliers » se multiplient, le Kremlin ayant en outre exigé des écoles qu'elles « fichent » les enfants aux noms à consonances géorgiennes. La crise endémique entre la Russie et la Géorgie a connu un pic avec l'arrestation à Tbilissi, le 27 septembre, de quatre officiers russes soupçonnés d'« espionnage ». Malgré leur libération et leur expulsion lundi dernier, la tension n'a pas, depuis, cessé de monter : fermeture de l'ambassade russe à Tbilissi, suspension des liaisons aériennes, ferroviaires, maritimes et postales, véritables appels à la « chasse » aux Géorgiens lancés par certains députés à la Douma et même, aujourd'hui, intention déclarée de Vladimir Poutine de défendre plus vigoureusement les droits des Russes contre les « groupes à caractère ethnique »… Bien que s'étant engagée à démanteler ses bases militaires en Géorgie, la Russie accepte mal de voir sur son flanc sud cet ancien membre de l'URSS, indépendant depuis 1991, se rapprocher de l'Otan qui lui a proposé le 18 septembre un « dialogue intensifié ». Une menace, selon le Kremlin.

S'il est certes moins éclatant que celui de l'an dernier à Leipzig (dix médailles, quatre titres), le bilan de l'équipe de France aux Championnats d'escrime de Turin qui se sont achevés samedi 7 n'en reste pas moins très satisfaisant. Avec six médailles (dont quatre en or pour les équipes masculines d'épée, de sabre et de fleuret, et l'équipe féminine de sabre), la France se classe première de la compétition devant la Russie et la Chine.

La journaliste en savait trop

Moscou, samedi 7 • C'est une voisine qui, en fin d'après-midi, aurait découvert, dans le hall de son immeuble situé au centre de la capitale russe, le corps d'Anna Politkovskaïa. La journaliste a été assassinée par balles, un crime qui va susciter de vives réactions de la part des Européens qui, dès demain, demanderont instamment aux autorités russes de démasquer les coupables au plus vite. « Ce meurtre est le signal d'une crise majeure concernant la liberté d'expression et la sécurité des journalistes en Russie », ajoutera par ailleurs Thomas Hammarberg, le commissaire européen aux Droits de l'homme. Née à New York le 30 août 1958, Anna Politkovskaïa avait d'abord été rédactrice aux *Izvestia* et à la *Obchtchaïa Gazeta*. Depuis 1999, elle travaillait à la *Novaïa Gazeta*. Connue pour son opposition farouche à Vladimir Poutine et pour son incontournable travail sur les événements de Tchétchénie, qu'elle était l'un des rares reporters à couvrir, elle menait une action qui dépassait de beaucoup le seul journalisme. Ainsi, lors de la prise d'otages du théâtre Doubrovska de Moscou, en 2002, elle avait servi de médiatrice. Un rôle que, victime d'une tentative d'empoisonnement, elle n'avait pu tenir lors de celle de l'école de Beslan qui, en 2004, avait fait plus de trois cents victimes.

Plusieurs fois primée pour ses reportages, elle s'était, en 2001, réfugiée durant quelques mois en Autriche après avoir reçu des menaces de mort.

Anvers reste aux socialistes

Belgique, dimanche 8 • Les sondages laissaient prévoir une nouvelle progression du Vlaams Belang en Flandre, lors des élections communales belges. La progression du parti nationaliste flamand a bel et bien été confirmée, avec 15,3 % des suffrages (4,7 % de plus qu'aux élections de 2000), mais il n'a pas réussi à conquérir Anvers, où il est pourtant fortement implanté : le grand port flamand lui a échappé, le parti de Filip Dewinter recueillant 33,5 % des voix, derrière la liste du bourgmestre socialiste sortant, Patrick Janssens (qui en engrange 35 %). Filip Dewinter a expliqué son échec par le fait que les étrangers bénéficiaient du droit de vote et d'éligibilité. En Wallonie, où le Front national (extrême droite) a réalisé des scores dépassant 10 % dans le Hainaut, le scrutin a été surtout marqué par le recul prévu d'un Parti socialiste affaibli par divers scandales de corruption, avec de lourdes chutes à Charleroi et à Mons où il perd 12 et 10 points.

Pyongyang a testé sa bombe

Pyongyang, lundi 9 • Mardi dernier, faisant fi de la pression internationale, la Corée du Nord déclarait qu'elle allait « à l'avenir procéder à un essai nucléaire dans des conditions où la sécurité sera entièrement garantie ». Pyongyang a-t-il mis sa menace à exécution ? C'est en tout cas ce qu'il vient d'annoncer en se félicitant d'avoir mené « avec succès et en sécurité » un premier essai nucléaire, d'une puissance estimée à environ 0,8 kilotonne par des scientifiques sud-coréens, et de cinq à quinze kilotonnes par les Russes. Certes, la réalité et la nature exacte de cet essai effectué dans le nord-est du pays sont encore à confirmer et, en attendant les résultats des tests en cours, certains n'excluent pas un coup de bluff de Kim Jong-il. Mais déjà, alors que les protestations pleuvent du monde entier, le Conseil de sécurité de l'ONU a promis une réponse « ferme, rapide et très claire », et exigé de la Corée du Nord qu'elle « s'abstienne d'effectuer d'autres tests » et retourne « aux pourparlers à six » censés conduire à sa « dénucléarisation » mais gelés depuis près d'un an. En outre, les États-Unis ont préparé un projet de résolution qui prévoit un très large embargo et qui, placé sous le chapitre VII, ouvre la possibilité d'une intervention militaire. (→ 14)

Kim Jong-il avait annoncé cet essai comme une réponse à la « menace nucléaire » que les États-Unis faisaient peser sur son pays…

Le club atomique

Zoom

Selon les termes du Traité de non-prolifération (TNP) signé en 1968 et ratifié par 189 États, seuls cinq pays sont autorisés à détenir des armes nucléaires : les États-Unis, qui compteraient environ 10 300 têtes actives, la Russie (16 000), la Chine (410), la France (350) et le Royaume-Uni (200). Non signataires du TNP, l'Inde et le Pakistan possèdent eux aussi l'arme atomique (avec respectivement environ 100 et 35 têtes actives), ainsi qu'Israël (de 100 à 170), qui ne l'a jamais toutefois reconnu. La Corée du Nord serait donc la neuvième puissance atomique. Un statut que l'Iran est soupçonné de briguer, de même que Taïwan, la Syrie, le Nigeria et l'Égypte. Le Brésil et l'Afrique du Sud, pourtant détenteurs de capacités de retraitement, ont renoncé à se doter d'un arsenal nucléaire.

La Cour de cassation renvoie Tapie en appel

Paris, lundi 9 • Contre toute attente, l'avocat général s'étant prononcé vendredi en faveur de l'ex-homme d'affaires, la Cour de cassation a annulé la décision de la cour d'appel de Paris qui, le 30 septembre 2005, avait condamné le Consortium de réalisation (CDR) à verser une indemnité de 135 millions d'euros à Bernard Tapie. Ce dernier, alors ministre de la Ville, avait en 1993 vendu le groupe Adidas à la Société de banque occidentale (SDBO), filiale du Crédit lyonnais. En 1994, le CDR, chargé d'assumer la gestion du Crédit lyonnais, cédait l'entreprise à Robert Louis-Dreyfus, lequel avait valorisé ses parts en Bourse en réalisant d'importantes plus-values. Après dix années de procédure, la cour d'appel avait accusé le CDR de s'être entendu au préalable avec le repreneur. Mais, selon la Cour de cassation, « aucune faute n'est en l'état caractérisée à l'encontre du Crédit lyonnais ». Résultat : l'affaire devra être intégralement rejugée en appel à Paris, en droit et en fait.

Bernard Tapie, ci-contre lors d'une conférence de presse tenue le 10, s'est déclaré « très surpris » de cette décision.

Airbus change encore une fois de patron

Paris, lundi 9 • « Il n'y a aucune raison pour que le p-dg d'Airbus démissionne », déclarait hier le Premier ministre Dominique de Villepin. Pourtant, Christian Streiff qui, depuis plusieurs jours, menaçait de le faire, a remis sa démission aujourd'hui. À la tête de l'avionneur depuis trois mois seulement, il avait engagé un vrai bras de fer pour obtenir la liberté d'action lui permettant de mettre en œuvre le plan de redressement qu'il avait présenté le 3. Baptisé « Power 8 », ce plan drastique, avalisé après une annonce de nouveaux retards du programme de l'avion géant A380, prévoit une réduction de 30 % des coûts. Or, du fait de la structure très particulière du groupe, basée sur un principe d'équilibre entre les Allemands et les Français, le patron d'Airbus est contraint de rendre des comptes à Thomas Enders, le coprésident allemand d'EADS (qui est l'actionnaire principal d'Airbus). Un « mode de gouvernement [qui] ne permettait pas la réussite », dira Christian Streiff dans *Le Figaro* de demain. Du coup, pour faire bénéficier EADS d'« une gouvernance plus simple et plus efficace », c'est son coprésident français, Louis Gallois, qui assurera directement la direction d'Airbus. (→ 26)

Le Parlement dicte l'histoire

Paris, jeudi 12 • Par 106 voix contre 19, l'Assemblée nationale a entériné le projet de loi socialiste rendant passible de cinq années de prison et d'une amende de 45 000 euros toute personne niant le génocide arménien. Le groupe UMP avait laissé ses membres libres de leur vote. L'amendement qui visait à exempter la recherche universitaire du champ d'application de la loi a été rejeté. La ministre déléguée au Commerce extérieur, Christine Lagarde, avait pourtant mis en garde contre les conséquences que le vote ne manquerait pas d'avoir sur les relations entre la France et la Turquie. Les réactions ont été très vives à Ankara, mais aussi à Bruxelles où la Commission craint un « effet désastreux » de la loi sur le processus de démocratisation de la Turquie. Et un collectif d'historiens comprenant des personnalités aussi éminentes qu'Élisabeth Badinter, Mona Ozouf ou René Rémond a dit que « ce sont bien les libertés de pensée et d'expression qui sont menacées ». (→ 14)

Mercredi 11, date coïncidant avec la Journée internationale pour la prévention des catastrophes naturelles, est sorti en France Une vérité qui dérange, *un film documentaire de Davis Guggenheim sur la campagne qu'Al Gore, le candidat malheureux aux élections présidentielles américaines de 2000, mène depuis cinq ans contre le réchauffement climatique. L'ancien vice-président américain était venu hier le présenter à l'Assemblée nationale.*

Véronique Courjault a tué trois de ses bébés

Tours, jeudi 12 • Après deux jours de garde à vue, Véronique Courjault, mise en examen pour « assassinat », a été écrouée dans la soirée à la maison d'arrêt d'Orléans. Jean-Louis Courjault, son époux, a été mis en examen pour « complicité d'assassinat » mais laissé libre sous contrôle judiciaire. La jeune femme avait avoué hier avoir mis au monde et étranglé, en septembre 2002 et en décembre 2003, les deux nourrissons que son mari avait découverts le 23 juillet dernier dans le congélateur de leur domicile de Séoul, en Corée du Sud. Ces aveux ont été suivis aujourd'hui d'une autre révélation : Véronique Courjault a reconnu avoir, pendant l'été 1999, déjà tué un nouveau-né, qu'elle avait ensuite brûlé dans la cheminée de la maison de Charente-Maritime où résidait alors le couple, qui a par ailleurs deux enfants de 10 et 11 ans. Ses motivations restent très obscures, mais s'il y a un point sur lequel le témoignage de la jeune femme, qui devra subir une expertise psychiatrique, ne varie pas, c'est sur l'innocence de son mari. Selon elle, il n'était même pas au courant de ses grossesses, qu'elle lui avait cachées. Ce dont le procureur de la République est loin d'être convaincu.

Un Sud-Coréen à la tête de l'ONU

Ban Ki-moon

Né le 13 juin 1944, il obtient en 1970 un diplôme en relations internationales à l'université de Séoul. Premier secrétaire de la mission sud-coréenne auprès de l'ONU de 1978 à 1980, il est ensuite directeur du bureau des Nations unies au ministère des Affaires étrangères. Nommé ambassadeur en Autriche en 1996, il est de 2001 à 2003 haut représentant de la Corée du Sud auprès de l'ONU. Il devient ministre des Affaires étrangères en 2004.

New York, vendredi 13 • Le 1er janvier prochain, après l'expiration du second mandat de Kofi Annan, le ministre sud-coréen des Affaires étrangères, Ban Ki-moon, deviendra le huitième secrétaire général des Nations unies et le deuxième Asiatique à accéder à cette fonction après le Birman U Thant, en poste de 1961 à 1971. L'Assemblée générale des Nations unies a aujourd'hui approuvé par acclamation sa nomination. Il avait été désigné le 9 par les quinze États membres du Conseil de sécurité, une désignation qui ne faisait aucun doute car, les cinq membres permanents ayant trois jours auparavant appuyé à l'unanimité sa candidature, les six concurrents du Sud-Coréen s'étaient logiquement retirés de la course. « Mon mandat sera marqué par des efforts incessants pour construire des ponts et combler des divisions », a notamment déclaré Ban Ki-moon dans une allocution prononcée devant plusieurs centaines de diplomates et les employés des Nations unies.

Le Ghanéen Kofi Annan, qui aura été secrétaire général de l'ONU durant dix ans, et son successeur.

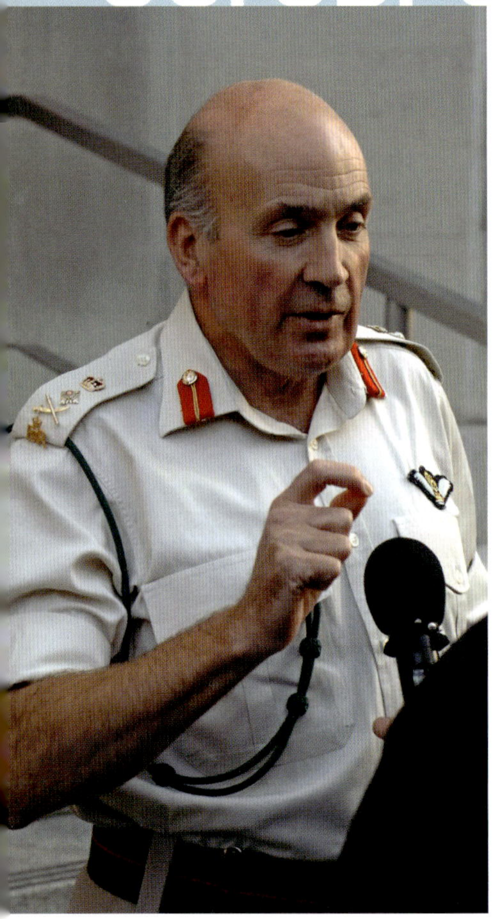

Le chef de l'armée britannique préconise un retrait d'Irak

Londres, vendredi 13 • Sir Richard Dannatt, 55 ans, n'est pas le premier venu. C'est le chef d'état-major de l'armée britannique. Or, dans un entretien paru dans le *Daily Mail*, un quotidien conservateur, il a déclaré que la présence des troupes britanniques en Irak faisait l'objet de la part de la population d'une large « intolérance » et qu'elle « exacerbait les problèmes de sécurité » de la Grande-Bretagne. Le général Richard Dannatt, doutant que l'objectif d'établir une démocratie pro-occidentale en Irak soit jamais atteint, a estimé que les soldats de Sa Majesté devraient « se retirer rapidement ». Selon un sondage à paraître dimanche dans le *Sunday Express*, 71 % des Britanniques partagent les vues du général. Ils sont aussi 44 % à estimer que l'armée britannique serait mieux employée à combattre l'« extrémisme islamique » sur le sol britannique même.

Le général Richard Dannatt a souligné également le « vide moral » qui, selon lui, caractérise la société britannique.

Vendredi 13, Alain Juppé redevient maire de Bordeaux, suite à l'élection municipale anticipée du dimanche 8, provoquée par la démission le 28 août dernier de 47 conseillers municipaux UMP et UDF. En 2004, condamné à 14 mois de prison avec sursis et un an d'inéligibilité dans l'affaire des emplois fictifs du RPR, il avait dû quitter la mairie.

Le Nobel de la paix pour Yunus

Oslo, vendredi 13 • En 1997, l'ancien président des États-Unis Bill Clinton avait réclamé pour lui le prix Nobel d'économie. Si le Bangladais Muhammad Yunus ne l'avait pas obtenu, c'est finalement le plus prestigieux des Nobel, celui de la Paix, qu'il s'est vu attribuer aujourd'hui à Oslo. Ce choix qui a déjoué tous les pronostics a été immédiatement salué dans la planète entière. Il s'explique, selon Ole Danbolt Mjoes, le président du comité Nobel, par le fait qu'une « paix durable ne peut être obtenue sans qu'une partie importante de la population trouve les moyens de se sortir de la pauvreté. [Or] le microcrédit est un de ces moyens ». Muhammad Yunus a fondé en 1976 au Bangladesh, l'un des pays les plus pauvres du monde, la Grameen Bank, la toute première banque pratiquant le microcrédit, lequel permet aux plus démunis de mener une vie décente. Trente ans après, cette institution, qui a fait des émules, a permis la réinsertion sociale de plusieurs millions de personnes.

Après l'annonce du comité Nobel, Muhammad Yunus, né en 1940, a répondu aux journalistes devant sa maison, à Dacca.

Des policiers tombent dans un guet-apens

Épinay-sur-Seine, vendredi 13 • Plusieurs policiers ont été agressés dans la cité Orgemont de cette ville de Seine-Saint-Denis, dans la banlieue nord de Paris. Selon les premiers éléments de l'enquête, des policiers de la brigade anticriminalité avaient été appelés vers 23 heures. À leur arrivée, leur véhicule aurait été bloqué par deux voitures. De trente à cinquante individus encagoulés et, selon la Direction générale de la police nationale, armés de battes de baseball et de barres de fer, auraient alors aspergé les policiers de gaz lacrymogène. Ceux-ci sont parvenus à s'extraire de leur véhicule en tirant des coups de feu en l'air et en utilisant le flashball, mais l'un d'eux a été blessé à la mâchoire par « un jet de pierre ». Admis à l'hôpital, il recevra demain un courrier de Nicolas Sarkozy, dans lequel le ministre lui exprimera son « total soutien ». Qualifiée de guet-apens, cette agression, qui survient après celles dont ont été victimes d'autres policiers à Corbeil-Essonnes le 19 septembre puis aux Mureaux le 2 octobre, suscite émotion et colère au sein des syndicats de police, qui craignent par ailleurs que les « délinquants des cités du 93 s'apprêtent à "fêter" violemment » le premier anniversaire des émeutes de l'automne 2005. (→ 25)

Le sang coule au Sri Lanka

Habarana (Sri Lanka), lundi 16 • Les Tigres de libération de l'Eelam tamoul (LTTE) n'ont pas formellement revendiqué l'attaque, mais celle-ci, tant aux yeux des autorités sri lankaises qu'à ceux des observateurs internationaux, porte leur marque. Depuis le début de la guerre civile, aucun attentat suicide n'avait été aussi meurtrier. Plusieurs bus transportant des marins se trouvaient à l'arrêt pour le déjeuner, au nord-est de Colombo, lorsqu'un camion piégé s'est fait sauter au beau milieu de ce rassemblement. Le bilan s'élève à au moins 103 marins tués et 150 blessés. Ce drame survient après l'échec que les troupes sri lankaises ont essuyé le 11 octobre dernier lors d'une offensive dans la péninsule de Jaffna : après des combats de plusieurs heures contre les Tigres tamouls, l'armée a dû se retirer avec des pertes de près de 130 soldats. Une série de revers qui se poursuivra mercredi avec une attaque spectaculaire de la base navale de Galle.

Lundi 16, à Madrid, pour la première fois dans l'histoire de la tauromachie, un Français a été sacré meilleur torero de l'année par la vénérable Real Federación Taurina de España. Le lauréat du trophée « Cossio » s'appelle Sébastien Castella. Né à Béziers le 31 janvier 1983 et « matador de toros » depuis le 12 août 2000, il a triomphé cette année dans les plus grandes arènes espagnoles et françaises, toréant 75 corridas et coupant 118 oreilles et six queues. Son courage physique fait l'admiration de ses pairs.

La fraude aux Assedic serait industrielle

France, mardi 17 • S'appuyant sur un rapport parlementaire confidentiel, *Les Échos* affirment que la fraude à l'assurance-chômage a pris une dimension à la fois « organisée, industrielle et mafieuse », et ferait vivre quelque 10 000 personnes à Paris. On serait donc très loin des 6 400 « faux chômeurs » que l'Unedic (la direction des Assedic) recensait en février dernier pour la France tout entière, ajoutent *Les Échos*. Selon ce rapport, finalisé par le département de la prévention des fraudes de l'Unedic et remis au député UMP Dominique Tian, président et rapporteur de la mission d'information sur les moyens de contrôle de l'Unedic et de l'Assedic, trente-deux « gérants à risques » auraient été identifiés à la tête de plus de 670 sociétés dans lesquelles les salariés imaginaires se retrouvent licenciés après un délai de six mois, ce qui les autorise à faire valoir leur droit à l'assurance-chômage. Toutefois, l'Unedic démentira aujourd'hui les chiffres fournis par le quotidien, qui ferait « en réalité référence à l'Urssaf de Paris qui a estimé que 10 000 personnes pourraient vivre d'une escroquerie à l'ensemble des organismes de protection sociale ».

Premier débat télévisé des candidats du PS

Paris, mardi 17 • C'est le terme de « policé » qui, demain, sera utilisé en titre par *Le Monde* pour qualifier le premier débat télévisé, retransmis par la Chaîne parlementaire, Public Sénat et LCI, qui a opposé ce soir les trois candidats à l'investiture socialiste pour la présidentielle. Il faut dire que tout avait été pensé pour éviter les heurts dans cette confrontation d'un genre inédit en France, où les échanges directs étaient interdits. Debout face aux caméras, chacun derrière un des trois pupitres alignés sur le plateau, Ségolène Royal, Dominique Strauss-Kahn et Laurent Fabius, s'exprimant chacun leur tour selon un ordre tiré au sort, ont répondu à des séries de questions posées par des militants par l'intermédiaire de deux journalistes. Emploi, 35 heures, croissance, revenus, retraite, etc., tous les sujets incontournables ont été abordés tour à tour, laissant certes apparaître des divergences de vue entre les candidats, dont les idées et les propositions, toutefois, se sont souvent rejointes. Si bien qu'à l'issue d'un débat qui n'a mis en avant aucun des prétendants, chacun pouvait se dire satisfait de sa prestation. (→ 26)

Le 24, un nouveau débat télévisé entre les trois prétendants socialistes sera nettement plus houleux.

La reine est au cinéma

France, mercredi 18 • C'est aujourd'hui que sort dans les salles *The Queen*, le nouveau film de Stephen Frears, le réalisateur, entre autres, des remarquables *My Beautiful Laundrette* et *The Snapper*. La reine en question n'est autre qu'Élisabeth II, superbement interprétée par Helen Mirren, primée en septembre pour ce rôle à la Mostra de Venise. Le 31 août 1997, la princesse Diana meurt à Paris dans un accident de voiture. Le monde entier est sous le choc, le Royaume-Uni désemparé. La reine, elle, semble indifférente, distante, et se refuse à rendre hommage à Diana qui, divorcée, ne faisait plus partie de la famille royale. Au pouvoir depuis peu, Tony Blair (interprété par un excellent Michael Sheen), réalise qu'un fossé se creuse entre la souveraine et son peuple. Il va tenter de le combler. Basé sur un scénario de Peter Morgan (lui aussi primé à Venise), le film, chronique méticuleuse de la semaine qui suivit la mort de la princesse tant aimée, mêle intelligemment les images d'archives et des scènes reconstituées, tournées en 16 mm ou en 35 mm selon qu'elles portent sur Tony Blair ou sur la famille royale.

Helen Mirren

Née le 26 juillet 1945 à Londres, Helen Mirren, une des actrices britanniques les plus éclectiques de sa génération, débute sa carrière au théâtre où elle jouera pour les plus grands metteurs en scène, tel Peter Brook. Au cinéma, elle enchaîne bientôt les rôles : Excalibur *de John Boorman,* Cal *de Pat O'Connor,* Gosford Park *de Robert Altman, etc. Ses prestations lui ont valu nombre de récompenses.*

La France est malade de ses prisons

France, vendredi 20 • Le ministère de la Justice s'est engagé le 13 octobre dernier à appliquer les 108 règles de « bonne conduite » préconisées par le Conseil de l'Europe pour humaniser les prisons, mais il a du chemin à faire. C'est ce qui ressort des résultats d'une enquête menée auprès des détenus par l'Observatoire international des prisons en collaboration avec BVA Opinion et la participation du médiateur de la République. Parmi les doléances exprimées par les détenus, certaines mettent en évidence les insuffisances du système pénitentiaire français : la promiscuité, le manque d'hygiène, la carence en matière d'information sur leurs droits, la quasi-absence de préparation à la réinsertion et l'éloignement des familles sont ainsi soulignés par les détenus, mais aussi par les différents intervenants dans les prisons, qui ont été également consultés.

Coup de pub ou réel élan du cœur ? L'adoption par la chanteuse Madonna d'un enfant malawite de 13 mois, David Banda, fait des vagues. D'autant que Madonna aurait bénéficié de sérieux arrangements avec les lois du Malawi sur l'adoption… Sur cette photo, l'arrivée de l'enfant et de sa nurse à Londres, mardi 17.

Oui à un élargissement du canal de Panamá

Panamá, dimanche 22 • Êtes-vous favorable à la construction d'un « troisième jeu d'écluses dans le canal de Panamá » ? Telle était la question posée aux Panaméens dans le référendum qui s'est déroulé aujourd'hui. La réponse a été oui à 76,83 %, contre 21,76 % pour le non. Le président Martín Torrijos a donc convaincu ses compatriotes de la nécessité d'élargir un canal qui est aujourd'hui au bord de l'asphyxie et qui, en raison de l'étroitesse de ses écluses, ne peut accueillir les « post-Panamax », ces navires de gros tonnage actuellement contraints de passer par le détroit de Magellan pour relier l'Atlantique et le Pacifique. Les opposants au projet se sont battus sur deux fronts. D'abord sur celui du coût, dont l'évaluation à 5,25 milliards de dollars par l'Autorité du canal de Panamá est jugée très insuffisante, notamment par l'ancien président Guillermo Endara. Ensuite sur celui de l'environnement, les travaux devant entraîner une déforestation dont les effets n'auraient pas été suffisamment pris en compte. Mais, en fait, les Panaméens se sont relativement peu mobilisés pour ou contre : le taux de participation au référendum n'a été que de 43,32 %.

Budapest, d'une révolte à l'autre ?

Toutes proportions gardées, les événements qui se sont produits à Budapest à l'occasion des célébrations du cinquantenaire de l'insurrection de 1956, lundi 23, ressemblaient étrangement à ceux que la capitale hongroise, justement, a connus il y a cinquante ans. Car, tandis qu'une cinquantaine de chefs d'État et de gouvernement assistaient aux cérémonies, la police cherchait à disperser les milliers de personnes en route pour le Parlement, devant lequel des manifestations hostiles au Premier ministre ont lieu tous les jours depuis le mois dernier. Non loin de là, elle a aspergé les manifestants de gaz lacrymogène et tiré des balles en caoutchouc, faisant plusieurs blessés. Il y a cinquante ans jour pour jour aussi, les habitants de Budapest manifestaient. Depuis quelque temps, les choses bougeaient derrière le rideau de fer. La mort de Staline, en mars 1953, avait permis une certaine détente et, en février 1956, les révélations de Nikita Khrouchtchev, le nouveau maître de l'URSS, sur les terribles méthodes de son prédécesseur ont ébranlé le système. Le 28 juin, 50000 ouvriers polonais se mettent en grève pour réclamer notamment des élections libres et le départ des troupes soviétiques. La répression fera 54 morts et des centaines de blessés. Le 23 octobre, des étudiants de Budapest organisent une manifestation de soutien aux Polonais. Ils sont vite rejoints par des gens de toutes conditions. Dans la soirée, ils sont plus de 200000 à réclamer le multipartisme et le retour au pouvoir du modéré Imre Nagy, écarté en 1955 pour « déviation de droite ». Mais c'est la voix d'Ernö Gerö, le premier secrétaire haï du Parti, qui s'élève à la radio, traitant les manifestants de fascistes. C'est l'émeute. L'armée et la police régulière envoyées pour les mater fraternisent avec les protestataires. Mais des agents de la police politique tirent. Dans la nuit, Nagy est nommé président du Conseil, avec l'accord de Moscou, tandis que 6000 hommes et 250 chars soviétiques entrent dans la capitale et font feu sur les insurgés, faisant des centaines de victimes. Les jours suivants, la grève générale, commencée à Budapest où les combats de rue font rage, s'étend dans le pays. Le 28, un cessez-le-feu est signé et l'armée soviétique se retire. Budapest exulte. L'euphorie sera en fait de courte durée. Car, le 3 novembre, l'Armée rouge prend le contrôle du pays et, à l'aube du 4, bombarde et envahit sa capitale. Nagy a beau appeler à l'aide, l'Occident ne bronche pas. Bientôt arrêté, il sera pendu en 1958. Malgré la résistance héroïque des Hongrois, la révolte sera vite écrasée. Sans parler des blessés et des victimes de la répression qui s'ensuivra, elle aura fait au total entre 2000 et 4000 morts dans la population civile.

L'insurrection de 1956 fait plusieurs milliers de victimes dans la population civile.

Le 25 octobre 1956, la foule était nombreuse devant le Parlement hongrois, à Budapest, certains n'hésitant pas à se jucher sur les chars qui étaient censés le protéger (ci-contre). Un monument à la mémoire des victimes de l'insurrection a été dévoilé lors des cérémonies officielles du cinquantenaire (ci-dessus).

Émotion dimanche 22 au GP du Brésil remporté par le Brésilien Felipe Massa (Ferrari) ! Le tout jeune Espagnol Fernando Alonso (à gauche) ne se classe « que » deuxième, mais remporte son second titre de champion du monde et apporte celui des constructeurs à l'écurie Renault, au terme d'une saison haletante contre Ferrari. Quant au pilote vedette de la Scuderia italienne, Michael Schumacher (à droite), il prend sa retraite après une course d'anthologie contre l'adversité, même s'il ne se classe « que » quatrième !

Des bus attaqués et incendiés

Région parisienne, mercredi 25 • Un an tout juste après les violences de 2005, les banlieues sont-elles à nouveau en train de s'embraser ? Dimanche, dans le quartier de la Grande Borne, à Grigny, des jeunes avaient mis le feu à un autobus, alors que des passagers se trouvaient à son bord, sans qu'il y ait de blessés. Soupçonnés d'être responsables des faits, deux garçons de 13 et 18 ans ont été mis en examen hier. Aujourd'hui, encore à Grigny, des groupes de jeunes ont jeté des pierres sur des voitures de passage. Surtout, la nuit sera émaillée de trois attaques de bus, toujours en banlieue parisienne, qui ne feront heureusement pas de victimes. À 22 heures, à Nanterre, des assaillants ont jeté un liquide inflammable à l'intérieur d'un bus où se trouvaient une dizaine de passagers. À Athis-Mons, c'est un cocktail Molotov qui a été lancé vers 23 heures dans un bus, le chauffeur parvenant à éteindre l'incendie. La dernière attaque aura lieu vers une heure du matin, à la limite de Bagnolet et de Montreuil : ayant pris un bus d'assaut et fait descendre ses occupants, des individus encagoulés, dont cinq portaient des armes de poing, l'ont fait redémarrer et l'ont incendié un peu plus loin. Demain jeudi, Nicolas Sarkozy annoncera la présence prochaine de policiers à bord des bus traversant les zones sensibles. (→ 28)

Cacophonie sur la justice

Paris, mardi 24 • C'est finalement un projet de loi un peu amputé que le ministre de la Justice Pascal Clément a présenté en conseil des ministres. La grande réforme de la justice promise depuis l'affaire d'Outreau et esquissée le 5 septembre dernier par le ministre a fondu, non sans quelque cacophonie gouvernementale. Rappel des récentes péripéties… Vendredi 20, au congrès de l'Union syndicale des magistrats de Caen, Pascal Clément a annoncé qu'il renonçait à réformer la responsabilité des juges, faute d'avoir pu trouver un consensus avec les magistrats ; c'était pourtant là la mesure la plus attendue des justiciables. Mais dimanche 22, le Premier ministre lui apportait un brutal démenti en déclarant que cette loi comporterait bien « la réforme de la responsabilité des juges », et qu'elle serait votée en urgence courant janvier prochain ! Quant à la réforme du Conseil supérieur de la magistrature, elle a été reportée. Reste le volet sur les gardes à vue et l'enregistrement des auditions qui, lui, a bel et bien été maintenu tel qu'il avait été prévu.

Trains Bombardier pour la SNCF

France, mercredi 25 • C'est finalement le canadien Bombardier qui a remporté, au détriment du français Alstom, le gigantesque contrat (il s'élève en effet, potentiellement, à quelque 2,7 milliards d'euros) qui porte sur le remplacement des trains de banlieue de la SNCF dans la région parisienne. La première tranche ferme de ce contrat implique la livraison, qui sera étalée entre 2009 et 2015, de 172 Transiliens nouvelle génération destinés à se substituer aux vieux trains en Inox. En outre, des options sont prévues sur deux cents rames supplémentaires à partir de 2016. La SNCF a justifié son choix en arguant que les coûts présentés par Bombardier sont inférieurs de 9 % à ceux d'Alstom. Lequel, soupçonnant son concurrent de profiter de ses contrats obtenus sans appel d'offres au Canada pour proposer de meilleurs prix sur les marchés extérieurs, annoncera le 3 novembre prochain avoir demandé en référé la suspension du contrat au tribunal administratif de Paris, qui rendra sa décision avant le 20.

Devant le Transilien proposé par Bombardier, de gauche à droite : Jean-Paul Huchon (président de la Région Île-de-France), Anne-Marie Idrac (présidente de la SNCF), Bernard Andrieu (préfet de la Région Île-de-France), Serge Méry (vice-président de la Région Île-de-France) et André Navarri (président de Bombardier Transport).

Dure soirée au Zénith pour Ségolène Royal

Paris, jeudi 26 • Le nouveau débat qui opposait, devant six mille sympathisants réunis au Zénith, les prétendants socialistes à l'Élysée, était tendu et n'aura pas été très agréable pour Ségolène Royal. Malmenée par ses concurrents et sifflée par leurs « supporters », la présidente de Poitou-Charentes a été critiquée pour son idée de créer des « jurys citoyens » et d'assurer une « surveillance populaire des élus », proposition qui attise depuis dimanche de nombreux commentaires, à gauche comme à droite. La semaine est donc plutôt délicate pour « Ségo », d'autant plus qu'un sondage CSA publié demain indiquera pour elle un recul de 15 points dans les intentions de vote des socialistes pour désigner leur candidat, Laurent Fabius (10 %) et Dominique Strauss-Kahn (23 %) gagnant chacun cinq points. Toutefois, avec 57 %, elle n'en demeure pas moins favorite dans la course à la candidature.

Tout va bien pour Littell

Paris, jeudi 26 • Avec 200 000 exemplaires mis sur le marché depuis sa sortie le 21 août et une estimation de 150 000 déjà vendus, *Les Bienveillantes* est le « must » de la rentrée littéraire. C'est donc un peu au secours de la victoire que l'Académie française a volé en décernant à son auteur, Jonathan Littell, son traditionnel grand prix du roman. Quant aux 7 500 euros à la clé, ils ne représenteront qu'une paille, noyés dans la masse des droits d'auteur de l'heureux lauréat ! Le succès de ce gros roman de 900 pages, écrit directement en français par un Américain, tient bien sûr d'abord à son sujet, la confession d'un bourreau nazi. Certains critiques ont cru y déceler une complaisance malsaine, d'autres y ont reconnu une rare puissance d'évocation psychologique et historique. Des divergences qui ont également divisé les Immortels…

Un bonheur n'arrivant jamais seul, l'auteur des Bienveillantes*, 39 ans, recevra le prix Goncourt le 6 novembre.*

Bombardier

Zoom

L'histoire du groupe canadien Bombardier commence en 1937 quand Joseph-Armand Bombardier (1907-1964) construit une autoneige conçue selon un principe révolutionnaire. Il crée la société Auto-Neige Bombardier Limitée en 1942 et produit des engins militaires chenillés. Son essor après la guerre sera dû au lancement en 1959 du Ski-Doo, une petite autoneige domestique conçue par Joseph-Armand Bombardier lui-même et son fils Germain, et dont le succès sera considérable. Devenue Bombardier Limited en 1967 et entrée en Bourse en 1969, la société se diversifiera et se développera en s'imposant dans le secteur de l'aviation (avions régionaux, avions d'affaires et hydravions) et dans celui du matériel ferroviaire (où il occupe le deuxième rang mondial). Le groupe a été fréquemment accusé de bénéficier de subventions de nature à fausser la concurrence.

Samedi 28 et les deux soirs suivants, France 3 a diffusé L'Affaire Villemin*, un téléfilm très controversé en six épisodes de Raoul Peck retraçant la célèbre histoire du meurtre non élucidé du petit Grégory, en 1984. Francis Renaud et Armelle Deutsch y incarnent les parents de l'enfant.*

Le Kosovo est resté serbe

Belgrade, dimanche 29 • Les Serbes se sont dotés d'une nouvelle Constitution. Le référendum qui soumettait le texte à leur approbation a été adopté par 96 % des votants. Une incontestable victoire pour le Premier ministre Vojislav Kostunica, mais de justesse. Il fallait en effet que le oui représente au moins 50 % des inscrits, or il n'en a représenté que 52,31 %. Que cette faible participation (54,19 % au total) dénote un certain désenchantement politique est une évidence. Reste que la communauté internationale ne peut que prendre acte de la volonté de la Serbie de ne pas aliéner, au moins en droit, la moindre part de son territoire. La nouvelle Constitution réaffirme en effet l'appartenance du Kosovo à la Serbie, bien que cette province placée depuis 1999 sous administration internationale soit majoritairement peuplée d'Albanais aspirant à l'indépendance.

La passagère du bus lutte contre la mort

Marseille, samedi 28 • Il y a hier un an, les jeunes Zyed et Bouna, poursuivis par des policiers, trouvaient la mort dans un transformateur électrique à Clichy-sous-Bois. Le drame, qui a été commémoré dans cette commune de Seine-Saint-Denis par une marche silencieuse à laquelle ont pris part plus d'un millier de personnes, avait déclenché trois semaines d'émeutes. Si bien que, pour faire face à d'éventuels débordements en cet anniversaire, quatre mille gendarmes et policiers avaient été déployés en renfort dans toute la France. Mais la soirée et la nuit dernières ont été relativement « calmes » en région parisienne, encore que l'on déplore tout de même plus de 200 voitures brûlées et deux nouveaux bus incendiés au Blanc-Mesnil (Seine-Saint-Denis). C'est en fait à Marseille que s'est produit ce soir le fait le plus grave de la semaine, quand un autre bus a été assailli et incendié. Grièvement brûlée, Mama Galledou, une étudiante de 26 ans, a été hospitalisée d'urgence dans un service spécialisé où elle lutte contre la mort. La semaine prochaine, cinq mineurs seront mis en examen et écroués pour cet incendie, pour lequel ils sont passibles de trente ans de prison, voire de la perpétuité si leur victime succombe.

L'enquête a été immédiatement confiée à la brigade criminelle de la police judiciaire, qui a examiné le bus calciné.

Le Brésil a gardé Lula

Brasília, dimanche 29 • Alors qu'on le donnait réélu dès le premier tour, le 1er octobre, le président brésilien avait été mis en ballottage, avec 48,6 % des voix contre 41,6 % à son adversaire social-démocrate, Gerardo Alckmin, qui n'en espérait d'ailleurs pas tant. Mais, en définitive, cette péripétie aura tourné à son avantage : au soir du second tour, Luiz Inácio Lula da Silva sort en effet renforcé de l'épreuve des urnes, avec un score de 60,83 % des voix, Alckmin, lui, enregistrant un net recul avec 39,17 %. Lula, que des affaires de corruption avaient affaibli à la veille du premier tour, se sent légitimé pour donner un second souffle à un projet politique axé sur la rigueur budgétaire et sur l'action en faveur des plus démunis : un projet de gauche appuyé sur le réalisme économique.

C'est à São Paulo que Lula a savouré sa victoire. Le candidat du Parti des travailleurs avait fêté ses 61 ans avant-hier.

Pour éviter la catastrophe

Londres, lundi 30 • Si rien n'est fait pour enrayer le réchauffement climatique, la planète connaîtra au cours de ce siècle et du suivant une récession sur « une échelle similaire à celles qui ont caractérisé les grandes guerres et la dépression économique de la première moitié du XXe siècle ». Celui qui fait ces prédictions n'est pas un charlatan, mais un grand économiste britannique, ancien vice-président de la Banque mondiale, Sir Nicholas Stern. Dans le rapport de 700 pages qu'il a rédigé à la demande de Tony Blair, il évalue le coût des effets du réchauffement climatique à 5 500 milliards d'euros, soit plus que les factures des deux guerres mondiales réunies ! Ces effets seraient notamment des déplacements massifs de populations, en raison des sécheresses et des inondations, et la disparition de quelque 40 % des espèces vivantes. Conclusion : cela coûtera infiniment plus cher de ne rien faire que d'agir « vite et fort ».

En bref Octobre

France

France, dimanche 1er
Le prix du timbre passe à 54 centimes pour les lettres de moins de 20 grammes en France et à 60 centimes pour les envois à destination des pays de l'UE.

Territoire de Belfort, lundi 2
Le collège de Rougemont-le-Château devient le premier de France à porter le nom de Michel Colucci, alias Coluche, une décision entérinée par le conseil général mais condamnée par le maire de la commune.

Paris, mardi 3
Le PS enregistre les candidatures de Ségolène Royal, Dominique Strauss-Kahn et Laurent Fabius à l'investiture socialiste pour la présidentielle de 2007. Les militants se prononceront le 16 novembre. (→ 17)

Paris, mercredi 4
Le général Jean-Louis Georgelin succède au général Henri Bentégeat comme chef d'état-major des armées.

Paris, lundi 9
Thierry Breton (Économie) et Dominique Bussereau (Agriculture) inaugurent, porte d'Orléans, la première pompe – de démonstration – à biocarburant E85.

Cachan, mercredi 11
Fin de l'évacuation du gymnase Belle-Image, occupé depuis le 18 août par d'ex-squatteurs de Cachan. 370 personnes, dont 158 en situation irrégulière, ont été relogées dans diverses communes d'Île-de-France.

Zoufftgen (nord de la Moselle), mercredi 11
Une collision frontale entre un train de voyageurs luxembourgeois et un convoi de marchandises de la SNCF fait 6 morts et 20 blessés.

Épinal, jeudi 12
Des accidents de radiothérapie à l'hôpital, dus à une erreur de saisie informatique, ont coûté la vie à un patient et entraîné des complications chez 13 autres.

Paris, samedi 14
Jacques Chirac téléphone au Premier ministre turc Erdogan pour lui exprimer ses regrets, deux jours après le vote des députés français sur le génocide arménien.

Paris, mardi 17
TF1 lance la chaîne thématique JET (Jeux et Télévision), consacrée aux jeux télévisés présents et passés.

Paris, mercredi 18
Le Conseil des ministres autorise l'audition comme témoin de Michèle Alliot-Marie (Défense) dans l'enquête sur la falsification des listings Clearstream.

Kiev (Ukraine), vendredi 27 • Miss France 2006, Alexandra Rosenfeld, remporte le titre de Miss Europe 2006, devant Miss Ukraine et Miss Espagne.

Rouen, mardi 24
Léonie Crevel, 80 ans, est condamnée à deux ans de prison avec sursis pour avoir tué sa fille handicapée de 41 ans afin de « mettre fin à ses souffrances ».

Paris, mercredi 25
Les députés adoptent un amendement UMP validant l'accord de 2004 sur les 39 heures dans l'hôtellerie et la restauration, annulé le 18 par le Conseil d'État.

Paris, mercredi 25
Le gouvernement décide de réduire de 15 % le taux de remboursement de 41 médicaments et demande aux laboratoires de baisser certains de leurs prix.

Marseille, mercredi 25
L'aéroport de Marseille-Provence inaugure MP2, la première aérogare européenne réservée aux compagnies aériennes à bas prix.

Melun, mercredi 25
Le prêtre pédophile Henri Le Bras est condamné à 10 ans de prison par la cour d'assises de Seine-et-Marne devant laquelle l'Église s'était portée partie civile, pour la première fois dans ce type d'affaires.

Paris, jeudi 26
Inauguration du Fouquet's Barrière sur les Champs-Élysées, le premier palace parisien depuis 1928.

Paris, vendredi 27
La France accepte de traiter sur son territoire les 6 000 tonnes de déchets chimiques ivoiriens, deux mois après la pollution à Abidjan qui a fait 10 morts.

International

Marwaheen, dimanche 1er
L'armée israélienne quitte le Sud-Liban, comme exigé par la résolution 1701, à l'exception du village de Ghajar, situé à la frontière libano-syrienne. (→ 15)

Bangkok, dimanche 1er
Le général en retraite Surayud Chulanont prend ses fonctions de Premier ministre thaïlandais par intérim après avoir reçu l'accord du roi Bhumibol Adulyadej.

Nickel Mines, lundi 2
Un chauffeur routier de 32 ans tue de sang-froid cinq fillettes et en blesse sept autres dans une école amish de Pennsylvanie avant de se suicider.

Iran, mardi 3
Paris rejette la proposition de Téhéran de créer un consortium franco-iranien avec Areva pour enrichir de l'uranium en Iran en échange d'un contrôle de ses installations nucléaires.

Kaboul, jeudi 5
L'Otan prend la relève des Américains dans l'Est afghan, étendant son commandement à tout le pays.

Washington, jeudi 5
Ouverture d'une enquête parlementaire sur un scandale sexuel au Congrès. Le député républicain Mark Foley a démissionné après avoir reconnu avoir échangé des courriels érotiques avec des stagiaires mineurs.

Budapest, vendredi 6
Le Premier ministre socialiste hongrois Ferenc Gyurcsany obtient la confiance du Parlement, malgré la défaite de son parti aux municipales et les manifestations de la droite qui réclame sa démission. (→ p. 127)

Bagdad, mardi 10
De violentes explosions secouent dans la soirée le camp américain Falcon, à 13 km au sud de la « zone verte ». Le bilan des victimes n'a pas été communiqué.

Bagdad, mercredi 11
Une enquête parue dans la revue médicale britannique *The Lancet* évalue à 655 000 le nombre de civils morts en Irak depuis mars 2003. Soit un Irakien sur quarante.

Lima, vendredi 13
Prison à vie pour Abimael Guzmán, chef du Sentier lumineux, la guérilla maoïste à l'origine d'un conflit ayant fait 69 000 morts entre 1980 et 2000 au Pérou.

New York, samedi 14
En réaction à l'essai nucléaire nord-coréen, le Conseil de sécurité de l'ONU adopte la résolution 1718 imposant des sanctions financières au régime de Pyongyang.

Bagdad, dimanche 15
La guérilla sunnite annonce la création de « l'État islamique d'Irak », en réponse à l'adoption, mercredi 11 par le Parlement, d'une loi créant un État fédéral.

Beyrouth, dimanche 15
L'Italie remet à l'Allemagne le commandement de la Finul navale, chargée de contrôler le littoral du Liban pour empêcher toute contrebande d'armes au profit de la milice chiite du Hezbollah.

États-Unis, mardi 17
La population américaine franchit la barre des 300 millions d'habitants. Selon le Bureau du recensement, les États-Unis gagnent un habitant toutes les 11 secondes : un bébé naît toutes les sept secondes, une personne meurt toutes les 13 secondes et un immigré arrive sur le sol américain toutes les 31 secondes.

Washington, mercredi 18
Selon la nouvelle stratégie spatiale américaine, les États-Unis se réservent le droit d'interdire si nécessaire l'espace à tout pays hostile à leurs intérêts.

Jérusalem, lundi 23
Le parti d'extrême droite Israël Beitenou rejoint la coalition gouvernementale d'Ehoud Olmert.

Sofia, dimanche 29
Georgi Parvanov est réélu président de la Bulgarie avec 75,9 % des voix, contre 24,1 % pour le candidat ultranationaliste Volen Siderov. Le pays doit intégrer l'Union européenne le 1er janvier 2007.

Kinshasa, dimanche 29
Un mort dans la province de l'Équateur en marge du 2e tour de la présidentielle congolaise qui oppose le sortant Joseph Kabila à Jean-Pierre Bemba. Les résultats ne seront pas connus avant trois semaines.

Irak, mardi 31
Les pertes américaines atteignent 103 morts en octobre, ce qui en fait un des mois les plus meurtriers de la guerre. 2 815 GI sont morts en Irak depuis 2003.

Économie

Paris, lundi 2
Chute de 13,3 % des ventes de voitures neuves en France en septembre par rapport à septembre 2005.

Paris, mercredi 4
Le tribunal de commerce place *Libération* en procédure de sauvegarde pour six mois, ce qui permet de geler temporairement les dettes et donne du temps au quotidien pour élaborer un projet de relance.

France, jeudi 5
France Télécom lance Unik, son téléphone « 2 en 1 » qui fonctionne comme un mobile à l'extérieur et comme un fixe à l'intérieur, *via* le réseau Wi-Fi domestique.

New York, lundi 9
Google rachète le site YouTube pour 1,65 milliard de dollars et devient le leader de la vidéo sur Internet.

Doha (Qatar), jeudi 19
L'Opep décide de réduire sa production de pétrole afin d'enrayer la chute des cours. Le prix du baril est passé de 78 dollars le 7 août à 58 dollars aujourd'hui.

New York, lundi 23
Apple fête les cinq ans de l'iPod, son baladeur numérique devenu phénomène de société avec 67 millions d'exemplaires vendus dans le monde.

Houston (Texas), lundi 23
Jeffrey Skilling, ex-p-dg du courtier en énergie Enron, est condamné à 24 ans et 4 mois de prison pour sa responsabilité dans la faillite du groupe en 2001.

Pékin, jeudi 26
Airbus vend 150 A320 et Alstom 500 locomotives de fret à l'occasion de la visite de Jacques Chirac en Chine.

France, lundi 30
Le taux de chômage baisse à 8,8 % en septembre, son plus bas niveau depuis octobre 2001.

Sciences

Paris, jeudi 5
Grâce à une thérapie génique, des chercheurs de l'Inserm sont parvenus à redonner la vue à sept chiens touchés par une maladie génétique héréditaire de la rétine, l'amaurose congénitale de Leber, qui affecte 1 000 à 2 000 enfants en France.

Espace, jeudi 19
Mise sur orbite du satellite européen *MetOp*, qui doit permettre de récolter des données sur le changement climatique en cours et d'améliorer la qualité des prévisions météorologiques entre deux et cinq jours.

Tours, vendredi 20
Une biche de l'espèce européenne a donné naissance, après fécondation in vitro, à un faon sika du Japon, une première mondiale qui ouvre la voie à l'utilisation de cette technique pour la sauvegarde d'espèces menacées.

Sports

Longchamp, dimanche 1er
Le cheval français Rail Link, monté par Stéphane Pasquier, remporte le Prix de l'Arc de triomphe.

Saint-Domingue, mardi 3
Le Français Venceslas Dabaya est sacré champion du monde d'haltérophilie dans la catégorie des 69 kg.

Toulouse, jeudi 5
Le gardien de but Fabien Barthez, sans club depuis la fin du Mondial allemand, prend sa retraite sportive.

Paris, lundi 9
Le PSG licencie le milieu de terrain Vikash Dhorasoo pour fautes graves, une première depuis l'instauration en 1973 de la charte régissant le football professionnel.

Elista (Russie), vendredi 13
Le Russe Vladimir Kramnik remporte le Championnat du monde unifié d'échecs face au Bulgare Veselin Topalov.

Décès

Marseille, lundi 9
Coccinelle (*Jean-Charles Dufresnoy, 23.8.1931), chanteuse et meneuse de revue française, icône de la cause transsexuelle.

Paris, mardi 17
Daniel Emilfork (*7.4.1924), acteur français.

Cap-Ouest, mardi 31
Pieter Willem Botha (*12.1.1916), dernier chef d'État sud-africain (1978-1989) de l'ère de l'apartheid.

Les adieux

HEINRICH HARRER
Freisach (Autriche), 7 janvier
Vainqueur de la face nord de l'Eiger en 1938, cet alpiniste autrichien vécut longtemps au Tibet après la fin de la guerre et devint un proche du dalaï-lama. Son passé nazi a resurgi lors de la sortie du film *Sept Ans au Tibet* que lui a consacré en 1997 Jean-Jacques Annaud. Il était né le 6 juillet 1912.

JACQUES FAIZANT
14 janvier, page 8

SHELLEY WINTERS
Beverly Hills (Calif.), 14 janvier
Formée par l'Actor's Studio, Shelley Winters (*18.8.1920) brilla dans des films requérant un fort tempérament dramatique, ce qui était son cas. D'où ses performances dans des films tels que *La Nuit du chasseur* (1955) ou *Le Grand Couteau* (1955). Elle a été mariée à Vittorio Gassman.

WILSON PICKETT

Reston (Virginie), 19 janvier
Né le 18 mars 1941 dans l'Alabama, Wilson Pickett chanta d'abord dans des chorales religieuses avant d'être admis au sein du groupe The Falcons. Volant bientôt de ses propres ailes, il apporta, au cours des années 1960, une énergie nouvelle à la musique soul et au rythm'n blues, et devint célèbre avec des titres tels que *Mustang Sally* ou *In the Midnight Hour*.

IBRAHIM RUGOVA
21 janvier, page 12

NAM JUNE PAIK
Miami (Floride), 29 janvier
Influencé par le compositeur d'avant-garde américain John Cage, ce plasticien coréen (* 20.7.1932) remplaça le pinceau du peintre et le ciseau du sculpteur par le tube cathodique pour créer des vidéo-sculptures. Auteur en particulier de *Global Groove* (1973), étonnant hommage audiovisuel à la mondialisation culturelle, il orienta dans les années 1980 son art vers la création robotique, avec notamment son *Olympe de Gouges* (1989).

DARRY COWL
14 février, page 21

PHILIPPE MURAY
Paris, 2 mars
Auteur d'un brillant essai sur Louis-Ferdinand Céline (1981), cet écrivain né en 1945 s'est surtout rendu célèbre par ses pamphlets féroces contre ce qu'il considérait comme les dérives de la société contemporaine : moralisation et judiciarisation de la vie quotidienne, dictature du « politiquement correct », omniprésence « totalitaire » des médias (*L'Empire du bien*, 1991).

SIMON NORA
Paris, 5 mars
Ancien élève de l'ENA, ce haut fonctionnaire (*21.2.1921) œuvra dans l'ombre de Pierre Mendès France et de Jacques Chaban-Delmas, puis fut en 1972 l'un des fondateurs du *Point*. Il a préconisé une réforme profonde des entreprises publiques (1967) et publié en 1977, en collaboration avec Alain Minc, un rapport prophétique sur *L'Informatisation de la société*.

SLOBODAN MILOSEVIC
11 mars, page 29

RENÉ LASSERRE

Morsang-sur-Seine (91), 15 mars
Né le 12 novembre 1912, le créateur du restaurant parisien qui porte son nom avait accédé à une renommée mondiale avec son canard à l'orange, son pigeon André Malraux (farci au foie gras) ou sa chartreuse de perdrix aux choux. Rendez-vous de célébrités depuis 1945, le Lasserre est également devenu célèbre par la beauté et la classe de sa décoration.

PIERRE CLOSTERMANN
22 mars, page 35

STANISLAW LEM
Cracovie, 27 mars
Écrivain polonais très marqué par la Seconde Guerre mondiale en raison de ses origines juives, Stanislaw Lem (*12.9.1921) s'est illustré principalement dans la science-fiction avec un classique du genre, *Solaris* (1961), qui fut porté à l'écran par Andrei Tarkovski (1972), puis Steven Soderbergh (2002). Il s'est aussi révélé un brillant humoriste dans ses nouvelles.

JEAN GROSJEAN
Versailles, 10 avril
Ancien prêtre, Jean Grosjean est né le 21 décembre 1912. Avec *Terre du temps* (1946) et *La Gloire* (1969), il a apporté à la poésie française un ton particulier, où l'économie et la précision des mots expriment la nudité des choses et leur mystère. Ce poète d'une grande élévation spirituelle et mystique est aussi l'auteur de superbes traductions d'Eschyle, de Sophocle, de la Bible, du Coran ou encore du théâtre de Shakespeare.

JEAN BERNARD
17 avril, page 46

ALIDA VALLI

Rome, 22 avril
De son vrai nom Alida Maria Laura Altenburger (*31.5.1921), Alida Valli débuta sur les écrans italiens dès les années 1930 avant de voir sa grâce naturelle pleinement révélée dans *Le Mariage de minuit* de Mario Soldati (1941). Son talent de tragédienne fut ensuite impressionnant dans *Le Troisième Homme* de Carol Reed (1949), *Senso* de Luchino Visconti (1954) ou encore *Le Cri* de Michelangelo Antonioni (1957). Sa carrière fut couronnée par un Lion d'or à Venise (1997).

*Décédé le 9 mars dans un hôpital londonien, l'ancien homme politique britannique John Profumo (*30.1.1915) avait été au centre d'un scandale retentissant. Secrétaire d'État à la Guerre, il dut démissionner en 1963 après la révélation de sa liaison sans doute platonique avec une call-girl, Christine Keeler (photo de gauche), qui était la maîtresse d'un attaché militaire soviétique. Photo de droite : Profumo avec son épouse, l'actrice Valerie Hobson.*

*Disparu le 21 juin à Paris, Jacques Lanzmann (*4.5.1927) était moins connu comme écrivain (*Le Têtard, *1976 ;* Les Transsibériennes, *1978) que comme parolier. Celui qui fut aussi, entre autres, directeur littéraire des* Lettres françaises, *a écrit plus de 150 chansons, dont les plus célèbres de Jacques Dutronc. Ci-dessus : Dutronc et Lanzmann en 1991.*

■ John Kenneth Galbraith
Cambridge (États-Unis), 29 avril
Conseiller de Franklin D. Roosevelt et de John F. Kennedy, cet économiste canadien (*15.10.1908) s'est employé à dénoncer les dérives du capitalisme et à réaffirmer le rôle de l'État. Il mit en cause les illusions du credo libéral dans son best-seller *L'Ère de l'opulence* (1958) et, récemment, dans *Les Mensonges de l'économie* (2004).

■ Jean-François Revel
Le Kremlin-Bicêtre (94), 30 avril
Agrégé de philosophie, Jean-François Revel (*19.1.1924) s'est imposé dès les années 1950 comme une grande plume de la presse française. Libéral et rationaliste, il est passé d'une sensibilité de gauche à des positions de droite. Directeur de *L'Express*, puis chroniqueur au *Point*, il fait paraître de nombreux essais, dont *Pourquoi des philosophes* (1957) et *Ni Marx ni Jésus* (1970), ainsi que des Mémoires, *Le Voleur dans la maison vide* (1997).

■ Alexandre Zinoviev
Moscou, 10 mai
L'écrivain russe Alexandre Zinoviev (*29.10.1922) a été expulsé en 1978 d'Union soviétique après la parution en 1976 des *Hauteurs béantes*, roman qui offrait un tableau quasi fantastique du système communiste, ce qui le fit comparer à Voltaire ou à Orwell. Aussi critique à l'égard de l'idéologie occidentale dans *La Grande Rupture* (1999), il revint en Russie en 1999.

■ Floyd Patterson

New Paltz, 11 mai
Né le 4 janvier 1935 dans un milieu très pauvre, en Caroline du Nord, ce fin technicien de la boxe fut champion olympique (poids moyens) en 1952, puis champion du monde des poids lourds en 1956. Celui qui fut l'un des plus grands pugilistes américains fut dépossédé de sa ceinture en 1959 par le Suédois Ingemar Johansson, mais il la lui reprit en 1960 (notre photo). Il se résigna à abandonner les rings à l'âge de 37 ans, après avoir échoué face à Sonny Liston et à Cassius Clay.

■ Claude Piéplu

Paris, 24 mai
Pour des millions de téléspectateurs, Claude Piéplu (*9.5.1923) restera une voix : celle du narrateur des *Shadoks*, l'inénarrable feuilleton d'animation de Jacques Rouxel lancé en 1968. En fait, Jacques Piéplu était d'abord un homme de théâtre, qui fit ses débuts en 1944 et joua dans 175 pièces. On le vit aussi dans de nombreux films, notamment *Le Charme discret de la bourgeoisie* de Luis Buñuel (1972), où il était hilarant en colonel.

■ Édouard Michelin
26 mai, page 63

■ Shohei Imamura
Tokyo, 30 mai
Ancien assistant de Yasujiro Ozu, l'un des maîtres du cinéma japonais, ce cinéaste (*15.9.1926) a signé quelque trente films où prédomine le thème de la tradition dans le Japon contemporain. Outre des chefs-d'œuvre tels que *Pluie noire* (1989), il est l'auteur de *La Ballade de Narayama* (1983) et de *L'Anguille* (1997), qui obtinrent la palme d'or au Festival de Cannes.

■ Rocío Jurado
Madrid, 1er juin
Fille d'un petit cordonnier de Cadix, María del Rocío Trinidad Mohedano Jurado (*18.9.1944) débuta comme chanteuse de flamenco sous la houlette de la grande vedette du genre, Pastora Imperio. Devenue à son tour une *cantaora* populaire sous le nom de Rocío Jurado, elle joua aussi dans plusieurs films espagnol.

■ György Ligeti

Vienne, 12 juin
D'abord influencé par Béla Bartók et Zoltán Kodály, ce compositeur né le 28 mai 1923 a fui la Hongrie en 1956. Rapidement intégré aux cénacles de la musique contemporaine, il n'en est pas moins resté profondément indépendant, développant une sorte d'expressionnisme aux sources d'inspiration éclectiques et une polyphonie d'une richesse éblouissante, comme en témoignent son sublime *Requiem* (1963-1965), son *Concerto pour violoncelle* (1966) ou des pièces comme *Lux æterna* (1966), que Stanley Kubrick a utilisée dans son film *2001 : l'odyssée de l'espace* (1968).

■ Raymond Devos
15 juin, page 71

■ Syd Barrett

Cambridge, 7 juillet
Né le 6 janvier 1946 sous le nom de Roger Keith Barret, Syd Barrett fut le fondateur en 1965 des Pink Floyd avec Roger Waters, Rick Wright et Nick Mason. Figure tutélaire du rock psychédélique anglais, il a signé tous les titres, sauf un, du premier album du groupe, l'historique *The Piper at the Gates of Dawn* (1967). Mais Syd Barrett devait bientôt se séparer de ses amis et tenter, avec plus ou moins de réussite, une carrière en solo (*The Madcap Laughs*, 1970). Assez gravement marqué par l'abus des stupéfiants, il vivait quasiment reclus dans une banlieue de Cambridge, depuis une trentaine d'années.

Il s'appelait Frank Morrison Spillane, mais les amateurs de romans noirs américains ne le connaissent que sous le nom de Mickey Spillane. Né le 9 mars 1918 à Brooklyn et décédé le 17 juillet à Murrells Inlet, en Caroline du Sud, il écrivit des scénarios de bandes dessinées à la fin des années 1930 et créa le personnage de Mike Hammer pour son premier roman, J'aurai ta peau, *en 1946. Ce détective privé aux méthodes musclées reparaîtra dans d'autres ouvrages, puis à l'écran sous les traits de Ralph Meeker dans* En quatrième vitesse *(1955) de Robert Aldrich, et à la télévision dans la série* Mike Hammer *interprétée par Stacy Keach (ci-dessus, à droite).*

■ Gérard Oury
20 juillet, page 87

■ Pierre Vidal-Naquet
Nice, 29 juillet

Historien de l'Antiquité grecque (*Le Monde d'Homère*, 2002), mais aussi intellectuel engagé pour la cause des droits de l'homme et des libertés, cet éminent universitaire (*23.7.1930) a été l'un des premiers à dénoncer la torture pendant la guerre d'Algérie. Signataire, en 1960, du Manifeste des 121 sur le droit à l'insoumission, il s'était dressé contre les théories négationnistes, qu'il a réfutées dans plusieurs ouvrages (*Les Juifs, la mémoire et le présent*, 1991).

■ Elisabeth Schwarzkopf
3 août, page 94

■ Bernard Rapp

Paris, 17 août

Né le 17 février 1945, Bernard Rapp a fait ses débuts dans la presse écrite, notamment au *Monde*, avant d'être engagé par Antenne 2 en 1976 comme reporter, puis comme correspondant de la chaîne à Londres. Présentateur du journal télévisé de 20 heures entre 1983 et 1987, il acquit une popularité mêlée de respect en raison de son élégance naturelle et de sa culture. Animateur d'émissions de grande qualité telles que *Un siècle d'écrivains* (de 1995 à 2001), il a dirigé un *Dictionnaire des films* et réalisé quatre films, dont *Une affaire de goût* avec Bernard Giraudeau (1999) et *Un petit jeu sans conséquence* avec Sandrine Kiberlain et Yvan Attal (2004). Il a succombé à un cancer du poumon.

■ Félix Schivo
Senlis (Oise), 22 août

Disciple de Marcel Gimond dont il a hérité le goût de rythmes plastiques limpides et lumineux, ce sculpteur (*15.3.1924) était l'un des derniers « grands » de la tradition figurative française. Il a magnifié la vie dans des œuvres pleines d'énergie.

■ Naguib Mahfouz
30 août, page 101

■ Glenn Ford
Beverly Hills (Calif.), 30 août

Né canadien et d'ascendance galloise, Gwyllyn Samuel Newton Ford a pris le nom de Glenn Ford pour jouer les héros sans peur et sans reproche dans des petits films d'action à Hollywood, en 1939. Né le 1er mai 1916, il n'avait que 23 ans. Mais c'est après la guerre qu'il deviendra une vedette aux côtés de Rita Hayworth, dans le mythique *Gilda* (1946). Il excellera ensuite dans les rôles d'Américain moyen obstiné, par exemple dans *Graine de violence* de Richard Brooks (1955).

■ Astrid Varnay
Munich, 4 septembre

D'origine hongroise, la soprano américaine Astrid Varnay (*25.4.1918) a été pendant dix-sept ans la reine du Festival de Bayreuth, à partir de 1951. Éblouissante dans Wagner, elle brilla pareillement dans *Elektra* de Richard Strauss à Salzbourg, sous la direction d'Herbert von Karajan (1964).

■ Armin Jordan
Bâle, 20 septembre

Terrassé en pleine représentation de *L'Amour des trois oranges* de Prokofiev, ce chef d'orchestre suisse né le 9 avril 1932 a dirigé de très nombreux opéras dans les plus grands théâtres européens, de Mozart à Strauss en passant par Wagner et Debussy. Il a même joué le rôle d'Amfortas dans le *Parsifal* adapté à l'écran par Hans Jürgen Syberberg (1982) !

■ Claude Luter
Poissy (Yvelines), 6 octobre

Clarinettiste et saxophoniste soprano, Claude Luter (*23.7.1923) personnifiait le jazz français classique, auquel il avait apporté une foi et une sensibilité communicatives. Directement influencé par Sidney Bechet, avec qui il a beaucoup enregistré, il jouait son propre rôle dans le film *Rendez-vous de juillet* de Jacques Becker (1949).

■ Gillo Pontecorvo
Rome, 12 octobre

Ancien journaliste, ce cinéaste italien (*19.11.1919) conserva une approche quasi documentaire dans ses œuvres les plus engagées : *Kapo* (1960), sur les camps de concentration nazis, *La Bataille d'Alger* (1966), reconstitution impressionnante d'un épisode clé de la guerre d'Algérie, ou encore *Queimada* (1971), évocation d'une insurrection d'esclaves au XIXe siècle, aux Antilles, avec Marlon Brando.

■ Tina Aumont

Port-Vendres (66), 28 octobre

Née à Hollywood le 14 février 1946, fille des comédiens Maria Montez et Jean-Pierre Aumont, Tina Aumont a été une étoile fascinante dans les nuits parisiennes et romaines de la jet-set. Sa séduction un peu étrange et parfois morbide a illuminé tous les films où elle est apparue, aussi bien un western « spaghetti » comme *L'Homme, l'orgueil et la vengeance* (1968) qu'un film d'avant-garde comme *Les Hautes Solitudes* de Philippe Garrel (1974). Et cette photo rappelle qu'on l'admira dans le *Casanova* de Fellini (1976).

CÉSARS 2006

25 février

- **César du meilleur film de l'année**
  De battre, mon cœur s'est arrêté
  Jacques Audiard
- **César du meilleur réalisateur**
  De battre, mon cœur s'est arrêté
  Jacques Audiard
- **César du meilleur acteur**
  Le Promeneur du Champ-de-Mars
  Michel Bouquet
- **César de la meilleure actrice**
  Le Petit Lieutenant
  Nathalie Baye
- **César du meilleur acteur dans un second rôle**
  De battre, mon cœur s'est arrêté
  Niels Arestrup
- **César de la meilleure actrice dans un second rôle**
  Les Poupées russes
  Cécile de France
- **César du meilleur jeune espoir masculin**
  Les Amants réguliers
  Louis Garrel
- **César du meilleur jeune espoir féminin**
  De battre, mon cœur s'est arrêté
  Linh Dan Pham
- **César du meilleur premier film**
  Le Cauchemar de Darwin
  Hubert Sauper
- **César du meilleur scénario original**
  Va, vis et deviens
  Radu Mihaileanu et Alain-Michel Blanc
- **César de la meilleure adaptation**
  De battre, mon cœur s'est arrêté
  Tonino Benacquista et Jacques Audiard
- **César de la meilleure musique écrite pour un film**
  De battre, mon cœur s'est arrêté
  Alexandre Desplat
- **César de la meilleure photo**
  De battre, mon cœur s'est arrêté
  Stéphane Fontaine
- **César du meilleur son**
  La Marche de l'empereur
  Gérard Lamps et Laurent Quaglio
- **César des meilleurs costumes**
  Gabrielle
  Caroline de Vivaise
- **César des meilleurs décors**
  Gabrielle
  Olivier Radot
- **César du meilleur montage**
  De battre, mon cœur s'est arrêté
  Juliette Welfling
- **César du meilleur court-métrage**
  After shave, Beyrouth après-rasage
  Hany Tamba
- **César du meilleur film étranger**
  Million Dollar Baby
  Clint Eastwood (États-Unis)
- **César d'honneur**
  Pierre Richard
  Hugh Grant

OSCARS 2006

5 mars

- **Oscar du meilleur film**
  Collision
  Paul Haggis et Cathy Schulman
- **Oscar du meilleur réalisateur**
  Le Secret de Brokeback Mountain
  Ang Lee
- **Oscar du meilleur acteur**
  Truman Capote
  Philip Seymour Hoffman
- **Oscar de la meilleure actrice**
  Walk The Line
  Reese Witherspoon
- **Oscar de la meilleure actrice dans un second rôle**
  The Constant Gardener
  Rachel Weisz
- **Oscar du meilleur acteur dans un second rôle**
  Syriana
  George Clooney
- **Oscar du meilleur film d'animation**
  Wallace et Gromit : le mystère du lapin-garou
  Nick Park et Steve Box
- **Oscar du meilleur film documentaire**
  La Marche de l'empereur
  Luc Jacquet et Yves Darondeau
- **Oscar du meilleur film étranger**
  Tsotsi
  Gavin Hood (Afrique du Sud)
- **Oscar de la meilleure musique**
  Le Secret de Brokeback Mountain
  Gustavo Santaolalla
- **Oscar de la meilleure chanson**
  It's Hard Out Here for a Pimp
  dans *Hustle and Flow*
- **Oscar de la meilleure photographie**
  Mémoires d'une geisha
  Dion Beebe
- **Oscar de la meilleure direction artistique et décors**
  Mémoires d'une geisha
  John Myhre et Gretchen Rau
- **Oscar des meilleurs costumes**
  Mémoires d'une geisha
  Colleen Atwood
- **Oscar du meilleur maquillage**
  Le Monde de Narnia – chapitre 1 : le lion, la sorcière blanche et l'armoire magique
  Tami Lane et Howard Berger
- **Oscar des meilleurs effets visuels**
  King Kong
  Richard Taylor, Brian Van't Hul, Joe Letteri et Christian Rivers
- **Oscar du meilleur scénario original**
  Collision
  Bobby Moresco et Paul Haggis
- **Oscar du meilleur scénario d'adaptation**
  Le Secret de Brokeback Mountain
  Larry McMurtry et Diana Ossana
- **Oscar du meilleur montage**
  Collision
  Hughes Winborne
- **Oscar du meilleur son**
  King Kong
  Michael Semanick, Christopher Boyes, Hammond Peek et Michael Hedges
- **Oscar du meilleur montage son**
  King Kong
  Mike Hopkins et Ethan Van der Ryn
- **Oscar du meilleur court-métrage**
  Six Shooter
  Martin McDonagh
- **Oscar du meilleur court-métrage documentaire**
  A Note Of Triumph : The Golden Age of Norman Corwin
  Corinne Marrinan et Eric Simonson
- **Oscar du meilleur court-métrage d'animation**
  The Moon and The Son : An Imagined Conversation
  Corinne Marrinan et Eric Simonson
- **Oscar d'honneur**
  Robert Altman

VICTOIRES DE LA MUSIQUE 2006

4 mars

- **Groupe/Artiste révélation de l'année**
  Amel Bent
- **Groupe/Artiste révélation scène de l'année**
  Camille
- **Album révélation de l'année**
  Le Fil (Camille)
- **Groupe/Artiste interprète masculin de l'année**
  Raphaël
- **Groupe/Artiste interprète féminine de l'année**
  Juliette
- **Album de chansons/variétés de l'année**
  Caravane (Raphaël)
- **Album pop/rock de l'année**
  À plus tard crocodile (Louise Attaque)
- **Album rap/ragga/hip-hop/R'n'B de l'année**
  Les Histoires extraordinaires d'un jeune de banlieue (Disiz la Peste)
- **Album de musique du monde de l'année**
  Mesk chi (Souad Massi)
- **Album de musiques électroniques/groove/dance de l'année**
  Animal sophistiqué (Bumcello)
- **Album de musique originale de cinéma ou de télévision de l'année**
  La Marche de l'empereur (Émilie Simon)
- **Chanson originale de l'année**
  Caravane (Raphaël)
- **Spectacle musical/tournée/concert de l'année**
  Rodéo Tour (Zazie)
- **Vidéo-clip de l'année**
  Est-ce que tu aimes ? (Arthur H et M)
- **DVD musical**
  En images (Noir Désir)

MOLIÈRES 2006

24 avril

- **Meilleur spectacle public**
  La Symphonie du hanneton
  La Compagnie du hanneton
- **Meilleur spectacle privé**
  Moi aussi je suis Catherine Deneuve
  Pépinière Opéra
- **Meilleur auteur**
  La Sainte-Catherine
  Stéphan Wojtowicz
- **Meilleur adaptateur**
  Le chant du cygne/Platonov
  André Marcowicz et Françoise Morvan
- **Meilleur metteur en scène**
  La Symphonie du hanneton
  James Thiérrée
- **Meilleure comédienne**
  Histoires d'hommes
  Judith Magre
- **Meilleur comédien**
  Du côté de chez Proust
  Jacques Sereys
- **Meilleur comédien dans un second rôle**
  Moins deux
  Roger Dumas
- **Meilleure comédienne dans un second rôle**
  Pygmalion
  Danièle Lebrun
- **Révélation théâtrale féminine**
  Toc toc
  Marilou Berry
- **Révélation théâtrale masculine**
  La Symphonie du hanneton
  James Thiérrée
- **Meilleur décorateur/scénographie**
  Le Roi Lear
  Nicky Rieti
- **Meilleurs costumes**
  La Symphonie du hanneton
  Liliane Boitel et Victoria Thiérrée
- **Meilleures lumières**
  Le Roi Lear
  André Diot
- **Meilleure compagnie**
  Hanjo
  Théâtre de l'Aquarium/Julie Brochen
- **Meilleur spectacle musical**
  Le Jazz et la diva
  Ames
- **Grand prix spécial du jury théâtre public en région**
  La Mort de Danton
  Théâtre national de Bretagne
  Grand prix spécial du jury théâtre privé
  L'Amérique
  Théâtre de l'Invisible/Studio des Champs-Élysées

PRIX NOBEL 2006

- **Médecine** (2 octobre)
  Andrew Z. Fire et Craig C. Mello (USA)
- **Physique** (3 octobre)
  John C. Mather et George F. Smoot (USA)
- **Chimie** (4 octobre)
  Roger D. Kornberg (USA)
- **Économie** (9 octobre)
  Edmund S. Phelps (USA)
- **Littérature** (12 octobre)
  Orhan Pamuk (Turquie)
- **Paix** (13 octobre)
  Muhammad Yunus et la Grameen Bank (Bangladesh)

PRIX LITTÉRAIRES 2006

- **Grand prix du roman de l'Académie française** (26 octobre)
  Les Bienveillantes (Gallimard)
  Jonathan Littell
- **Prix Femina du roman français** (30 octobre)
  Lignes de faille (Actes Sud)
  Nancy Huston
- **Prix Femina du roman étranger** (30 octobre)
  L'Histoire de Chicago May (Sabine Wespieser)
  Nuala O'Faolain
- **Prix Femina de l'essai** (30 octobre)
  Qui dit je en nous ? (Grasset)
  Claude Arnaud
- **Prix Médicis du roman français** (30 octobre)
  Une promesse (Grasset)
  Sorj Chalandon
- **Prix Médicis du roman étranger** (30 octobre)
  Le Retour du hooligan : une vie (Seuil)
  Norman Manea
- **Prix Médicis de l'essai** (30 octobre)
  Frère du précédent (Gallimard)
  Jean-Bertrand Pontalis
- **Prix Goncourt** (6 novembre)
  Les Bienveillantes (Gallimard)
  Jonathan Littell
- **Prix Renaudot du roman** (6 novembre)
  Mémoires de porc-épic (Seuil)
  Alain Mabanckou
- **Prix Renaudot de l'essai** (6 novembre)
  Pour Jean-François Revel (Plon)
  Pierre Boncenne
- **Prix Décembre** (7 novembre)
  Coma (Mercure de France)
  Pierre Guyotat
- **Prix de Flore** (9 novembre)
  Rendez-vous (Flammarion)
  Christine Angot
- **Prix Interallié** (14 novembre)
  Marilyn, dernières séances (Grasset)
  Michel Schneider

En 2007…

France

1er février
Entrée en vigueur de l'interdiction totale de fumer dans les lieux publics. Cette interdiction est repoussée au 1er janvier 2008 pour les bars, les restaurants et les boîtes de nuit.

22 avril
Premier tour de l'élection présidentielle.

6 mai
Deuxième tour de l'élection présidentielle si aucun candidat n'a recueilli au moins 50 % des voix plus une voix.

10 juin
Premier tour des élections législatives.

17 juin
Second tour des élections législatives.

10 juin
Inauguration du TGV est-européen qui reliera Paris et Strasbourg en deux heures et vingt minutes.

1er juillet
Ouverture aux particuliers des marchés de l'électricité et du gaz.

Europe

1er janvier
Entrée de la Bulgarie et de la Roumanie dans l'Union européenne.

1er janvier
Adoption de l'euro par la Slovénie.

1er janvier-31 décembre
La ville de Luxembourg et la ville roumaine de Sibiu sont capitales européennes de la culture.

1er janvier-31 décembre
Année européenne de l'égalité des chances.

Fantaisie et imagination baroque au carnaval de Venise 2006. Les masques seront de retour en février 2007 !

Culture

Venise, 9-20 février
Carnaval de Venise.

Paris (Grand Palais), 14 mars-18 juin
Exposition : Les Nouveaux Réalistes.

Paris (Musée du Louvre), 23 mars-16 juin
Exposition : Praxitèle.

Paris (Grand Palais), 28 mars-2 juillet
Exposition : L'Empire des Gupta, l'âge d'or de la civilisation indienne.

Lille (Palais des Beaux-Arts), 27 avril-23 juillet
Exposition : Philippe de Champaigne.

Cannes, 16-27 mai
Cinéma : 60e Festival de Cannes.

Fontainebleau (château), mai-juillet
Exposition : Fontainebleau ou l'invention du tourisme (1820-1850).

Kassel (Allemagne), 16 juin-23 septembre
Douzième édition de la Documenta, la plus grande exposition mondiale d'art contemporain (tous les cinq ans).

Selon une décision de l'ONU, 2007 sera l'année de l'énergie renouvelable.

Paris (Musée d'Orsay), 19 juin-16 septembre
Exposition : L'art moderne à Paris, la galerie Vollard de Cézanne à Picasso.

Avignon, 8-28 juillet
Théâtre : Festival d'Avignon.

Sport

Europe-Afrique, 6-21 janvier
Rallye-raid automobile Euromilhoes 2007 (ex-Paris-Dakar) sur le parcours Lisbonne-Dakar.

Allemagne, 19 janvier-4 février
Championnat du monde de handball masculin.

Pologne, 24 janvier-28 janvier
Championnats d'Europe de patinage.

Suède, 3-18 février
Championnats du monde de ski.

Europe, 4 février-17 mars
Tournoi des Six Nations de rugby.

Tokyo, 21-28 mars
Championnats du monde de patinage.

Melbourne (Australie), 25 mars-1er avril
Championnats du monde de natation.

France, 5 avril
Paris-Roubaix (classique cycliste).

France, 27 mai-10 juin
Internationaux de France de tennis à Roland-Garros.

France, 7-28 juillet
Tour de France cycliste.

Japon, 24 août-2 septembre
Championnats du monde d'athlétisme.

France, 7 septembre-20 novembre
Coupe du monde de rugby.

France, 2-17 décembre
Championnats du monde de handball féminin.

Cent ans de scoutisme. En juillet 1907, le lieutenant-général britannique Robert Stephenson Smyth Baden-Powell inventait le scoutisme en organisant un camp de jeunes garçons issus de milieux sociaux différents dans l'île de Brownsea, sur la Tamise. L'année suivante, il publiera Scouting for Boys *(traduit en français sous le titre d'Éclaireurs), ouvrage fondateur du scoutisme mondial. L'anniversaire du camp de Brownsea sera célébré en 2007 dans le monde entier et plus particulièrement en Angleterre, où sera organisé le 21e Jamboree Scout Mondial du 27 juillet au 8 août.*

Lord Baden-Powell (1857-1941).

Les grands anniversaires
que la France célébrera en 2007

Il y a 750 ans…
Robert de Sorbon fonde à Paris un collège, la « Sorbonne ».

Il y a 400 ans…
Honoré d'Urfé publie son grand roman pastoral, *L'Astrée*.

Il y a 300 ans…
Denis Papin construit un bateau à vapeur à roues à aubes.
Naissance du naturaliste Buffon.
Mort de Vauban.

Il y a 250 ans…
Naissance de La Fayette.
Mort du physicien Réaumur.

Il y a 200 ans…
Création de la Cour des comptes.
Entrée en vigueur du Code du commerce.
Naissance à Nice du patriote italien Giuseppe Garibaldi.

Il y a 150 ans…
Faidherbe fonde le port de Dakar.
Flaubert est poursuivi pour atteinte aux bonnes mœurs à la suite de la publication de *Madame Bovary*.
Parution des *Fleurs du mal* de Baudelaire.
Mort d'Eugène-François Vidocq, ancien forçat devenu l'un des chefs de la police et modèle du personnage de Vautrin dans l'œuvre de Balzac.
Mort d'Alfred de Musset.
Mort d'Eugène Sue, l'auteur des *Mystères de Paris*.

Il y a 100 ans…
Picasso peint *Les Demoiselles d'Avignon*.
Paul Cornu fait voler le premier hélicoptère du monde.
Naissance de Pierre Mendès France, de Jacques Tati, de Hergé et de Paul-Émile Victor.
Mort d'Alfred Jarry (*Ubu Roi*), d'Hector Malot (*Sans famille*), d'Eugène Le Roy (*Jacquou le Croquant*) et du chimiste Marcelin Berthelot.

Il y a 50 ans…
Signature du traité de Rome créant le Marché commun.
Albert Camus reçoit le prix Nobel de littérature.
Mort d'Édouard Herriot, ancien maire de Lyon et ancien président du Conseil.
Mort de Sacha Guitry.

Index général

Index général

Index général

Index général

Index général

Index icono

Malgré toute l'attention qui a été apportée à cet index, des erreurs ont pu être commises. Dans ce cas, nous demandons au propriétaire du copyright de bien vouloir nous en excuser et de nous notifier la correction aux fins de rectifications.

La position des images est indiquée par des lettres :
h = haut, b = bas, g = gauche, d = droite, m = milieu.